走近
当代名校长
系列丛书

创新 让梦想照进现实

郑炽钦／著

红旗出版社

红旗出版社
RED FLAG PRESS
推动进步的力量

图书在版编目（CIP）数据

创新让梦想照进现实/ 郑炽钦著.

—北京：红旗出版社，2016.3

ISBN 978-7-5051-3750-9

Ⅰ.①创… Ⅱ.①郑… Ⅲ.①中学－教学研究 Ⅳ.①G632.0

中国版本图书馆CIP数据核字（2016）第061702号

书　　名：创新让梦想照进现实

著　　者：郑炽钦

出 品 人：高海浩　　　　　　　　　　　责任编辑：肖景华　于娅菲

出版发行：红旗出版社　　　　　　　　　封面设计：罗娥利

邮政编码：100727　　　　　　　　　　地　　址：北京市沙滩北街2号

编 辑 部：010-84049774　　　　　　　E－m a i l：hongqi1608@126.com

发 行 部：010-64037151

印　　刷：北京利丰雅高长城印刷有限公司

开　　本：787毫米×1092毫米　1/16

字　　数：220千字　　　　　　　　　　印　　张：25

版　　次：2016年4月北京第1版　　　　2016年4月北京第1次印刷

ISBN 978-7-5051-3750-9　　　　　　　定　　价：53.60元

欢迎品牌畅销图书项目合作　　联系电话：010-84026619

凡购本书，如有缺页、倒页、脱页，本社发行部负责调换。

序一

当今，自主创新——从中国制造到中国创造，不仅成为了震天动地的口号，更变成了不可撼动的国策。"追梦"的中国，正逐步将发展与超越的历史重担交给高新科技人员，同时也交给了广大教育工作者。

这是因为，在全球经济一体化、信息化、网络化的大趋势下，科学技术日新月异，人类知识总量每5年就将翻一番，经济生活瞬息万变，每一个人都应当学会用世界的眼光从高处和远处来审视自己，衡量自身，随时发现自己的弱势和缺点，迅速加以克服和改正，以求赶上和超越。否则，随时都有被淘汰的可能。

教育创新的前提是正确认识教育传统，基础是全面分析文化传统，根本在于教师，关键在于教育思想观念的创新，重点则是全面推进素质教育。

广东实验中学我先后到访过多次，该校是蜚声中外的著名中学，"全员育人、全方位育人、全过程育人"是这个学校的鲜明教育格局。尤其是近十二年来，该校在郑炽钦校长的引领下，以丰富的原创性实践，不仅破译出办人民满意学校——前提在理念，核心在人本，改革在课堂，运行在机制，生命在质量，创新在校长——的成功奥秘，而且充分验证了他的正确主张：创新教育不仅是学校发展的活力之源，而且是学生奋力飞翔的隐形翅膀。

郑炽钦校长早年与华南师大附中原校长吴颖民搭档做书记时我们就认识，算是老朋友了。这次他托晨光先生转来这部《创新，让梦想照进现实》书稿，我翻阅后，留下的印象是美好的、生动的和深邃的。有些部分，读起来令人感到亲切、实用，又感到飘逸、巧妙。全书力戒枯燥刻板的训教和繁琐无味的说理，它将教育教学的观念、经验、功力等，深刻而独到的见地渗透在一串串鲜活生动的故事、场景及活动里，融入如诗如画的描绘里，寓理于事，寓情于境，进而从中揭示出教育、教学的规律，体现出耐人寻味的哲理。此外，每节之前他还以自身的箴言作为引语。这种撰写方法，本身就是独具创新的。因此，我认为，这是他人生的底色，更是一部育人育魂的丹心长卷！

这里，我想强调一点：创新并不只是少数人特有的素质，我们不能总是把眼光盯在少数尖子生身上，不能只进行所谓的精英教育。只重视少数人的教育正是窒息创造性的教育。创新能力的培养需要一定的外部环境和条件，如果整个社会的氛围是循规蹈矩的，如果大多数人的观念是因循守旧的，那么，特立独行的人才也很难脱颖而出，精英队伍的打造也只能是无源之水和无本之木。相反，只有真正激发起每个人的创造力，整个民族的活力才能被真正地焕发出来。

郑炽钦校长的成功经验再一次告诉我们：教师职业的不可替代性。教育创新要紧密联系教师的专业发展，要贴近教师工作和生活的实际，深入研究并解决教师面临的各种问题，从而超越以往的旧思想、旧模式，创造出符合时代发展的新思想、新模式。不要仅仅满足于当一名教书匠或一名普通的学校管理者，而是要有渊博的知识、高尚的品质、高超的教育艺术，做一位研究型、反思型、创新型的教师和校长。

是以为序。

二〇一五年十一月六日

（作者系著名教育家、北京师范大学资深教授、中国教育学会原会长）

序二

郑炽钦校长是我极为敬重的上级，他让我为本书作序，我受宠若惊。

前面已有大教育家顾明远先生所作的序，我还能作怎样的序呀。

山重水复，柳暗花明。

我曾书写并在广州艺术博物院和广东省博物馆展出过五副对联，其中两副是郑炽钦校长的自对联，三副是郑炽钦校长与我应对的属对联。我就以这五联作铺序。

第一联，作于2008年，是郑炽钦校长的自对联，联曰：

省实师生，自强不息，承传笃进，格致明理，品学双璧；

华夏精英，厚德载物，开拓创新，躬行达道，文武全才。

这是郑校长经历了激情燃烧的岁月后，对教育绿洲的探寻定位和宏观布局。上联讲基本准则——坚忍不拔，奋发进取，勤奋治学，探索真理，品德学业同步发展；下联讲高端追求——大德、创造、实践、全人。

这是高屋建瓴的治校方略。

第二联，作于2009年，又是郑炽钦校长的自对联，联曰：

读书万卷通文理，

治学十年出圣贤。

这副对联显示着郑炽钦校长探寻到了高端的培养目标和快速高效的育人之路。其目标为培养道德学问的佼佼者——圣贤。其途径为勤奋广博，融会贯通。

郑炽钦校长撰此联底气雄厚，他自2003年任省实校长以来，致力于学科素质教育，加强体育教育、艺术教育和科技教育，省实出了十几个高考总分第一名，几十人高考单科第一名，几百人次获得国际冠军。这些都是新时代的新圣贤。

第三联，作于 2011 年，我出上联，郑炽钦校长对下联。联曰：

山稳水灵云自在，

土广苗满雨精匀。

我释上联为"千山皆恒常，百年出栋梁。万水皆灵通，汩汩一向东。祥云随自在，率真成精彩。""稳"，基础坚实；"灵"，运动创新；"自在"，自由发展。

下联的"土广"，典出陶渊明的"我土日以广"，讲的是省实教育走向国际化；"苗满"，典出江淹的"苗生满阡陌"，讲的是生机勃勃的省实教育"集团军"；"雨精匀"，典出苏轼的"春雨含精匀"，讲的是师德普惠，"培养具有幸福感的莘莘少年"。

第四联，作于 2013 年，这一年是蛇年，我出上联，郑炽钦校长对下联。联曰：

蜿蜒行达道，

砥砺登高峰。

办学道路蜿蜒曲折，"校长头上几把刀"，然而，方向明确，信念坚定，整体改革，达道通行；心怀责任感、正义感、危机感，师生砥砺，艰苦前行，攀登道德与智慧的高峰。郑炽钦校长大书一个"登"字，刻石一丈，振奋师生。

第五联，作于 2014 年，这一年是马年，我出下联，郑炽钦校长对上联。联曰：

唤雨呼风缘在道，

行云踏雪信由缰。

郑炽钦校长治校，"超乎技，进乎道"，真实地洞悉到教育的本质，运用大智慧，深入地研究教育生命到达光辉彼岸的过程，在且风且雨的实践中，从容倜傥，游刃有余。多少紧急繁难的事项，我们都认为无法办到，但经过他的分解化合，却都办成了。

因为郑校长严格按照法律法规办事，遵循经济规律、人事规律和教育规律，灵活运作，合理调度，科学管理，于是雨也听命，风也听令，上而行云，下而踏雪，上下求索，左右逢源。即如毛主席说的，"从必然王国进入自由王国"。

五联成五彩，一序见一斑。

罗易

二〇一五年十一月十六日

（作者系广东省特级教师、广东省基础教育名教师、省实语文正高级教师）

目　录

楔　子

印度大诗人泰戈尔有句箴言："果实的事业是尊贵的，花的事业是甜美的；但是让我们做叶的事业吧，叶是谦逊地、专心地垂着绿荫的。"

教师的事业，孕育着人才之果的尊贵，饱绽着桃李之花的甜美，与之同时，更覆盖着营养之叶的娴静。准确地说，教师的事业就是绿叶的事业。

它日复一日、月复一月、年复一年地在阳光里制造着叶绿素，给枝儿、花儿、果儿供给营养，为未来高擎起巨型的浓荫。花儿开了，它迎风摇起绿色的小旗欢呼着；果儿熟了，它露出张张金黄的脸儿悄悄地恬笑着。

它默默地守驻在校园的树枝上，身体一动不动，眼珠一眨不眨，全神贯注，全力以赴，如同战士坚守阵地、哨兵站岗放哨，它从不艳羡其他花儿的大红大紫、果儿的大富大贵，一颗纯净的心数年如一日地跳动着，坚守着，从青春的碧绿直到生命的枯黄。

教师的事业，看上去寂寞得令人感到枯燥，殊不知，海海深邃绮丽，魅力无穷。

不管你已扬帆远航，还是刚刚撑篙离岸，只要你亲手载起了一船竞渡人，你的心就已被缆绳紧紧地系上了帆桅，和一颗颗竞渡者的年轻的心跳到一块儿了。

一种如胶似漆的融合。

一段如痴似醉的情肠。

一条如金似银的纽带。

一股如蜜似泉的快意。

你会产生特殊的感应神经，接收特殊的信息传导，眸眼被深层次的美感烟云笼罩，心灵像云雀一样振翅钻天。眼前的画面那么和谐，那么朗润，那么幽深，那么妙不可言——

当学生掀动书页沙沙作响，怎么会以为那只是翻书，而不是学海划桨、中流击水？

当学生齐声朗诵铿锵有力，怎么会以为那只是读书，而不是心的感染、情的激荡？

当瞥见学生默默自学、满室鸦雀无声，怎么会以为那只是钻书，而不是根儿吸水、枝儿拔节？

当亲临考场听走笔一片飒飒生风，怎么会以为那只是答卷，而不是足的攀登、智的迸发？

当踏着铃声的学生们"哗——"地涌出室外，又怎么会以为那只是闲散的脚步，而不是潮音恬恬、涛声阵阵？

当你投身学生中有趣的课外活动，怎么会以为那只是兴趣的开发，而不是潜质的掘进、特长的砺磨？

当你亲手把奖状、奖品发给特色优等生，怎么会以为那只是一般的鼓励，而不是为孩子们今后可能去国际大赛的领奖途上垫就台阶、铺平道路？

航船抵达终点码头，收获的是旅途劳顿后的清爽和快乐。而每每把一船竞渡者送到彼岸，这对泛舟人来说是终生难忘的一次谢幕，是人生最为美好、最为动人的一幅立体画。面对别情依依的下船人，那一双双泪花闪闪的明眸，那一句句发自心底的呼唤，你这会儿才感到，幼苗壮大起来了，雏鹰羽丰高飞了，小鱼离群独往了，巨大的失落和收获的欢喜交织在一起，辛劳的血汗和失误的内疚凝结成一团，离别的不舍和重逢的热盼融化在一起，谆谆的诲语和切切的祝词汇成一片，苦辣酸甜的滋味一下子涌上心头，最最痛快又真真难受……

然而，兴趣是成功的钥匙，热爱是最好的老师。只要拥有热爱诲海这一最最要紧的心理流向，只要拥有以泛舟为唯一兴趣的职业感受，你就会像集邮迷、集币迷那样如痴如醉。

这是我的人生体验，更是我人生的彻悟。这里，我想借用臧克家先生的一首诗，以表达我的心声，同时表明我写作此书的初衷——

> 一个和孩子长年在一起的人，
>
> 她的心灵永远活泼像清泉。
>
> 一个热情培育小苗的人，

她会欣赏它生长风烟。
一个忘我劳动的人,
她的形象在别人的记忆中活鲜。
一个用心温暖别人的人,
她自己的心也必然感到温暖。

第一章

厘清自我的梦想

人生只是一个向往，我们不能想象一个没有向往的人生。

向往必有对象，那些对象，则常是超我而外在。

在『梦想』一词风靡全国的当下，我也在追忆着自己儿时的梦想，并发现了它与我现在从事的职业所存在的紧密关联……

奔跑在梦想的旅途，总会遇见很多条路可以选择，有的流光溢彩，有的平淡无奇。无论是怎样的路，怎样的目的地，都有一个共同点：充满未知，充满挑战。选择走哪一条路，赶赴哪一个目的地，靠的是执念——执念于对职业与事业的理解，执念于对生命存在和自身价值的定位。一旦执念形成，即便波澜不惊的行走，也会流光溢彩；即便平淡无奇的结果，也会风生水起。『你若爱，生活哪里都可爱。你若恨，生活哪里都可恨。你若感恩，处处可感恩。不是世界选择了你，是你选择了世界。』我从不怀疑走另一条路可能会成就另一个我，但我是想走好自己已经在走的路。生命中总有一条路适合自己，找到了就不轻言放弃。

（丰子恺《豁然开朗》）

一、平凡的世界

人类历史可谓一部文化的历史，而其中作为个体的人便是一种文化的存在。人类的发展之所以远超出其他动物，原因无外乎有二：一是拥有发达的大脑，可以思考与明辨；二是因为与文化相依相生，既塑造了文化，也被文化影响至深。

家庭，堪称塑造文化的一个较小的单元，家风便是文化在家庭中淋漓尽致的展现。与其他诸方面的文化概念相同，家风的核心是价值取向，并以此价值作为焦点向生活的四面八方辐射开来，成为了常态家庭之中最为重要的文化资源。它深深地影响甚至塑造着每位家庭成员，成为了该成员在家庭生活可持续成长与发展的精神需求，令其从中寻找到精神归属，使家庭文化得以持久延续，并实际引领着这种精神需求的意识存在。

与之同时，家风又是整个社会文化中不可或缺的一部分。以家庭作为纽带来促进个体文化，并使个体简单的精神世界与外在丰富的既有文化巧妙地融为一体，能够有效地培养"人之为人"的完美人格。家风与社会主流文化有着显而易见的不同之处，看似微小却影响深远；且其积极与消极之分，衍生成了整个社会文化谱系的重要组成部分。

古时,中国的祖辈就十分注重"正本""慎始",强调"正其本,万物理。失之毫厘,差之千里",并试图从男女婚姻对象的选择上实现这一目标,因为父母本人及其家族的血缘族姓关系、品格操行、胎孕情况等都是子孙成长发展之本。可见,良好的家风自古以来就是国人所追寻的方向。

而今,习近平总书记就曾在今年的春节团拜会上讲话强调:家庭是社会的基本细胞,是人生的第一所学校。不论时代发生多大变化,不论生活格局发生多大变化,我们都要重视家庭建设,注重家庭、注重家教、注重家风……使千千万万个家庭成为国家发展、民族进步、社会和谐的重要基点。由此可见家风的重要。

那么,何为良好的家风呢?

良好的家风的组成涉及面很广,包括俭朴,强调勤俭为本;自立,"积财千万,不如薄技在身";自律,"戒多言""与善人居""慎交游"等;立志,"志不立则智不达"。当然,还有忠厚、坦诚、勇敢等。

于我而言,家庭、家风、家教的良性浸润濡染,对我的成长起着至关重要的作用。

001
我的父亲、母亲

几乎在每一个家庭之中,父亲和母亲都好似两座巍峨苍翠的大山,他们不仅具有本能的、天然的庇佑能力,还不乏神圣的、

> 一个人从出生到离开的这段岁月,只有三万多天,等到懂事时,已经花掉了两千多天,而在最后四千多天,已老得精力无几。所以,人要过得认真一些。
>
> ——郑炽钦

> 在我看来,绝大多数人缺乏的不是人生道理的教诲,而是对那些至理名言的坚信,总以为成长道路上有捷径可循。
>
> ——郑炽钦

带有闪亮光环的英雄形象。我的父母就是这般。

在传统观念中，"多子多福"是至理箴言，是老一辈完成使命的荣耀，也是家族兴旺的标志与象征。我的父母共养育了八儿两女，我排行最末，哥哥姐姐们分别叫做郑炽豪、郑炽进、郑炽杰、郑炽辉、郑炽光、郑炽明、郑炽华、郑炽瑞、郑炽芳。

我特别庆幸自己的兄弟姊妹甚多，一大家子人热热闹闹的。从小到高中阶段我几乎没有穿过新衣服，全都是穿哥哥们的旧衣服。但即便生活上略显清贫，却丝毫不会妨碍到家人之间的团结与温馨，当时的我们是快乐且充实的。

与当代家庭里独生子女备受宠爱不同的是，我们那一辈孩子的成长过程多是"放养式"的，从小到大有着更多自由的空间。但这并不代表父母对我们的爱会少一分，他们如同所有的父母一样，严厉之中不乏慈爱，关怀之下也有敦促，严慈相济一直贯穿于我们成长的始终。

有人说，父爱是一枝古老的藤，承载着对岁月的眷恋和对往事的缠绵，虬劲的枝蔓里，写满了思念与宽容。

有人说，父爱是一片深情的海，描绘着春天最美的画卷、夏日瑰丽的诗篇，博大的胸怀里贮藏着憧憬与希冀。

有人说，父爱是一条金丝带，长路分不开，岁月剪不断，千年万载寻觅觅，无涯咫尺紧相连。

而我要说，父爱无言！父爱如书！

我的祖母曾经在大户人家做丁佣，因为勤勤恳恳任劳任怨，活儿干得极好，受到了主人的信赖。也得益于这个原因，父亲在小的时候便受到了这家主人的照顾，去私塾读了 6 年书。与其他贫困家庭的孩子相比，父亲无疑是幸运的，不仅拥有了一定的文化基础，也令自身的眼界变得更为开阔。

父亲继承了祖母寡言少语却淳朴善良的个性，他性情温和极少发怒，对我们也很有耐心。闲暇时，他经常慈爱地摸摸这个孩子的头，拍拍那个孩子的肩，在几乎所有人的眼中，他都是慈祥可亲的。在解放前的 20 多年里，父亲一直勤勤恳恳地以教书为生，教授语文和数学，养育着一家老小。

虽然没有太多的言语，但父亲对我的影响无疑是巨大的。一个比较重要的影响是，由于父亲是教书先生的缘故，对孩子们的要求都比较严格，不仅要求在上学期间认真读书，回到家里也经常出其不意地提问，督促我们读书。因而，我自小就浸润在浓郁的书香之中，且能够严于律己。

另一个重要的影响是，在父亲对学生一言一行的教诲中，让我更为直观地了解了教师这一职业。在孩童眼中，教师无疑是神圣的，父亲与教师叠合一体，更让我视之为神，他能够随时随地、轻而易举地解开任何对我而言非常高深的谜团。

教师在当代的地位逐步提高，被称为"太阳底下最光辉的职业"，但在当时却被称为"穷酸书生"，仅是养家糊口便已不易，并非什么特别值得炫耀的职业。然而，彼时的父亲却很引以为傲，深感做教师是光荣的，他极为认真地教导着诸多学生，乐于寻找学生们的长处并加以放大，还鼓励学生们学以致用。我在一旁将这些细微的点滴尽收眼底，并默默地记在心中，等待着它们生根发芽。

富家不用买良田，书中自有千钟粟。

安居不用架高楼，书中自有黄金屋。

娶妻莫恨无良媒，书中自有颜如玉。

出门莫恨无人随，书中车马多如簇。

男儿欲遂平生志，六经勤向窗前读。

——赵恒《励学篇》

这首诗曾激励了众多人读书求学、考取功名，与其说是在书中，不如更为确切地说是在书中丰富知识的浸染下，他们好似拥有了如食千钟粟、住黄金屋、娶颜如玉般富足的生活。但是于我而言，读书的意愿则源自父亲的教诲，初衷是因为发自内心地认为读书确实有益。

《论语·述而》里有这样一句话："自行束脩以上，吾未尝无诲焉。"这"束脩"乃何物也？按照李泽厚先生的解释，"束"，就是10条一捆的物品；"脩"，就是加过香料的风干肉。因此，"束脩"实际上就是一捆干肉，是当时人际交往中最微薄的拜见礼品。而这句话的意思是，孔子的收徒手续非常简单，只要学生准备一点点象征性的微薄见面礼对其表示敬意，便可轻松地拜师求学。这样的行为让我们后辈人深感钦佩，孔子对待学生们既没有贫富贵贱之分，也没有宗族种类限制，其私学大门是向所有人敞开的。

孔子的这段《收肉纳徒》的故事流传至今，影响颇广。而两千多年来，"束脩"也成为了拜师礼物的代名词。

身为教师的父亲，熟稔这段故事，也同样深深赞同这种做法，

人生好比一年四季，有春、夏、秋、冬之分。我们除了欣赏春花秋月之美外，也不该忽视夏云冬雪的时刻。

——郑炽钦

母爱是唠叨，父爱静悄悄。在我的记忆中，父亲是不喜言谈的，三天两头也说不上几句话，他是一个善于用行动表露心迹的人。

——郑炽钦

并且身体力行。在他所任教的私塾中，经常会遇到这些情况：哪家人因为交不起孩子的学费，家长带着孩子登门请求父亲收下作为学生，父亲往往来者不拒，甚至可以称得上是爽快地"有教无类"，将这些寒门学子统统收归门下。

正是源于这种乐善好施的性格，父亲在当地的名望与日俱增。逢年过节总会有人送些米面或者纸墨到家里来，执意让父亲留下。每每此时，父亲总是微笑着谢过，实在推托不过，便一一记下他们的名字，写好楹联后专门赠送回去。

写春联是父亲最大的爱好。毕竟当时的读书人还是为数不多的，作为教书先生，自然有乡里乡亲的会在春节时来讨副春联以图个吉利、喜庆。为了满足大家的需求，父亲总是早早地备好纸墨，提前半个月便开始写春联，然后再免费送给邻里。

父亲的这种性格，一辈子也没得罪什么人，在当地留下了极好的名声，被乡亲们亲切地称之为"善人"。也因为其乐善好施的秉性，受到乡里人的尊敬，以致在后来文革暴风骤雨般的"破四旧"、认为读书越多越反动的岁月中，父亲并没有受到十分严重的批判。而且，即便在那段最为黑暗的时期，父亲仍坚定地告诉我们：要多读书、读好书。因此我们几个兄弟姐妹也都自始至终秉持着"读书至上"的信念，这种信念也伴随了我们一生。

解放后，人民公社时期，父亲在大队中任会计。在此期间，父亲仍旧是精益求精、严于律己、宽以待人，为自己，也为我们的家族留下了一连串的好名声。

而今，父亲离开我们已经很多年了，我一直想写一篇诔文来祭奠他。可每次写到父亲，总感觉父亲在摸着我的头，手中的笔

与父母的照片
合影

总是显得无力，表达情感的语言总是匮乏，眼泪一次次地将稿纸打湿，脑子里一次次出现空白，炽热的情感又一次次地凝固……

相较于父亲教会我的"与人为善"，目不识丁的母亲教会我的则是淳朴的"勤劳"二字。

外祖父早年是位打金银首饰的匠人，他对自己的手艺要求甚严，讲究精益求精。这点也在无形中影响到了他的儿女们。

我的母亲是位典型的农村家庭主妇，没有读过书，也不认识字。但她却凭借一双勤劳朴实的手，为整个家庭编织出了美好和睦的生活，养育并深深地影响着她的子女们，同时也搭建起了邻里、亲朋之间和谐相处的桥梁。母亲教会了我们很多不能直观地从书本中理解的道理。

简简单单的一句话，一个微笑，一个点头……在这些细节中，或深或浅、或重或轻地都充盈着爱的气息。每当我回味咀嚼，总会品尝到其中爱的滋味。

由于兄弟姐妹众多，作为老幺的我出生时母亲已经35岁。但即便如此，母亲在我的印象中一直都是美丽而年轻的。她说起话来总是温文尔雅、和声细语，丝毫没有农村人大嗓门的特点。

父亲和母亲的脾气都很好，但对孩子们的要求却是极为严格的。他们经常向我们渗透这样的思想：不要和别人比吃穿，要比学习、比劳动、比艰苦朴素。因此，我们小时候穿的衣服，少不了打补丁，哥哥姐姐穿小了，弟弟妹妹接着穿。有时，蓝色的衣裤洗得褪了色，母亲就让姐姐拆开，翻过面来缝好接着穿。所以，姐姐在很小的时候就学会了用缝纫机。

我们各自相继参加工作后，父母仍然要求我们保持简朴的作风。那时，大多数青年人上班后，都要买块手表戴，可母亲说"刚参加工作，就戴手表，影响不好"。于是，直到绝大多数同事都买了之后，我才戴上手表。

父母亲的宝贵品质和为人风范，深深地影响着我们兄弟姐妹。相较于同龄人，我们几个都比较上进，不仅时时处处检点自己的行为习惯和生活方式，还不忘保持吃苦耐劳、奋勇争先的优良品性。后来，我们在各自的事业上都有较好的发展，在各自的家庭内部总是自觉不自觉地相互看齐，唯恐自己落在后面。这种家风的确立和延续都是因为父亲和母亲的影响。

令人遗憾的是："树欲静而风不止，子欲养而亲不待。"几十余年时光悄然流逝，父母亲的爱也渐渐远去，我只能透过模糊的泪眼一次次地回望，让他们给予我的如清溪般温柔的爱一次又一次滋润着自己曾经荒芜的记忆……

002
那一抹书香

人生不经意的一抬腿，就踏上了生命的延长线。

在温馨和谐的家庭氛围中，我幸福地成长着。纵然不是衣食无忧的富足生活，却可以一路享受弥漫书香的熏染浸润。

然而，一场狂风骤雨却在众人毫无防备的情况下突然间袭来——

1966年5月召开的中央政治局扩大会议以及同年8月召开的八届十一中全会，便是这场被冠以"文化大革命"之称的政治运动全面发动的标志。我所在的县城受到的冲击虽不算大，却也能够明显感觉到周围同学的学习情绪不再如以往那般高涨，学习氛围也非以往那般浓郁。

对于这一现象，纵然我无法做出过多的评价，但作为一名亲历者，当我再次向曾经的这段经历投去不经意的一瞥时，竟将我尘封已久的记忆重新激活了，我想我有权表达当时的感受。

我曾经读过这样一段资料：

当广州掀起红卫兵运动之后，纺织厂内也迅即涌起"破旧立新"的"热潮"，厂里的男女职工互相检查有没有属于"四旧"的东西。有一名女工因为亲友自香港带回一些衣物给她，其中有一条红色的女三角裤。厂内的红卫兵和"革命群众"便将她的红色三角裤翻了出来，给她扣上了三项罪名：

（一）将最神圣的革命色彩——红色用来穿在最肮脏和不适当的部位。红色代表最进步的颜色，如中国（中共）被命名为"红色的中国"，革命的军队最初被命名为"红军"，以至于现在的红卫兵也冠上了"红"字头。因此把红色穿在不当的部位未免是大大的亵渎。

（二）崇尚西方国家的货品，具崇洋思想。

人生一世，草木一秋。我认为，人活着是一种历程，阅读是见证存在的一种方式。我是多么喜欢在书的世界里栖息着，永远做一个快乐的读书者。
——郑炽钦

阅读具备一种特殊的韵味。书籍给予了我们字词篇章之外的经验总结和人生指导，以及错误的参照。
——郑炽钦

（三）追求资产阶级的生活享受，不穿布裤喜穿丝裤。

后来，这名女工被拉出去批斗，全部洋货拿出来"展览"后一概予以烧光。

（摘自蔡翔的《神圣回忆》）

我无从知晓这位女工后来的命运，是自杀，还是苟活。因为这都是在那个年代真实发生的事情，但是可以预料的是，这段曾经备受侮辱的经历将构成她今后人生的悲惨记忆。

资料的真实性我无法考证，但是与之类似的事情在当时俯拾即是。由此可以知道，在那个激动人心的红色年代，在老师们忙于学习、检查和相互揭发，学生们忙于走上街头，愤怒地搜寻戴墨镜、留长发、穿尖头皮鞋和雪白的衬衫领子等所谓的"混混"之时，我们想拥有一张安静的书桌，是一件多么奢侈的事情。

好在期间因为有父亲及哥哥姐姐们的指导，再加上自己当时确实很热爱读书，因此学习成绩并未受到太大的影响，一直名列前茅。即便是在这样混乱的世道之中，我的父亲、母亲始终提醒我要多读书、读好书，对任何事情都要有清晰而明辨的看法，哥哥姐姐们也起到了很好的榜样作用。

必须感谢这段岁月，让我能够继续享受书香弥漫中的灿烂阳光，这是一件多么惬意的事情，我把这种兴趣甚至可以说是一生的钟爱保留到了现在。

1968 年至 1970 年，我在广东省高州县罗平中学读初中；1970年至 1972 年，去了曹江中学读高中。然而，峰回路转，读完高中后，我的人生出现一个急转弯。此时的"文化大革命"已经发展到了不可遏制的境地，知识青年的上山下乡运动也愈演愈烈。

对于这个曾一度牵涉到千家万户，并对一代青年产生过极其重大影响的社会问题，近几年来，人们通过各种形式，不断在反思、追问，以期得出一个公允的评价。有人认为，既然彻底否定了"文化大革命"，对于在此期间被说成是所谓的"社会主义新生事物"的知识青年上山下乡运动也应予以全盘否定；但也有人认为，知识青年的上山下乡运动并非"文化大革命"的产物，而是国情发展到一定阶段所出现的必然现象，不仅不应加以否定，还应加以发扬。

对于社会进程而言，我们再去探讨这一"革命运动"究竟哪一方面的意义更为重大，显然无益。但是，我始终庆幸，在这动乱的年代中，自己能够巧妙地利用各种机会，或从他人处借阅，或从父亲原有的藏书中搜寻，每天坚持读书，文学的、哲学的、历史的……书籍成为了我生命中不可或缺的一部分。"书犹药也，善读之可以医愚，外物之味，久则可厌，读书之味，愈久愈深。"一本好书让我得到的不仅是知识，还有生存的自信。我能够从书中找到前进的方向和对人生的勇气，以及做一名目标明晰、追求高尚的人所必备的智慧和尊严。有时候，在读到精彩之处，抑或读到书中描述的其情其景完全符合自己的心境时，我甚至还会忍不住拍案而起，大叫一声："好，太好了！"

读旧书如见故人，读新书如遇新知，读好书则会让人回味无穷。

总之，那抹书香弥漫所带来的灿烂阳光，始终长鸣于我的脑海深处，并成为了我后来在睡梦中时常闪现的最为幸福的呢喃。

二、激情燃烧的岁月

光阴有脚当珍惜,书田无税应勤耕。流金般的岁月在悄然逝去,不得不承认,其中的大部分时间必然是平淡无味的。但如果在其中加上一点激情,制造一点波澜,并将酸、甜、苦、辣巧妙地融合在日常的琐碎中,那么风华正茂的我们,便能够将这段波澜不惊的岁月演绎得激情燃烧、有滋有味,而且还会始终充盈着排山倒海般的雄心壮志!

003
难忘放牛生涯

每当高考来临,看到高三学子们埋首奋战在书海之中,我总会心生感慨。曾无数次走过教室的窗前,望着这群无忧无虑的孩子们,想想他们即将斗志昂扬地踏进高等学府的大门,我的内心总会不可抑制地升腾起阵阵自豪。现在的孩子真是幸福,只要想读书,就能够拥有多种途径,也不会有任何牵绊。回想起我们这一辈，遭遇的波折、困难显然要多许多。

1972 年，我高中毕业。为了响应毛主席"广阔天地大有作为"的号召，当时的规定是，城镇户口的毕业生需要上山下乡当知青，而农村出身的孩子只能回家务农。于是，尽管我对知识还怀有无尽的渴望，但仍然摆脱不了命运的摆布，只能回家当起了农民，这也就实现了我人生的第一个转变——由学生变为了农民。

回乡当农民，首先要过的是"生活关"。我们一个生产队的伙伴们大多初、高中毕业，不过十几二十来岁，以往在家里都有父母亲照顾日常生活起居，现如今衣食住行包括与人打交道却全部都要自食其力，难免会有些不适应。

起初，我们互相之间也会产生摩擦，毕竟生活习惯、为人处世的方式均不一样。但因为生活轨迹有着相似性，大家在不断磨合的过程中也逐步学会了相互体谅、相互安慰、相互帮助，并最终相处得比较友好。

对于我们而言，过"生活关"还相对容易，但想要过"劳动关"就不那么轻松了。

我们所处的地区是产粮区，每年都种植双季稻。插秧无疑是个技术活儿，尤其是对于我们这些一直在学校读书的青年而言。这项活计在当时的农村里大都是妇女干的，但也不可避免地落在我们身上。

插秧时，人要赤脚站在水田中，低头弯腰，左手握秧，右手插秧，左脚外两株，两脚中两株，右脚外两株，边插边倒走，还必须保持一条直线。最累人的是在弯腰的时候，背部要一直保持弯曲状，长时间如此，导致每次直起腰的时候都会略显困难，再次弯下腰去又会更觉得累。而且高州的水田中有蚂蟥，会吸附在人的脚上、腿上吸血。更可怕的是可能会遇到钉螺，它会传播血吸虫病——一种轻则损伤内脏、重则致命的疾病。值得庆幸的是，我有惊无险地度过了这一时段。

秧苗长大后要耘稻。每当这个时候，优美婉转的耘稻山歌便会在绵延广阔的田间回荡，为耘稻的人们提提神儿、鼓鼓劲儿，或者稍稍驱散一些枯燥的沉闷。

所谓耘稻，就是将稻株周围的杂草清除掉，这样稻根处的土质就会变得松软，稻子也能更好地吸收养分。耘稻时整个人需要半跪着，四肢都泡在水田里，还要一边给稻子"按摩"，一边往前爬。水田里有给稻子的养分，就是些猪粪、羊粪、人粪的混合物。所以，几天耘稻下来，肢体与这些肥料的过度接触有时会导致烂手烂脚。

耘稻时正处于小暑至立秋的大伏天里，是夏日里最热的时候。稻田里密不透风，肥料发酵，臭气难闻，人们匍匐在里面，感到透不过气来，更何况还要用双手挖松稻根边的泥土，抓起耘稻时浮在水面上的杂草，揿入泥中，所以很快都会胸闷气短、汗流浃背，但因为双手满是泥水，即便流汗也没法擦拭。于是，汗水浸湿了衣服，然后又被骄阳炙干，不到一会儿又会被汗水湿透，如此反反复复，真正让人苦不堪言。

古人称耘稻曰"籽"，又曰"挞禾"。元代王桢《农书》中说："江东等处农家，皆以双手耘田，匍匐禾间，膝行而前，日曝于上，泥浸于下，诚可嗟叹。"宋人赵孟頫有首写耘稻的诗："当昼耘水田，农夫亦良苦。赤日背欲裂，白汗洒如雨。匍匐行水中，泥淖及腰膂。新苗抽利剑，割肤何痛楚。夫耘妇当馌，奔走及亭午。无时暂休息，

> 一个总是心事重重、紧皱眉头的人，很难有一张舒展的脸，而一个对生活看得开的人，也很难不拥有一张乐天的脸。
> ——郑炽钦

> 当你发现前方的道路越来越难走，如何下山更是未知时，回头是不可能的，因为这比上山更危险。只有硬着头皮向前迈步，直到最终站在山顶上。
> ——郑炽钦

不得避炎暑。谁怜万民食，粒粒非易取。愿陈知稼穑，无逸传自古。"还有一本水乡《风俗志》中说："农人之苦未过于耘耥者，当是时，赤天炎日，万里无云，田中之泥水如沸，不得不膝行于其中，自朝至暮，复历多日，因而足趾腐烂，苦楚异常，是即泥犁地狱。"可见，耘稻虽不是稻作劳动中最重的体力活儿，但却是其中最苦、最累、最脏的一项活儿。

还有一项繁重的体力活儿是割稻。一年到头的劳动总算有了收成，收获的喜悦自不必说，但收割的过程却也极其辛苦。特别是在"双抢"（抢收、抢种）时期割麦子，头上顶着烈日的暴晒，眼前是望不到头的稻田，心里想的全是火急火燎地割稻子，一不小心锋利的镰刀就会划破手和脚。那时候也没有创可贴，自己割了小口子就用另一只手捂一会儿，等到血止了再继续割，口子较长就用手帕扎一扎，不敢耽搁太久，又抢抓时间继续割稻。

割完稻子还要挑稻子，这项工作显然是男同志的活儿计。对于我们这些青年学生来说，从小没有锻炼过，一百多斤的担子压在肩上，几天下来，肩膀就会被磨破皮，一压重担疼得厉害。特别是长途接担，你还不能多休息，前面的人传过担子来，你得赶快挑着走，传给下一位，不能打乱节奏。挑几天稻子，就会让人筋疲力尽。

从插秧到施肥，再到收获，我们完整地待到秋收结束。等到稻子割完了，放牛就成了我们一项主要的工作了。

牛是农家宝，犁田、耕地都离不了它。有牛就有放牛的任务，除了冬天没有青草的日子，其余时间，一般每天早上一次、下午一次，需将牛牵到山坡上、田边地头去吃草。

放牛时，用绳子拴住了牛的鼻子，把它牵到青草比较好的地方。绳子要时刻牵着，以防止牛趁你不注意的时候，偷吃田里的禾苗或蔬菜。牛吃饱之后，肚皮的左右都会鼓鼓的，很容易看出来。所以，我们放牛的时候是不能偷懒的，在牛吃完一片地方的草后要牵着它到另一处。等牛吃饱了，我们还要牵着他们到水塘边喝水。

天热的时候，牛会经常跑到水沟里，在稀泥里滚一身，来防止被蚊子叮咬。或者有时，在水塘喝水的时候，牛儿们还会下水洗澡歇凉，有时半天都不肯上来，得人去赶才行。

喜欢玩水的是水牛，黄牛一般是不喜欢下水的，但我发现黄牛特别喜欢打架，有时在暴躁的情况下还会伤到人。它们或用脚踢，或用犄角顶人，所以牵牛的时候必须格外小心。

而当两头牛一起放的时候，更得加倍留心，特别是公牛。哪怕两头距离很远的牛，看见彼此也会跑到一起打架，而一旦打起来，人是难以拉开的。牛会用角拼个你死我活，打得头破血流都不肯分开，有时实在没法儿了，只好在两牛之间放火烧才行。

当时我们最大的乐趣莫过于骑牛了。长时间接触后，我们就跟牛混熟了，彼此之间也比较信任，所以在牵出去放养或者回家的路上，我们经常骑在牛背上。

牛没有鞍，所以当我想骑牛的时候，不是从牛背上爬上去，而是让它低下头，从牛头上爬上去。只要站在牛头前，一边拍拍它的脑袋，一边喊"低头，低头"，它就乖乖地把头低下了。我脚踩在牛头上，一手扳着牛犄角，一手揪住牛背上的毛，腰往上一拱就顺势爬上了牛背，然后小心翼翼地转过身来，再喊一声"抬头，抬头"，牛就会抬起头来。"哇，这么神奇"，当我第一次看到牛这么听话的时候，情不自禁地发出了感叹。牛的性子很温和，不会乱蹦乱跳，骑在它的背上不会像骑马那样被剧烈颠簸，所以也根本不必担心会掉下来。那时我常常安逸地待在牛背上，在田野里到处乱逛，看看白云飘荡，听听虫鸣鸟叫，总之想去哪儿就去哪儿，好不自由。

但十七八岁的青年，正值血气方刚之时，想来也不可能甘于每天只放放牛、做些农活。毕竟这样的日子，太过单调枯燥了。当时的我是很活泼的，并没有就此安安稳稳地当农民，于是就和几个跟我志趣相同的年轻人一起组织了文艺宣传队，这也可以称得上是志同道合吧。

农忙时，我们白天做农活，晚上挤时间排练节目；农闲时，我们这个小小文艺宣传队便轮流到各个村庄演出。表演完全是出于自愿的，不仅不计入工分，还要在繁忙的工作之余，单独抽出时间来自编、自导、自演节目，每天都会比较辛苦。但在当时劳动条件异常艰苦、物质条件也极度匮乏的情况下，组织这种文娱活动成为了避免精神贫乏的有效途径。

那几年，我到过不少乡村。

每一个乡村，都是一本内容丰富的书，里边饱含辛酸的泪、殷红的血，当然也酝酿有欢快的歌、甜蜜的笑……

读着那样的书，怎能不为之激动。因此，我常常禁不住写下片言只语，镶刻在记忆的深处……

"爱别人就是爱自己"，一语道破人际关系的"核心秘密"——只有你付出了别人所需要的，他们才会给予你所需要的。
——郑炽钦

生命好比回声，给予什么就会最终得到什么。
——郑炽钦

004
火红年代的"大有作为"

三年的务农生活，就在这般忙忙碌碌中度过。我始终坚信，我不会永远只做一个农民，我一定会有出头之日。社会发展的需要也决定了人类永远都不会独立于知识之外。在广泛涉猎各类书籍的同时，我在不断地坚定信念：只要拥有足够的知识储备，就一定会获得人生的转机。1975 年的春天，我的确迎来了人生中一次转折的机会。

当时，广东省红工矿务局到农村招工，我兴致勃勃地去参加。这种机会是难能可贵的，因为那时是计划经济时代，农民以生产队为单位劳作，每天记工分，靠生产队分粮食，靠自留地种蔬菜。而工人则是靠工资收入购粮，俗称"公家人"，是有保障的。由农民到工人的转变，至少意味着我在保证自己温饱的前提下，还能够力所能及地接济一下家里人。

矿务局下面分为八个煤矿，经招聘合格后，我便被录用到了地处韶关的红工煤矿的第三矿富国煤矿里，从而实现了人生的第二个转变，即从农民到工人的转变。

这段当工人的生涯，是我一生中最难以忘怀的，个中艰辛唯有自己深知。我是一介书生，只是在做农民的时候做过些农活，单纯在体力消耗上强度并不算大。但是作为煤矿工人，每天披星戴月地在地下工作，才体会到什么是真正的体力活。

早晨，天还未亮，我们就要下到距离地面450米深的地下去打坑道。这里的地面与地下，俨然是"阳间"与"阴间"的区别。虽然听起来难免有些别扭，但形容得丝毫不为过。四处黑漆漆的一片，唯有两个"间或一轮"的眼珠里透露出的点点眼白，才能显示出这是个活物。工友之间即便是面对面的交流，都需要仔细分辨，也只有彼此熟悉的人才能根据说话声辨别出对方是谁。

等到傍晚我们从地下升到地面之后，暮色早已降临，我们看到的又是黑漆漆的一片。但苦中作乐的一点是，我们还能呼吸到外面的新鲜空气，还能感受到四周迎面扑来的生活气息，这便是我们每天都能够埋头苦干的动力所在。

"腰是弯的，脸是黑的，没有了血色，骨瘦如柴，眼是抠的。"这样文字所描述的，应该是工人们长时间挖煤后的模样，即便我当时所做的工作也比较辛苦，但远不及这一形象描画得深刻。不过有一点是可以确定的：挖煤工人的工作是极其辛苦的，长时间的劳作会让身体受到严重损伤。

即便辛苦，我依旧是快乐的。这段"地下"生活，让我的人生收获了很多难能可贵的东西。比如说，吃苦耐劳的品质、团队合作的精神以及竞赛争先的意识。

吃苦耐劳的品质是我从工友身上学到的最为宝贵的东西。挖煤是一项极其辛苦，也极其危险的职业。每天的工作都很繁重，但是所有人都能够始终保持着"特别能吃苦、特别能战斗"的作风，不怕苦、不怕累。寒来暑往，春去秋回，工友们在早出晚归的劳动中坚持不懈。他们敬业奉献的精神，时时激励、鞭策着我，即使面对再大的挫折与困苦也不会被打倒。

其次是团队精神。工人的感情都是非常深厚的，工人的品质也是非常值得称赞的，我的工友们将这一点展现得淋漓尽致。在工作中，我们被分成了很多小组，分别负责不同的部分，因而团队合作就显得尤为重要。与我同组、同连队的工友们，互相之间丝毫没有让别人多干一点、自己少干一点的推诿想法，反而是人人都往前冲，脏活、累活抢着干，从不计报酬，更没有任何怨言。这点对我后来的发展影响至深，我始终将团队精神谨记于心，在不断提高自身业务素质的同时，也十分重视团队建设。我深知，只有团队发展了，自己才能够获得更大的提升。

再次，便是竞赛争先的意识。我们所在的连队之间互相是有竞赛的，今天这个连队打道多少米成了冠军，其他连队就要奋起直追。因而，连队之间展开了你追我赶的劳动竞赛。为了赢得冠军，我所在连队的工友们互相协作，反复琢磨打道技巧，提高打道效率，争分夺秒地工作。终于，我们创造出了两次一个月内打通百米运输大巷的纪录。作为突击队队长，因为突出的工作业绩，我获得了"青年突击手"这一光荣称号。

做煤矿工人的那段日子，我的内心是无比充实的。尽管身体上会时时感到疲惫，但能与一群伙伴为了同一个目标而不断努力，达成目标后的那种爽快的感觉我至今仍然记忆犹新。

在这段时间里，我每个月大约有 47.3 块钱的工资。除此之外，倘若我努力加 20 个中班或者夜班，每天就可以多挣 2 块钱，加起来就是 87.3 块钱。再加上下井干活有 11 块钱的奖金，地面干活有 7 块钱的奖金，总额已经相当于我两个哥哥加起来的工资了。

　　况且我们每个季度还会发一件工作服，少了一项自己买衣服的开销。于是，我俨然成为了一个不仅可以保证自己的温饱，还能够为我的大家庭补贴家用的一个重要家庭成员了。这让我发自内心地感到高兴，甚至颇有些骄傲。

　　下矿采煤的经历磨炼了我的意志，虽然条件很艰苦，但我从来没有停止过对知识的渴望。也因为自己具备一定的学识，1976 年 3 月，我被任命为连里的宣传员、统计员，负责给广播站和矿上的小报纸写稿件、出版连队的宣传板报、计算工资等。

　　由地下转到地上工作，从体力劳动转变为了脑力劳动，让我也有了更多的时间和空间继续读书。后来，由于我所在的连队的宣传工作做得比较到位，组织又把我这个连队的宣传骨干调到了矿里的政治处任宣传干事。此时，我身份的属性也有所改变，叫做"以工代干"。就这样，我一方面负责矿上的宣传工作，另一方面还负责联系着煤矿下属的一所工人子弟学校。

　　这期间，我看到了老工人的艰苦奋斗、无私奉献精神，看到了青年工人发愤图强、开拓创新的精神。这些精神对我的影响一直持续到现在，也将会一直持续下去，而这项工作也一直伴随着我走到了人生的下一个路口。

005
人生中最重要的转机

　　1977 年初，滚滚春雷激荡开了多年来暮气沉沉的神州大地，到处是一片盎然生机；阵阵春风叩响了沉寂许久的荒芜心扉，一缕缕温暖的阳光直射而入。

这年 8 月，邓小平同志在北京主持召开了科学与教育工作座谈会，在这次会议上，邓小平当场拍板，改变"文革"时期靠推荐上大学的高校招生办法。一个月后，教育部在北京召开全国高等学校招生工作会议，决定恢复已经停止了 10 年的全国高等院校招生考试，以统一考试、择优录取的方式选拔人才上大学。这次富有转折意义的会议还决定，恢复高考的招生对象是工人农民、上山下乡和回乡知识青年、复员军人、干部和应届高中毕业生；录取学生时，将优先保证重点院校、医学院校、师范院校和农业院校，学生毕业后由国家统一分配。

当大家一听说有了高考选拔大学生、毕业后包分配这样的天赐良机，没有人不蠢蠢欲动。我记得恢复高考的正式通知传达到我们矿上已经是那年的 10 月中旬了。而此前，我们也依稀地通过各种渠道，得知了中央即将出台恢复高考选拔大学生的制度，大家都在暗地里摩拳擦掌，意欲通过这座窄窄的但难能可贵的"独木桥"跳出农门。当年的 10 月 21 日，国内各大媒体公布了恢复高考的消息，并透露本年度的高考将于一个月后在全国范围内进行。

对于高考恢复的背景和深远意义，虽然在当时没有几个人能够了然于心，但是我们每个人都非常渴望通过这样一种公平、公开、公正的形式进入城市。走进大学恐怕是我们那一代很多青年人的共同愿望。

于是，恢复高考的文件一下达，便在广大知青和农村回乡青年中激起了滔天巨浪。这巨浪来得是那样激烈、那样豪迈、那样

正如艾森豪威尔所言："世上没有折扣价买来的胜利。"一个人的成就与他的施予程度成正比。
——郑炽钦

人生追求的目标越鲜明，意志越坚定，就越觉得充实和强大。
——郑炽钦

震撼人心！以至于但凡有资格报考的人都立刻报名，众多知识青年蜂拥而至。考生的年龄和文化程度是参差不齐的，甚至不少父子、母女、兄弟、姐妹、师生都一同携手共进一个考场，一起来挤"独木桥"，来跨越这道决定"穿草鞋"还是"穿皮鞋"的"分水岭"。然而，无奈的是，虚度的光阴太多，一时半会儿也不知道该从哪里补起。那种简易的非常实用的油印复习资料，便成了意欲参加高考的青年人的救命稻草。于是，城里的家人想方设法地寄来了他们能够找到的油印复习资料，大家都秘而不宣地复习起来。

当时，几乎全民都在热烈地议论着高考这件事，整个社会的神经都为高考所牵动。学校里的老师们都忙着免费为自己的各届毕业生辅导备考，每一堂辅导课都挤满了听众，每一位精于辅导的老师都特别受人尊敬，每一个善于答题的备考人都备受人们的钦佩。

与以往的惯例不同，1977 年的高考不是在夏天，而是在冬天举行的，有 570 多万人参加了这次考试。虽然按当时的办学条件只录取了不到 30 万人，但是它却激励了成千上万的人重新拿起书本，加入到求学的大军中去。

得知要恢复高考，我想要报名，但是考虑到自己从农村出来，有一份稳定的、可以解决家庭负担的工作实属不易，如果继续读书，只能是加重家里的负担。于是，我便将这棵小小的幼苗放在了心底最深处。

说来也巧，我当时就是矿山招生办的工作人员，高考报名以及考生材料的整理等工作都由我来负责。起初，我就是简单地将这份工作做好，确保各项资料万无一失。然而，在报名的第六天，当我看到有初中毕业生也来报名时，便也开始蠢蠢欲动了。毕竟，我曾经在学校里的学习成绩很不错,之后的几年也并未彻底放弃学业,经常看书学习,而这个机会又如此难能可贵。几番纠结之后,我便跟政治处的李主任谈了自己想要参加高考的念头。

其实,当时的我还是有几分心虚的,毕竟倘若我去报名参加考试,就必须有人接替我当时所做的工作。怀着一颗忐忑不安的心跟李主任交谈后,没想到他竟一口答应下来,并在第二天就安排让矿宣传科的摄影员给我照了相,接替了我在招生办的工作。就这样,我由一个招生人员摇身一变,成为了一名即将进考场的应试考生。

兴奋感与幸福感一下子油然而生,这种不可捉摸的感觉是难以用言语来形容的。至今仍记得,当时我将双手紧紧贴在胸口,用力按捺住怦怦直跳的心,想象着自己可以开创出的幸福生活,又能与书籍为伴的美好时光,嘴角情不自禁地绽放出了笑容。

领导的话时时回荡在我的脑海:"我们没有文化,希望年青人可以考上大学,做一个有文化的人。""你们一定要读书!"这淳朴温暖的话语中饱含了多少长辈对晚辈的期许与祝福!

但这股兴奋劲儿并未持续太长的时间,因为此时距离高考仅仅剩下了十几天,复习时间显得尤为紧迫。放下兴奋与激动,我竟然渐渐地开始紧张起来。

由于高中时候的书籍都不在身边,我只能四处去借书。没有考试范围,也不知道考试内容,只能自己捧着借到的课本反复地看,拿起当时找到的练习题一遍遍地做。我要特别感谢红工三矿的领导,如果不是当时领导们的支持,允许我们这批考生在高考前一周每天带薪停工半天到矿山中学补习,晚上还组织矿山中学的老师开办夜校给我们上课,甚至动员矿上的新老大学生指导我们复习数学，我又怎可能考上大学。

十几天时间让我真切地感受到了"白驹过隙"的含义，越是感到时间紧迫，时间就越是好像在跟你开玩笑，跑得更快。焦急、紧张、忙忙碌碌中，时间一晃而过，转眼已到"上战场"的时刻了。

考试的前一天，矿上动用了三辆拉煤的敞篷大货车，将全部考生像拉煤一样从三矿"搬运"到高考考场红工一中。可没人会理会煤车的脏乱，大家兴奋地、对未来充满希冀地，一个个"嘭""嘭"地跳上车去，一手扶着货车的铁栏杆，一手向送行的人们兴奋地振臂挥舞，既紧张又有所期待地前往考场。

有人说，没有经历过高考的人，其人生一定是不完整的。我觉得这句话很有意思，为何是不完整的呢？作为恢复高考后的首届大学生，我能深切地体会到。仅凭一次考试成绩不能完全地判断一个学生今后的发展，但是这一次极为重要的考试，却会在相当大的程度上影响莘莘学子的人生走向，尤其是对于我们那批学生，眼前看来仅有这一次机会可以改变命运，我们必须将其紧紧地握在手中。有人曾经这样说："我考大学，没有豪言壮语，什么'铁肩担道义''为中华之崛起而读书'，我不是那样想的，就是生活太累、太艰苦了，想要改变现状。"高考似乎混合着人生所有的酸甜苦辣，身处其中无疑是经历了一场人生的历练。昂首走向高考考场，经过这一番心智的磨砺，才能够唱响人生高亢而又激昂的咏叹调。

终于坐到了高考考场上，我紧闭双眼，深深地吸了一口气，然后长舒出来，嘴里反复轻声叨念了好几次"我能行"，才开始动笔。一边奋笔疾书，一边快速思索，那感觉就如同指挥着脑海中的"千军万马"，去为理想、为命运而奋勇拼搏。

1977 年的冬天，中国关闭了 11 年的高考闸门终于再次开启，570 万名考生如潮水般涌向考场。这是共和国历史上唯一的一次冬季高考，这次高考，承载了太多的期望，这是一个民族对知识的渴求，是一个国家的时代拐点。后来，我看到了这样一篇文章，可以比较全面客观地概述那一场高考的历史。我仅摘取原文的部分内容如下：

历史，无法倒转，也无法假设，留存的只能是唏嘘，还有感慨。

1977 年的全国高考，是特殊年代举行的特殊考试，它创下了几个之最：

一、"文化大革命"结束后全国首次恢复的高考。1966 年"文化大革命"兴起，废除了高考制度，1971 年起实行推荐工农兵学员上大学的做法。1977 年重新恢复全国高考，并延续至今。

二、准备时间最短、最仓促的一次全国高考。1977 年 10 月中下旬公布全国首次恢复高考的消息，12 月 10 日至 12 日正式考试。1977 级新生于 1978 年 2 月入学。

三、竞争最激烈的一次全国高考。1977 年全国总共有 570 多万名考生，拼搏 27 万多个录取名额，录取比例为 29 比 1，约 4.8%，真正是千军万马争过独木桥，可谓空前绝后。

四、考生来自社会各界最多的一次高考。当年的考生来自工厂、农村、部队、机关、学校等各行各业，年龄最大的是 1966 年高三毕业生，最小的是 1977 年初中应届毕业生，年龄跨度 10 余岁。我所在的 1977 级班里，出现了叔叔与侄子成为大学同窗的"奇观"。

各种蠢事，在每天阅读好书的影响下，仿佛烤在火上一样，渐渐熔化。
——雨果

读书就是为了追求梦想、美化梦想，让梦想在文字的世界里灿烂开放。
——郑炽钦

五、由各省市自治区单独命题的一次高考。如我经历的辽宁省高考，文科考政治、语文、数学和史地（历史、地理一张考卷），理科考政治、语文、数学和理化（物理、化学一张考卷）。文理两科考生的政治、语文、数学三门考卷一样。个别省市自治区加考外语，但不计入总分。

六、改变社会风尚的一次高考。1977年全国首次恢复高考，不但使27万多学子彻底改变了命运，更使尊重知识、尊重人才成为社会新风尚，从而在整个神州大地上掀起学知识、学文化的热潮。1977年的全国高考，具有划时代的意义，它对当时乃至后来中国的发展走向，产生了极其重要的影响。

回头看，1977年的高考试卷有点"名不副实"，好像只有今天的初中水平。不仅辽宁，其他省市自治区的高考试卷也彼此彼此、不相上下。这是为什么？

当年大多数高考生的知识点都属空白，具有扎实基础的凤毛麟角。

有些人抱着随大溜、撞大运的想法报名参加考试，由此一来，结果就天上地下了。每道考题的答案只有一个，考生给出的却五花八门。比如，史地试卷有一题："中国的四大发明是什么？"有的考生答："大鸣、大放、大字报、大辩论。"还有的答："长矛、大刀、火箭、原子弹。"再比如，语文试卷有一题："将下面文言文译成现代汉语：夫夷以近，则游者众；险以远，则至者少。而世之奇伟瑰怪非常之观，常在于险远，而人之所罕至焉，故非有志者不能至也。"有的考生答："姐夫领着小姨子去游泳，到那里后看见游泳的人很多没有下去，那是不道德的……"如此笑话，层出不穷。当然，这笔账全算到林彪、"四人帮"身上了。

也有一部分考生在"读书无用"的年代里坚持自学，积累了一定的知识，又"临阵擦枪，不快也光"。他们在考场上如鱼得水，充分发挥，最后达到或超过了当年高考录取分数线，成了时代的幸运儿。

还有些人虽然知识功底不浅，却因种种缘故错过了这一难得的机遇，从而抱憾终身。

1978 年全国高考于 7 月进行，属过渡性质。1979 年之后，全国高考逐步转入正轨。

今天阅读 34 年前的高考试卷，恐怕很多人都难以置信：这是高考试卷吗？然而，它白纸黑字，千真万确。

这，就是历史，无法倒转，也无法假设，留存的只能是唏嘘，还有感慨。

共和国走过的道路，一代人经过的岁月。

一首难忘的歌，苦涩而欢畅。

（摘自《1977 年高考回忆录：触摸那些已经模糊的印记》）

无论如何，那年的高考就在紧锣密鼓的准备以及硝烟弥漫的考试中度过了。过了很久，我从最初的期待、紧张，直至最后都几乎忘记了高考这回事。一天，我们矿上的通讯员拿着很多信件跑到办公室，跟我说："大学录取通知书来了，可是没有你的。"我一听就急了，怎么可能没有我的呢？于是，非要把全部的信件都翻出来，一个一个地看一遍才算作罢，没想到迎来的真是失望，确实没有我的。当时我的心情真是失落到了谷底，备考时的艰辛、考前的紧张与兴奋、考试时的"为梦想而战"，所有的这些情感都如同电影放映机一样，在眼前一一展现出来，一时之间竟然还有种想哭的感觉。

殊不知，通讯员在一旁偷偷乐开了花。他变了个小戏法，不知从何处拿出了一封信在垂头丧气的我的眼前晃了晃。我猛然间明白了，那应该就是我的录取通知书！于是我猛地跳起来，一把抓过那小小的信封。

我忘不了那一刻，当看到眼前的这张薄薄的纸上赫然写着我的名字时，我激动得好似心脏都提到了嗓子眼的位置，这意味着我考上大学啦！这说明我付出的努力得到了回报啦！这说明我即将为自己开启一段全新的生活了！一时间，许许多多个念头充溢了我的大脑，已经语无伦次的我顿时乐开了花！

后来得知，当年矿上有 103 人参加高考，共有 14 个人被录取，9 位考上中专，3 位考上大专，后来扩招，又有两人去读了中专，考上本科的只有两人，我便是其中之一。另外一人去了华南理工大学，后来成为了一名物理老师。

矿上政治处专门为考上大学、中专的工人开了个表彰大会，还奖励给我们每人一套《毛泽东选集》、七个笔记簿和一支钢笔。

同时，矿上专门为我们张贴了红榜，甚至连食堂里也贴上了。我去食堂打饭的时候，师傅知道我考上了大学，专门在汤粉中多给了几块肉以示祝贺。

我们考上大学的消息传开后，整个矿上都沸腾了，矿领导、处领导频频祝贺，老工人、工友们声声恭喜，我们沉浸在无比幸福之中。我们凭借着自己的真才实学，考上了大学，感到分外骄傲和自豪！

读者的真义就是超越世俗生活，进而建立起精神生活的广阔世界。
——郑炽钦

读书能让一个人明事理、辨是非、有涵养、重修为，能够在纷纭多变的生活中，自由自在地活着，充满诗意地活着。
——郑炽钦

三、我的大学，我的梦

　　在历史低谷中断层的高考在讨论和申辩中得以恢复，十年积压，使得1977的高考成为新中国教育史上竞争最激烈的一届高考。"那是一个国家和时代的拐点。"同是1977级考生的厦门大学教授刘海峰，在他的著作《中国考试发展史》中这般总结道。改变了无数人命运的那次高考，在每一个过来人的心中都留下了深刻的烙印以及悠长的回味。

　　虽然有不少人评价"新三届"（指1977级、1978级、1979级）大学生，基础极为扎实、学习态度极为认真、思想素质极为高尚，但也难免会有人反问：既然他们这么厉害，为何他们中并未出现世界级的大师呢？

　　我恰好赶上了这班历史的列车，回望来路，对这段渐行渐远的轨迹始终记忆犹新，因而也有一定的发言权。

　　三十余年走过，这批大学生中已经出现了成批的大学教授、领导干部、文化人士和优秀教师，而这批学生也被认为是"文革之后中国最优秀的大学生"，在他们身上似乎还能找到知识分子的一种风骨——"独立之精神，自由之思想"。

但与之同时，我深知这批学生的艰难：年龄参差不齐，偏大者居多，三十岁以上的比比皆是；已结婚生子的学生也不少，家有负担；外语基础薄弱等。他们在走出校门之后，打拼过程也并非想象的那般顺畅光鲜。虽然春风满面，豪情满怀，但痛苦和困惑也是时时涌上心头。那些解决不了的问题和攀不上去的高峰，更令他们感到沮丧。他们常常会想：要是不被耽搁那些年就好了，要是当时学校的条件像现在这样就好了……在这种情况下，即便他们拥有后人所难以企及的勤奋与努力，也难以摆脱"先天不足"的束缚。

这批人正是这个时代的缩影，他们的集体记忆便是对这个时代的拼接和复原，他们的个人命运其实也是国家命运的一种预示。

006
青翠的记忆

阳光明媚，鸟语清脆，时光清瘦了记忆，却让记忆如同一片被风温柔吹起的薄纸一般，悠悠晃晃地沉浸在绵长的春天里，荡漾了曾经浅唱低吟的平淡生活。

大学毕业至今，几十年的岁月竟如弹指一挥间。我尽职尽责、默默无闻地工作，尽我所能地为国家培养了一批又一批的栋梁之材。我曾几度参加监考，每当看到莘莘学子走进神圣的高考殿堂，一批批学生喜获大学录取通知书时，眼前就会重现自己曾经的年轻模样。

　　我们那一年的高考，是在高考前填报志愿的，我全部选择了文科专业。第一志愿报考了中山大学，但是没考上，就被第二志愿的华南师范大学（以下简称"华南师大"）录取了。

　　有人说，报志愿无疑是高考之外的另一场博弈，因为报考志愿质量的好坏将会直接影响到学生们四年究竟如何度过。我要恭喜那些能够如己所愿进入理想大学的学子们，同时也想提醒未能如愿的学生们，即便所就读的学校、所学的专业会在某种程度上影响到今后的发展，但究竟以何种态度和方式度过大学时光，才是最终决定今后人生发展方向的关键。

　　当然，当时我所选择的几所学校都是我所钟情的，并且我还要特别感谢华南师大的录取，让我在此度过了四年青春激昂、无怨无悔的大学时光。

　　有人曾经问过我，为什么要报考华南师大，这段渊源其实我在前文的叙述中也有所涉及。我的父亲在解放前当了二十多年的私塾先生，后来姐姐作为工农兵学员被推荐读师专，也成为了一名中学教师。在他们的感染和影响下，我自然而然地就对教师这一职业产生了浓厚的兴趣与深深的敬仰，我尊重并仰慕着他们在讲台上的睿智博学以及讲台下的平易近人。在矿山政治处工作时，我也因为负责联系学校宣传方面的工作，有机会去学校看学生们上课，因而对这一职业的向往也愈来愈浓、愈来愈烈。

　　得知考上大学的兴奋感一直持续到开学。报到当天，矿里用吉普车把我送到韶关火车站，然后我自个儿坐火车到达了广州火车站。华南师大专门派校车来接我们这批时隔十年后的首批新生，我乐呵呵地将自己的"宝贝"一股脑全部放到车里。这次来上学，我把所有的家当都带上了，甚至还包括一辆老式自行车。

校车内外看起来都比较破旧，在路上一直颠簸，还时不时发出奇怪的声响。但是，大家哪里会顾及这些，所有人都非常兴奋，一路相互寒暄。同一辆车载着不同年龄、不同地方的人，我们都是历史的幸运儿，即将去往同样的目的地。

来到华南师大，我实现了自己人生的第三次转变，即由工人到学生的转变，这无疑是我人生当中最重要的一次转变。

办理完新生报到手续后，我将被褥等生活用品利索地搬进学生宿舍。整齐的床位、整洁的桌面、干净的环境……一切都让我感觉如此美好。收拾停当后，我便舒舒服服地躺在床上休息，发自心底地感觉到不可思议，然后在满满的充实感中困意袭来，安稳地慢慢睡去。嘴角那一抹灿烂而热烈的微笑，经久荡漾……

就这样，我成为了华南师大其中的一员，我曾经骄傲地认为，作为如此具有时代意义的一批大学生，自己是学校中不可或缺的一员。现在回忆起来，这种想法是多么的幼稚与可笑。但是，当年那个青涩的我，心中确实燃烧着一团骄傲与自豪的火焰。

华南师范创建于 1933 年，其前身是著名教育家林砺儒先生所创立的广东省立勤勤大学师范学院。80 余载薪火相传，学校先后历经广东省立教育学院、广东省立文理学院、广东省文理学院、华南师范学院、广东师范学院等的更名演变，并有中山大学师范学院、私立华南联合大学教育系、南方大学俄文系、岭南大学教育系、海南师范学院、广西大学教育系等数家大学的相关院系相继并入。1982 年 10 月，学校易名为华南师范大学并沿用至今，现已发展成为了一所集哲学、经济学、法学、教育学、文学、历史学、理学、工学、管理学等学科门类较齐全的综合性教学研究型大学。

学校里名师荟萃。杜国庠、陈唯实、王燕士、马肖云等著名教育家曾先后担任学院院长。著名的教育家罗浚、汪德亮，五四新诗开创者之一康白情，古代文学家李镜池，古汉语学家吴三立，历史学家王越，逻辑学家李匡武，心理学家阮镜清，教育学家叶佩华、朱勃，数学家叶述武，物理学家黄友谋、刘颂豪等众多名家、名师先后在此执教。

一代又一代华师人秉承勤勤大学师范学院"研究高深学术，养成社会之专门人才"的优良传统，传承南方大学"忠诚团结，实事求是"的革命精神，践行"艰苦奋斗、严谨治学、求实创新、为人师表"的校训，不断推动学校事业向前发展。

（摘自颜泽贤《华南师范大学校史》）

此前，我在报考华南师大之时，已经对学校的基本情况有了一定的了解。但更单纯的想法却是，以我的学习能力，理应在这样一所名师荟萃、英才辈出的学校之中得到更大的发展。但我却忽略了一个事实：人外有人，天外有天。偌大的学校之中，比我能力强、成绩高的学子比比皆是，更重要的是，他们比我更加认真、更加努力。

短时间内，我就深切地感受到了自己的渺小。在这所学校漫长的发展史上，自己只不过是其中极为平凡的一位，谈不上出类

> 人生在世，有太多的事，是我们不乐意碰到的，就像失败、病痛、年老等。但很遗憾，或许只有躺在黄土中才能远离这些威胁。
> ——郑炽钦

> 读书，是一种适宜生存的方式，也是我追逐诗意人生的最好注脚。
> ——郑炽钦

拔萃，更遑论青史留名。当初的自信，甚至是骄傲，都被一股脑清扫干净。我也终于明白：必须沉下心来，才能够赶超他人。而其后四年的酸、甜、苦、辣，也终究成为了我脑海深处那段最为青翠的记忆。

人在一生之中无论遇到了多大的波折与困苦，在最终回忆生命旅程之时都会感觉到温馨。对于1977级、1978级的大学生而言，那段引以为傲的、弥漫着奋进气息的大学时光，是那么弥足珍贵，是那么值得深情记忆与悉心收藏，它总是能在我的脑际不断地回放甚至引发极为美丽的影像。而今，三十多年的悠长时光对其进行了一番又一番的过滤，这些记忆早已被除去杂质而尽留纯净、明澈、闪亮，在早已步入中年的我们心中引起了更为深沉的感动。

华南师大已经成为我们生命中，特别是精神生命与事业生命中不可或缺的重要部分。

007
勤奋学习是那个年代的群体时尚

历史的洪流从来不会因为动力不足而停止，它总是在悄无声息之间裹挟着浩渺烟尘奔腾向前。如果放在恢弘的历史背景之下，在中国社会变革奔涌着的千百股激流之中，恢复高考应当只是当时极为普通的一股而已。但那惊心动魄、波澜壮阔的社会转型是如此非同一般的让人瞩目，整个社会的风气发生了翻天覆地的变化——"尊重知识,尊重人才"的理念如同闪电般快速地深入人心，

"知识有用，读书成才"几乎成了全体社会成员的共识，整个社会充盈于蓬勃向上的炽热氛围之中。

这种氛围同时也衍生出了"大街小巷骑自行车上夜校"的独特景象。每当夜幕降临的时候，无论在城市抑或是乡村，行色匆匆的人群川流不息地涌向夜校，车头挂着书包。这种充满活力的场景如同滚滚热潮，冲击着每一个进取者的心灵。

因而，我可以大胆假设，哪怕是没有参加1977年和1978年高考或者是没考上大学的人们，他们在那个时代也必定会被一股全民求学的潮流敦促着向前冲，也一定会想方设法找寻到各种途径获得知识并激励自己发展成才，从而提升自己生命的价值。大家同样都具备着深沉的历史使命感和强烈的社会责任感，这是这代人共同的时代特征。而作为在那个时代中能够考上大学的一代人，我们只是比其他人多了一点点的幸运而已，所以能够得到比较完整、系统的高等教育的机会，并获得相对宁静的学习时光和较好的学习条件。因此，我们并没有什么特别值得炫耀的资本。

有幸在30年前参加了文革后首次高考，于1978年阳春三月入学。随着时间的推移，一些大的场面诸如开学及毕业典礼等逐渐淡忘了，可是同生活与学习相关的趣事却时时浮现在眼前。那是一个物质相对匮乏的岁月，而学子们的求知欲望却是旺盛的，从背标点、解难题的行为中或许可以依稀见到"皓首穷经"的影子。如今，这些已成为一道逝去了的风景。

从一位同龄人的回忆文章中读到了这段文字，其中的"皓首穷经"吸引了我的目光。这个词语用得恰到好处，这种描述恰是我们那个时代的群体时尚。同一文章中的另一段文字也讲得十分有趣，在此我将原文摘录如下：

现在的大学生"挂科"现象司空见惯，可在那时每科满分为100分的考试中，低于80分都觉得颜面无光。学习热情蛮高，文科期末考试前，根据题型做题，做完题就背题，有的同学在背的时候，将"逗号""句号"都一并背下来，能多考一分是一分，分分必争。班里有的同学属于"猫头鹰"型的喜欢贪黑，有的属于"百灵鸟"型的喜欢起早，在期末复习时，教室的灯光彻夜通明，凌晨一两点，贪黑的和起早的在教室碰头的事也常有。

"背标点"这个事件是真实发生的，并非一个打趣的故事。我们其中的大多数人都经过了上山下乡，此前根本没想过还会有读大学的机会，作为一批曾经远离学校、渴望知识的青年，能够再次回到学校，就意味着上天给予的巨大恩赐。因而，我们不敢浪费时间，也不敢在任何知识点上马虎，更不敢不认真地对待每一堂课。

整个1977级的学习风气都是极好的，学习积极性和主动性都很高，都想在大学里多学习知识，多培养能力。我们去图书馆就如同打仗一样，还没开馆门口就已经被团团围住。当门一开，大家就"哗啦啦"地摩肩接踵地冲进里面，就像比赛似的看谁能够最快抢到位置，抢到好位置。大家的学习都很用功，就拿我们政治系而言，我就听闻一个同学有一个非常好的习惯：他总会将老师当天所讲的内容都写在纸上，贴在床顶，等到午睡醒来或者第二天一早醒来的时候，一睁眼就可以盯着床顶背诵。因此，这名同学的学习成绩很好。这种习惯也影响到了周围的其他人，不少同学也借鉴了这种学习方法。

那时候极少有人学过英语，所以大学的英语学习几乎是从"A、B、C"开始的。虽然大家的基础都比较差，但没有人因此而放弃，反而学得更为认真。每天清晨一醒来就要背英语句子，连吃饭时也在记着英文单词，甚至还要找英语系的同学们帮忙练习口语。

有人可能觉得，作为一名政治系的学生，为何要努力学习英语呢？

其实，不仅仅是对待英语，我们对待其他学科同样也抱有这般严谨认真的态度，始终保持着一种求知的精神。甚至还有一部分同学，就是希望通过学好英语来看懂《资本论》，这部分学生的追求可以说是极为高远的。历届考上大学的学子们对未来必然都怀有无限憧憬，作为恢复高考后的这批学生也不例外。尤其是老三届的同学，他们当中有很多放弃职位、工资来读书的，对知识的追求更为迫切，他们都是非常不容易的。

于是，不管是晨光熹微的早上，还是落霞满天的傍晚，你都可以看到这样的景象：走路或者排队打饭，大家的单词本几乎不离手；学校组织学生们看电影，这本来应该是紧张学习之余难得的放松机会，但大家却视作"浪费学习时间"的事情，如果去看电影的时候发现某某同学没有来，大家就会想当然地"妒忌"他比自己又多了一点学习时间；同学们会争前恐后地去图书馆占位置读书学习，甚至与其他同学合作占位置，若没抢到位置就只能到湖边看书。但即便这样，也仍旧能在湖边看到一个个埋头苦读的学子，整个校园的学习氛围异常浓郁。

我们渴望知识、追求真理的愿望如此强烈，所有人的学习又都那样卖力，真是一段难得的好时光。

008
解冻与启蒙

如果说，育人是学校工作的"筋"和"骨"，那么，学校对学生所进行的思想道德教育便是育人工作的"气"和"神"，是为学生的全面发展服务的。高校学生思想道德教育必须虚事实抓、虚功实做、软件硬抓、软硬兼施，唯此才能发挥最大效应。

1978 年，党的十一届三中全会召开，做出了改革开放的重大战略决策。十一届三中全会实现了伟大的历史转折，标志着中国社会主义现代化建设进入新时期，开辟了中国共产党和中华人民共和国历史的新篇章，是具有划时代意义的里程碑。

此后的 20 世纪 80 年代是一个不可忘却的年代，这是改革开放刚刚启动的第一个 10 年，中国人民在思想领域里极其活跃，并由此留下了极其深刻而长远的影响。有学者更是不吝溢美之词，将这一时期称之为中国继五四运动后的第二次思想启蒙运动的 10 年。

这一过程主要由两大运动组成：一是由官方发起的思想解放运动，志在为经济改革提供一个少有教条主义的意识形态基础；

二是一场民间的文化运动，这场运动从一开始便掌握在民间知识分子手里，他们利用官方开启的思想解放空间，从事着启蒙思想和开启民智的耕耘工作。

思想解放运动的滚滚春潮正在打破坚冰之境，改革开放的伟大号角刚刚吹响之际，作为先驱的大学生们如同年轻的士兵接受战火的洗礼一般，在拨乱反正的时代氛围中逐步奠定了独立思考的群体气质，同时也更加坚定了为百废待兴的祖国报效终身的信念。

这一时期不断涌现的各类书籍，尤其是文学作品，让思维更为前瞻的学子们逐步看清了中国刚刚过去的现实，就如同一把黑夜中熊熊燃烧的火炬，一下子照亮了人们心灵的幽暗隧道，令人如梦方醒、豁然开朗。在经过一段时间的学习之后，高等教育浸润下的学子们也渐渐开始学会用头脑与智慧重新审视国家的历史。"上世纪七八十年代之交的文学，事实上发挥了类乎五四文学的思想启蒙功效，且比前者规模大得多。是新生的文学给了我以及我们许许多多的同学、同代人以启蒙。从这里开始，我们渐渐变成了喜欢思索而不再轻信什么的一代人。我们被启蒙了！"有人这样说道。

来自课堂上的思想解冻，则让我们更为直接地感受着思想解放的魅力。刚进学校的时候，有些教材还没来得及更新，文革之前的东西、文革期间工农兵学员的东西交织在一起。"像我们的历史课还在讲阶级斗争动力说，'朦胧诗'还处在半地下状态，只在小部分同学中间悄悄传抄……教学内容尚未完全回归常识，是一些思想率先解放的老师们给了我们最初的启蒙。"

你是我 20 年前的先生，你现在仍然是我的先生，你将来必定还是我的先生。

——毛泽东

年少时，老师在我的眼中，是一块鲜亮的路标、一面飘飞的旗；在我的心中，是一团寒冬的火、一棵盛夏的树；在我的梦中，是一道五彩的光、一缕沁香的风……

——郑炽钦

在宿舍里谈论政治话题的情况也时有发生，天天都是解放思想。一些老同学的政治敏锐性、理论水平都比较高，对一些现实政治问题有着独到的见解。因此，争论之风盛行，争鸣之气甚浓。

我们那个年代，还没有完全从文革的氛围中走出来，上大一时，党史课本里还在批判刘少奇。但是，学生们普遍认为刘少奇不应该遭到批判。于是，在课堂上就有了师生之间的激烈争论，也有的教师因为无法应对学生的观点而感到很无奈。这种情况一直持续到大二，刘少奇终于平反了。

与之类似的争辩，还有"三自一包"（自留地、自由市场、自负盈亏和包产到户）的问题。那时就有同学写文章指出，今后中国的土地问题还是要靠承包来解决。后来，我国在20世纪80年代初期开始实行家庭联产承包责任制，这是中国大陆在农村推行的一项重要的改革，也是我国农村土地制度的重要转折。

在这些思辨的过程中，我学到了很多知识，思维也更为开阔了。

大学时光对于一个人的成长而言是极其重要的。在这里，拥有大把自由的时间，可以无所顾忌地思辨、讨论，可以低成本地汲取知识、技能，更可以最大限度地挖掘自身的潜能和力量。

母校教师厚德载物为人师表催笋成竹培育英才立功绩
师大学子自强不息格致明理躬行达道振兴中华创辉煌

这是在华南师大建校75周年之际，我为曾经培育我、教导我的母校所做的一副对联，以此来表达对母校的深情厚谊。

"母校"，这个称谓承载着我们无尽的回忆和思念，印刻下了我们成长的足迹和身影，轻轻叨念出来就会有一种无可比拟的亲切感。她似一支悠远绵长的笛曲，活跃着我们跳动的思维；她似一处温馨宁静的港湾，呵护着我们远航的梦想。她聆听着我们的欢歌笑语，见证着我们的酸苦辛辣，也记录着我们的学习生涯，品读着我们的同窗情谊。在她的记忆深处，始终保有我们最为青春勃发的身姿。

有一首诗歌这样写道："忘不了那清脆悦耳的钟声 / 敲醒曾经的愚昧、贫乏 / 叩开一扇又一扇求知的心窍 / 忘不了那宽敞明亮的教室 / 祖辈也曾在这里学习、演算 / 朗朗书声再次从这里响起 / 忘不了整齐漂亮的桌椅 / 我们曾趴在上面 / 演算未来，探索奥妙 / 忘不了那精致绝伦的地球仪 / 我们瞪大了眼睛 / 惊喜地望着北京、美利坚……"太多难以忘怀的经历，构成了我们再也回不去的青春。

我的校友、华南师大 1977 级生物系学生、当年学校文工团男声独唱演员黄晖阳，后来也从事了教育事业。他说过这样几句话："我不是因为热爱教育事业而选择华南师大，却是因为华南师大而热爱教育事业。""希望母校有无数次华丽的转身，一次比一次美丽。但无论怎样转身，都不要脱去师范这件最美丽的衣裳。"简简单单的话语，已经道出了诸多华南师大学子们的心声以及从事教育事业的初衷。在由母校主编的《我的大学 我的梦》一书中，他还曾这样谈道：

母校四年的塑造，使我们拥有了一颗热爱教育事业的坚定不移的心。进入母校之前，大家走的生活道路五花八门，生命历程也千差万别，报考母校的动机也不尽相同，学习目标还模糊不清。面对这支"杂牌军"，母校用她那宽大的教育胸怀包容下来，并且千方百计地整合我们的群体心态，瞄准教育专业的目标。当时的华南师大有个传统，每年新生入学，学校都安排全体新生集体观看苏联电影《山村女教师》，这是母校塑造学生教育专业之心的第一刀。正是诸如此类的教育、熏陶、培养、同化……一群"杂牌人"，慢慢地走向一个规范的轨道，成为拥有教育心的教育人。母校的名师在培育学生教育专业思想方面是令人感动的，记得毕业几年之后，有一次我和我们的恩师、我们非常爱戴的系主任莫熙穆教授一同出席省里的一个表彰大会，莫老师专门来到我跟前，深情而有力地拉住我的手，用他那一贯坚定的眼神凝望着我，不顾周围人的惊奇的眼光，一字一顿地极其大声地说："黄晖阳，你永远都不要离开教育，不要跳槽！"我们亲爱的莫老九十多岁了吧，今天说着他的话，我的手心好像还保存着他老人家的体温。

正是这颗教育专业之心，使我们毕业后不论工作在教学一线，还是从事教育管理，都能珍藏着对教育事业的那份执着，深刻地认识教育的真谛，保存着对教育的热切态度，一路风雨、一路前行，又有二十几年，此心不改。

四年大学，让我十分庆幸的，不是对课本知识牢记于心，而是对学习方法、探究能力的进一步掌握和提升。掌握方法永远比掌握知识更重要，学习方法和教学方法优于知识储备。在大学期间，政治课今天讲时政，明天它就成了历史；明天批判，后天也

板书，是一扇明亮的教学窗口。从这个窗口，可以洞察教学者的艺术、心态、思维的轨迹及其千秋各异的教学个性。
——郑炽钦

在学生眼里，教者是镜子、是样子；在教者眼里，学生不仅仅是弟子，更是祖国大厦的梁柱子。
——郑炽钦

有可能就平反。在那个政治气候多变幻、政治理论不成熟的年代，我们必须重视学习、研究方法，才能形成自己的见解，不至于人云亦云，也不至于无所适从。我想，这些便是我在母校四年的学习生活中所得到的最大收获。

009
"吵" 出来的兄弟姐妹

"争吵""碰撞""交锋"……用这些词汇来形容当时我所在的政治系的状况再恰当不过了。当然，这并非同学们真的在争吵，而是因为处于那个政治气氛比较浓厚的年代，同学之间经常聚在一起谈论国家大事，讨论各种时事问题。但，就是在这种"不打不骂不热闹"的氛围中，我们养成了在人生和教育事业中都始终坚守的"和而不同"的禀性。

大学，大学，说得通俗点，就是大家要待在一起共同学习。大家会经常在一起因为一个问题而高声讨论，甚至是"吵吵"起来。但是，就如同那句浅显易懂的话语一样：你有一个苹果，我也有一个苹果，我们交换还是一个苹果；你有一个思想，我有一个思想，我们交换后就各自拥有了两个思想。我们之间的学习争论，让我们不仅收获了两个思想，有时甚至是三个、四个，甚至更多个的思想。大学就是这样，给我们创造了一个思想碰撞和提升的广阔空间，让我和我的同学们彼此都获益匪浅。

大学四年，每一次的思想交锋都让我回味无穷，我们会满腔热血地讨论一个问题，有时甚至是满怀信心地想要驳倒对方。其结果，有时可以沾沾自喜一番，因自己准备充分而小胜一筹；有时则是灰溜溜无言应答，在接受众人批驳的过程中才发现自己的准备不完善，发自内心地敬服那些论点准确、论据有道的同学。因为彼此的坦诚，也因为我们确实在碰撞之中收获了真知，于是，在我们学生之间逐渐形成了一种有益而广泛的交流——

其一，作为教育者，我们能否意识到：教育"问题"学生的过程，"不是棒槌敲击，而是水的载歌载舞，造就了光滑亮丽的鹅卵石"的过程？

其二，作为教育者，我们能否意识到：教育学生，引领学生成长的过程，也是一个彼此接纳与彼此成长的过程？

其三，作为教育者，能否意识到：面对天赋超群的学生、教师和学校，不是给他们提供一个成长和成功的"范本"并努力使之成为这个"范本"，而是怀有宽容之心、成全之心，让他们选择自己的人生？

第二章

踏寻教育的绿洲

人生一般的要求，最普遍而又最基本者，一为恋爱，二为财富。故孟子说："食色性也。"追求恋爱是偏情感、软心肠的，追求财富则是偏理智、硬心肠的。

我的人生，无疑是教育人生。30 多年一直在海海泛舟，每天捧出的都是常新的太阳。这不像农民，在一方土地上进行固有程序化的春种、夏耘、秋收、冬藏；也不若工人，在流水作业的生产线上机械进行重复的工作；还不似演员，按照预先写好的剧本一板一眼地塑造着角色。教师面对着瞬息万变的育人环境：学生的心声，像山涧条条溪流一样流速不等；学生的心境，像孩童的脸一样变幻无常，远不比天气预报那样阴晴可测，而如一个个未知数，一道道难解题……

然而，唯其难，方能体味到教育的痛快滋味；唯其变，才会领悟到教育的创新乐趣。万万千千持楫者正是难中求进、变中求新，用青春更用生命卷起海中一层层翻滚的浪花。像立于高崖放眼破浪于长河中的小舟是欢愉的，像站在堡垒中遥望激战中的战场是欢愉的，像翔于云端俯视云遮物障的来路是欢愉的，能把一船船童真少年、有志青年渡向海的彼岸，并将那一颗颗蒙昧无知的心灵雕塑得红亮巧慧，还有什么比这更欢愉的啊！

追求的目标愈鲜明，追求的意志愈坚定，人生便愈带有一种充实与强力之感。

一、以吾师为镜

古人云：以铜为镜，可以正衣冠；以史为镜，可以知兴替；以人为镜，可以明是非。"镜"丰富了感知外界的层次和色彩，拓展了视野的广度和深度，聚焦了我们思想的定力和慧力，成为了我们认识自我和了解世界的另一双"眼睛"。

从古人那面模糊的"平面镜"，到现在种类丰富多彩的各种镜，历史已经滑过了数千年。今天，放大镜，可以以小见大辨真伪；望远镜，将我们的视野引向远方；显微镜，撩拨开微观世界的神秘面纱；反光镜，让我们可以既"瞻前"，又"顾后"；哈哈镜，变幻出与原本事物不同的模样；三棱镜，让这个世界更加缤纷多彩……总之，"镜"让人类的生活告别了枯燥和乏味。

通过"镜"，本想寻觅到一片"姹紫嫣红"，却发现最终的落脚点只是一片"杯盘狼藉"。这便是误用了"镜"的缘故。把哈哈镜当作望远镜来用，其效果只能是让人迷失方向、错失良机。

在一个人的成长历程中，会领略很多"镜"的风采，只有做对了每一道"镜"的选择题，才能够让我们的容颜愈发靓丽，让我们的生活收获更多至理，让我们的未来道路愈发清晰，让我们

想象力比知识更重要，因为知识是有限的，而想象力概括着世界上一切，推动着进步，是知识进化的源泉。
——爱因斯坦

人世间，每个人都以不同的方式显现其存在的价值。然而，最大价值的显现、惊人奇迹的创造，谁也离不开对事业牛一样的执着。
——郑炽钦

成就人生的非凡精彩。

我想，我所尊敬的老师们便是我所选择的正确之"镜"，是我人生道路上的指路明灯。

010

农村娃的幸运

机遇就像一阵春风拂过，转瞬即逝，不易察觉，敏锐之人会及时抓住，迟钝之人则会痛苦错失。于是有人认为，勤快努力不如静观其变。殊不知，但凡能够运筹帷幄者，俱是已在土壤中栽下"准备之种"的人，倘若没有这"准备之种"，即便生硬地抓住了机遇之春风，也可能让它从指缝间偷偷溜走。

在经历了一段时间的学习积淀后，大家都会面临找工作这一问题，尤其是对于现在的学生而言，大学毕业就意味着要踏入社会的门槛，找工作成为了这一时期最主要的任务。据了解，我国近几年的大学毕业生人数都在 600 万—800 万之间，2013 年全国大学毕业生达 699 万；这一数字在 2014 年得到刷新，突破 700 万，达到 727 万；2015 年毕业生的规模更是再创历史新高，上升为 749 万。一年年来，我们总会反复听到这样的传闻：今年就业形势严峻，是最难就业季。找工作俨然成为了青年人人生发展中的一只拦路虎。

当今的就业形势比较严峻是显而易见的，学生由此肩负了极大的就业压力。对于任何一个学生个体而言，都多多少少会受到波及。但换个角度来看，仍有相当一部分人受到的影响并不大，

　　因为他们早已具备了应对这一难题的实力，可以充满自信地将其破解。每年就业季，我都能收到不少曾经的学生传来的好消息，他们或者找到了称心如意的工作，或者在平凡的岗位上干出了不平凡的业绩。总之，似乎很少有学生会认为找工作是自己面临的一项难题。这又是为何呢？

　　我想，他们就是找到适合自己职业发展工作的那部分人。

　　当然，并非所有学生在年纪轻轻的时候就已经找到了自己一生奋斗的方向，但是只要在某一个岗位上踏踏实实地工作，不断学习与进取，也同样可以做出不平凡的事情。习近平同志在天津考察时，就曾勉励当代大学生要志存高远、脚踏实地，转变择业观念，勇于到基层一线和艰苦地方去，善于在平凡岗位上创造不平凡的业绩。

　　按照我的理解，就是在找工作的过程中，不断进行自我反省和自我认识，从而得出一个相对准确的自我认知。

　　我想，以上所述大抵就是我的学生们不断给我带来好消息的原因吧。

　　作为一个亲历找工作，并见证甚至帮助许多学生们找过工作的一个"过来人"，我想我还是有充分的发言权的。对于这一问题，我们不妨辩证地看待。其影响因素无外乎对自己的定位、自身的竞争力以及临场的心态等问题。我从这三方面出发略微进行阐述。

　　首先，是自身的定位问题。

　　进行自我定位，是进行职业规划的第一步。如何准确地自我定位，关乎一个人将来在社会中所能展现出的存在价值。许多大学生毕业之后，往往会直接拿着自己事先准备好的简历和相关证书去多家公司面试求职，在工作不称心之时便随便换掉工作再次求职。这就是对自己的职业发展走向定位不准确。

还有许多学生所就读的院校名气不大，自身学历也不太高，能力也并不突出，但在求职时却对薪资及单位福利等情况要求甚高，这就是对自身基点不切实际的要求，必然会导致求职受挫。

从以上两方面看，定位无疑是影响学生就业的一个很要紧的因素，因此要格外重视。尤其在就业形势比较严峻、就业压力比较大的时候，必须客观地对自己进行定位，根据现实情况适度地调整定位，才能准确地认知自己，同时为就业找到突破口。

在当今职业环境错综复杂的情况下，只有尽快提升自身适应外部环境的能力，才能够逐步修正并最终校准自己的职业定位。能够客观地对待周边的环境及自己的现状发展，是定位的必要补充。

实际上，人的兴趣、能力，甚至是价值取向，在大学这一阶段中还处于形成时期。人们往往会遇到这样的情形：一开始对某件事情或某项工作并没有多大的兴趣，但在做一段时间后，用心去做，并认真琢磨，逐步地会做出一些成绩，而这也让领导比较满意、同事比较信赖，而这种小有成就或许会让原本不感兴趣的事转变为自己的兴趣。

其次，是自身所具有的就业竞争力。

能力是决定学生能否顺利就业的一个关键点，提升竞争力实际上就是适应企业需要的能力。孔夫子讲"不患无位，患所以立"（《论语·里仁篇》），意思就是说不担心没有一个位置让你发挥作用，只是担心没有能力把工作做好，无法在社会上立身。

　　虽说找工作难是一个社会性的问题，但解决这一问题的关键还在于自己是否能够把工作做好，是金子到哪里都会散发光芒，不会被尘土埋没。无论竞争压力多大，就业多难，有的学生依然能够拿到好几个称心如意的 offer，所以，找工作的核心问题还是要提升自身的能力。

　　因而，年轻人在校期间应尽可能早地开始培养自身适应社会的能力与本领。那么多一点机会和时间去慢慢接触自己感兴趣的职业，便成为了当务之急，也成为了解决就业难现状的一个根本性途径。

　　再次，便是对待就业的心态。

　　我会时常听到这样的说法：太紧张了，面试说不出话来，没发挥出自己应有的水平。这里可以反映出两个意思：一是认为自己有能力达到一定的水平，只是本次未达到；二是认识到了面试时的临场心态会直接影响到自己的表现和发挥。

　　心态的影响涉及笔试和面试环节。笔试阶段的过度紧张和过度放松显然都无益于最佳状态的发挥，因为人的记忆功能在最适宜的心理状态下才能够展现得淋漓尽致。心态的影响更为明显的反映是在面试环节。有些心理素质差的年轻人，在求职时会因为心理障碍而影响临场发挥。倘若一个普通学校的学生和一群北大、清华等知名高校的学子同场面试，此时如果心理状态不佳，认为自己确实比别人差，就会首先败下阵来。再者，面试官往往会根据个人情况现场询问一些问题，面试者在之前不能很好地准备只能即兴发挥，倘若心理素质不好，担心自己的答案不符合面试官的期望，整个思维情绪可能就乱了，直接影响到他的求职面试结果。在求职方面，学生应该有一种自信、积极的心态。

当然，还有一些其他方面的因素，如简历上的书面表达情况、个人的行为习惯养成等。

定位、能力等均是长期积累的过程，求职心态的培养也需要通过多次历练才能够逐步获得校正，简历的设计、制作等细节之处，是在日常生活中保持细致、认真、严谨的态度便可达到的，所以学生们不妨多加注意。

大学毕业之后，我也经历了找工作这一阶段。当时的大学毕业生虽然是国家统一分配工作的，但是作为一个没有关系、没有人脉的农村孩子而言，能被分配到华南师大附属中学（以下简称"华附"）这样一个好单位来工作，是一件值得庆幸的事情。

提及华附，与我目前所在的广东实验中学（以下简称"省实"）属于"一母同胞"的关系。早在 1952 年，原国立中山大学附中、广东文理学院附中、岭南大学附中、华南联大附中等四校合并为"华南师范学院附属中学"，分为高中部和初中部。四年后，华南师范学院附属中学石牌分校成立，并经过两年建设初具规模，学校本部随后搬迁至石牌校区，这便是华附的前身。而原本的华南师范学院附属中学广州分校也在 1962 年更名为广东实验学校。

华附和省实现而今已是广州市甚至广东省的两块闪亮的招牌。即便是在三十多年前，两所学校也早已名声在外了。能够在历史悠久、底蕴深厚的华附工作，无疑是值得骄傲的一件事。

这其中就不得不提及我所占有的"幸运成分"。我对自己的定位十分明晰，非常坚定地要做一名教师，因而去学校是唯一的

> 师爱之心常常表现为润物细无声的潇潇细雨。没有风声、雷声，也没有电光闪闪，如丝如缕，不察不觉。
> ——郑炽钦

> 当你亲手把奖品、奖状发给特色优等生，怎么会以为只是一般的发奖而不是为了孩子今后可能去国际某种大赛的领奖途上铺平道路、垫就台阶呢？
> ——郑炽钦

出路，不像现在的年轻人还可以去各种教育机构、培训机构做老师。当时华附来招人，我和几个同学一起参加招聘。岗位要求是能吃苦、有更多的时间投入到学校工作中，而负责招聘的老师认为农村人更能适应这一职位要求。作为一个当时还是单身、来自农村、吃苦耐劳又希望能有一番作为的小青年而言，我打心眼里感到高兴。因为符合这些条件，无疑为自己加了许多分，这也让我在心态上放松了许多。招聘老师问：能保证工作时间吗？我回答：我平时的爱好就是看看书，没有其他不良的嗜好，所以能够保证充足的在岗时间。这样朴素并发自心底的回答显然令招聘老师感到非常满意。

因为我各方面能力符合要求，加之较好的学习成绩，最终获得了到华附工作的机会。这无疑对我今后的人生走向有着至关重要的作用，因为这是我迈向教师岗位的重要一步。我也十分庆幸自己能够在踏入教师岗位的时候，就进入了这样一所有名的学校。

011
人生的明镜

在我们的成长历程中，会遇到许许多多能够教导我们、指引我们方向的人。有父母亲朋，也有同学好友，但最为直接的莫过于老师们。

教师是神圣的，肩负着"传道授业解惑"的重担。他们无疑就是严冬中的炭火、酷暑里的凉荫、湍流中的划桨、雾海中的灯塔。

那些所需之时最为及时的给予，那些用知识的甘露孕育的鲜美硕果，那些用心灵的清泉滋润的理想花朵，伟大的教师们，无一不在用渊博的知识和创造性的劳动指导着学子们的学习和生活。

教师是值得尊敬的，这点毋庸置疑。但长久以来，我们却将"尊师爱生"奉为调节师生关系的准则。我对这条准则一直心存疑惑：教师对学生的帮助呵护可以理解，为何学生对教师却只能是尊敬甚至是敬畏呢？

中国教坛上有这样一句古训："亲其师，信其道。"有了几年教龄的教师都应该懂得，学生对老师的感情，会直接影响到这名学生对这位老师所教学科的情绪。倘若喜欢这位老师，就会喜欢听他的课，相应的这一科的学习成绩就会越来越好。成为一名让学生喜欢的老师并非易事，我十分庆幸能够在求学的道路上遇到几位令我由衷敬佩、爱戴的好老师，他们对我的影响是极为深远的。

我的高中班主任谭可老师，对我影响最大。他是县人大代表、广东省首批特级教师、广东省优秀语文教师，曾任广东省高州市人大常委会副主任，1963年毕业于当时的华南师范学院中文系，先后在高州曹江中学、高州一中、高州中学任教。有着"老学究"称号的谭老师古文功底极为扎实，学术、教学等方面也都极好，最为可贵的一点是他对学生就像对待自己的孩子们那般好。因为我当时是班里的团支部书记，自然与谭老师的交往比普通同学多了一些。我不仅在学识上非常敬重他，在管理班级方面也对他十分信服。他不怎么管学生们的纪律，但是班级秩序却一直井井有条,同学之间的凝聚力也很强。我想,这主要源于他所说的那句话:学生出了问题由他来负责。正是由于这种充分信任、平等宽松的治班理念,让师生之间建立起肝胆相照、好似哥们儿的感情,让他始终与我们站在一起。我们那个班的学习成绩也一路向前,始终保持在全年级的榜首。

那段求学生涯中,我们得一边学习,一边劳动。尽管体力活儿让大家很疲惫,但在谭老师的指引下,我们学习的劲头却丝毫不减。谭老师所教的学生,是我们高中在恢复高考后第一年考上大学人数最多的。其中,3个重点本科、2个一本、26个中专。

从这位老师身上,我学会了学习、工作的有效方式以及批评人的委婉方法。因而能够时刻提醒自己,无论学生做错了什么事情,作为班主任或任课老师永远都要顾及他们的颜面,永远不要伤害学生们的自尊心和自信心,不能让他们脸上无光。

学高为师,身正为范。师品、学品、人品,三山毗连又各自独立,吸引着省实的教师们对它狂热地攀索……
——郑炽钦

省实的教师们有一股影响作用于内在精神世界的力量。它像一个网,网来快乐的珍珠、美丽的彩贝;又像一面凸透镜,聚着入神的光、心灵的热……
——郑炽钦

另一位我所敬重的老师,是在我读大学时便已十分知名的政治学教授、广东省优秀教师,并作为我本科论文指导教师的吴少荣老师。他长期从事《国际共运史》《马列著作选读》《政治学》等科目的教学,并有《邓小平政治体制改革研究》《国际理论与实践》等著作问世,还曾主编过《政治学原理》等教材,参编过八种大学教材,撰写过数十篇学术论文。

自1991年起,他开始参与到由国家教委组织的中学思想政治课教学大纲和课程标准化的编订中,后来还担任了全国高中三年级思想政治课程教材的主编,主编了教材、教学参考书、教材选、教学录像片等系列教材,而这套教材也是解放以来全国各类政治教材中沿用时间最长的一套。

吴少荣老师是学历史出身的，他身上所展现出的学者风范以及对问题深入透彻的看待方式，都让我感到满满的欣喜与深深的敬佩。在他的言传身教下，我不仅学会了论文写作的本领，更养成了对学术始终保有严谨、批判态度的习惯。

在教课方法上很有一套的吴老师，从不简单地拘泥于课本内容，而是尽可能地启发学生，让他们拥有更为广泛的涉猎。比如对巴黎公社的评价，他会运用历史学科的知识给我们讲巴黎公社究竟是怎么一回事，然后再在与学生共同讨论这一历史事实的过程中，逐渐形成对这一运动的正确评价，绝非将课本上的内容直接灌输给学生们。他早年所积淀的历史素养，加上后来所培养的政治情操，给予了我许多专业性的指导。

1992 年至 2006 年，我在吴老师的指导下，参加了由他主编的高中三个年级的政治教材、教参以及学生用书的编写工作。这段工作经历，让我对自己所教授的政治课程有了更加全面的认识，同时也更为深刻地理解了自己所要讲授的课本的整体思路以及考试的出题思路，这对我今后的教学是极为有益的。

吴老师对很多问题的看法和评价都颇有独到之处。同时，他对学生很好，能够巧妙地洞察学生们在某时某刻的想法，这方面对我的影响也是非常大的。一次，吴老师搬家，他并没有要求学生们去帮忙，但是当大家得知这一消息后，便都争先恐后地过去帮忙，可见他的人缘是极好的。

第三位我比较感激的师者，是我原来在华附时的在任校长，曾经的华南师范学院党委书记，后来成为广东省副省长的王屏山。王校长做人、做领导的处事方式都对我影响很大，他一生的宏愿就是希望广东省的教育得到更好的发展。

这位老校长的胆识和魄力是大家有目共睹的。在投身于教育事业长达半个多世纪的岁月里，他倾注了毕生的心血。早在20世纪50年代，他便极具前瞻性地提出了"中国的教育战车必须要有公立和私立两个轮子才能大步前进"的设想，受到了时任省委书记陶铸的高度评价。1959年至1960年，在全省教育质量普遍较低的情况下，他还创造性地提出了当代才真正流行起来的"减负""课改""个性化教学"等概念，为华附的发展注入了源头活水。学校连续两年均以95%以上的高比例升学率为大专院校输送了大批优秀毕业生，并由此受到了广东省委的表彰，还在1960年被评为了全国文教战线的红旗单位。

在不拘一格的王校长看来，文革后的第一批大学毕业生是可以直接教毕业班的。于是，刚刚毕业、还没有任何教学经验的我，在刚进华师附中教书时，便成为了初三毕业班的老师，并且还连续两年教初三年级。在王校长的指引下，我的教育教学能力不断得到锻炼与提升。

在他退居二线后，不幸身患癌症，并先后动了几次大手术，甚至还割去了膀胱和一个肾。但就是在其身体备受摧残的时候，他仍然心怀教育。在这位"身高为范"的老校长的努力下，广东省在全国率先普及了九年义务教育。他所创建的全国第一个由各界人士组成的民办教育组织——广东省教育促进会，和深圳市教育局联合创办的全省第一所民办公助的深圳市碧波中学，根据学生情况提出了一系列适应社会需求的教育教学理念及策略。碧波中学早在 1999 年就已实施了完全学分制（绩点学分制），因材施教，按学分收费的方法。有人将王校长一生的足迹凝炼成一句话：碧波蓝天衬红蕾，华附新安满桃园。在我看来，是极为贴切的。

2004 年，省实高中部落成典礼当天，王校长本来还在医院里，他瞒着医生和家人到省实参加典礼，直至结束后才回到医院去继续打针。记得在典礼当天，他如同以往一样微笑着握着我的手，乐呵呵地说：冲着学校，也冲着你郑炽钦，我必须来。这种乐观的精神以及对教育的热忱令我倍感钦佩。王校长一直鼓励家人甚至周围人报考省实，后来，他的孙子和外孙也都在省实读书，真可以称得上是"省实世家"了。

我在华南师大读书时的政教系主任、经济学知名教授黄家驹老师，也是我铭记在心的恩师，他曾历任华南师范大学副院长、华南师范大学党委书记，曾任广东省人大常委会委员、广东省人大常委教科文卫专业委员会主任，他严谨的治学态度给我留下了极为深刻的印象。当时的政教系副主任王守登老师，在课堂上从不照本宣科，总是能激发学生思想的火花，他教会了我灵活地思考问题，甚至敢于大胆地质疑课本。还有在生活上无微不至地关心我们的辅导员林英老师，他后来调任广东省人民政府研究室，历任研究室副主任、主任，广东省人民政府办公厅副主任，广东省人民政府副秘书长。还有邓钦荣老师，他曾先后担任政教系中学政治教学法教研室主任、政教系副主任，并且兼职律师。这些老师均在许多方面给予了我指导和帮助。

在走上工作岗位后，我时常回忆恩师们当年是如何教导我们的，也会回忆自己重获学习机会的时候是一种怎样的心境。我在教学和工作的过程中，经常会自觉不自觉地与我的老师们作比较，看看哪些方面需要继续学习、保持，哪些方面还需不断完善、改进。虽然时代在不断发展，学生们的具体情况也会随之发生变化，但是教育事业的本质却始终未变。

诸多优秀教师身体力行的谆谆教诲，令我对教育事业的理解更为深入，也是他们身上所展现的优良品质让我深感教师职业的崇高。我受到了诸多教师学术上的指导和生活上的教育，我真诚地感谢他们！

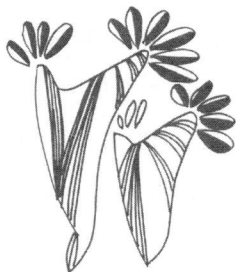

二、一辈子做老师，一辈子学做老师

唐代韩愈曾说："使人昭昭，自我昭昭，为人昭昭者远已。"这句话饱含着可持续性的教学观，就是要让学生独立学习，老师也要独立学习。

"自我昭昭"四字于我而言，就是不断地学习如何做老师，做一名好老师。"一辈子做老师，一辈子学做老师"，是我至今不变的理想和追求。

012
何为"人师"，何谓"仁师"？

何为"人师"？《荀子·儒效》中有云："四海之内若一家，通达之属莫不从服，夫是之谓人师。"郭沫若先生在《青年哟，人类的春天》中也说道："经师是供给材料的技术家，人师是指导精神的领港者。"由此可见，"人师"在某一层面上是指德行学问等各方面可以为人表率的人。

教坛的风向凭借教师的语言。若教师的知识博深扎实，语言准确严密，伴随而现的必是风扯白帆、群舟竞渡的场面，课堂的功效会成倍增长。
——郑炽钦

一个人要是没有什么主张，他就不会有风格，也不可能有。一个人的风格有多大力量，就看他对自己的主张感觉有多么强烈，他的信念有多么坚定。
——萧伯纳

在另一层面上，"人师"也指别人的老师。比如《礼记·学记》就讲道："君子既知教之所由兴，又知教之所由废，然后可以为人师也。"《孟子·离娄上》同样写道："人之患，在好为人师。"

比"人师"更高境界的，当属"仁师"。那么，何谓"仁师"呢？一个"仁"字道出了其中的真义，不仅涵盖了一种道德范畴，指人与人相互友爱、互助、同情等；同时还囊括了通情达理、性格温顺、能为别人着想等优良品质。

当然，我对"人师"和"仁师"的理解，是从我成为一名教师后慢慢开始深入的，督促我自始至终保有最朴素的教育情怀，秉持着扎实严谨的工作态度。我愿意做教师，做一名好教师，做成"仁师"，更愿意为教师这一终身追求的事业奉献毕生的能量。

我从大学时就确立这种理想，我从未想过教师之外的职业，从政、经商就更没有想过了。前文曾提到过，我在初入大学时学校就曾组织我们观看过《乡村女教师》，而后我自己又反复看过多遍。

这是一部俄国电影，主人公瓦尔娃拉刚从学校毕业就决定到西伯利亚做一名乡村教师，她的决定也得到了其当时的未婚夫、后来的丈夫的赞同。一个人迹罕至、异常贫困、人们对教育普遍不重视的小乡村中，瓦尔娃拉依靠自己的诚心和耐心，将越来越多的孩子吸引到学校，也将越来越多的优秀学子输送到上一级学校。其间，她以坚定的意志承受住了当地人鄙夷的眼光、丈夫在革命中丧生、所教学生不被其他学校认可等困难与挫折，满怀着对教育的赤诚之心、真挚之心，勤勤恳恳地秉持自己作为一名教师教书育人的职责。最终，因对教育的突出贡献，瓦尔娃拉被授予了列宁奖章。而当年那些曾经坐在讲台下听课的学生们，也都从各地赶回来探望老师，有的还接替了老师的岗位。其他的学生也大多在各个领域取得了突出成就，甚至其中还有一位德高望重的教授。桃李满园的完美结局真是让人倍感欣慰。

这部影片用诗一样的语言，向观众倾心展现了一位平凡乡村女教师的不平凡历程，不仅在苏联电影史上占有着重要席位，在国际上也深深地影响了一代观众。当年，中国的许多年轻人就是在看过这部影片后，毅然自愿上山下乡，从事教育事业，为扫除文盲和愚昧落后做出了贡献。

我想，这就是一位通过身体力行为"人师"，更为"仁师"的好教师所给我的刻骨铭心的终身印记吧。

我曾三度观看过这个影片。第一次看，就被女主角几十年如一日地在乡村学校辛勤耕耘的事迹感动了。于己而言，毕业之后其实也面临着多重选择，但是因在华南师大受到了忠于党和国家教育事业的专业思想的深远影响，于是我最终幸运地成为了一名教师。在华南师大接受教育的过程中，这种观念一直贯穿始终，因而培养了一批活跃在一线的优秀教师。

在附中任职期间，教育家王屏山老校长、蔡汉平老校长、吴颖民老校长等前辈，也反复教导我要热爱教育、扎根学校、立足课堂、培育精英。这些老教师们，教导也好、熏染也罢，让我深知，当老师是一种谋生的职业，同时更是实现自我人生价值过程中需要矢志不渝坚持的事业。

我认为，当教师、从事教育事业，不敢说很伟大，但当桃李满天下之时，看到学生有成就、有出息之际，老师就会感到骄傲与自豪，那种由内而外的喜悦感是其他职业所不能替代的。

如果说对党和国家的教育事业的忠诚，令我能终身坚守在教书育人的这一岗位上，那么对学生的热爱，则直接引领我的灵魂渡往涅槃的彼岸。

"捧着一颗心来，不带半根草去"是著名教育家陶行知先生的一则教育名言，其表达的无私奉献、不求索取的高尚精神，应是描述教师职业生涯的最好写照。在教师的一生之中，爱与责任一路相携同行、相得益彰，爱是责任的体现，责任是爱的化身。

"捧着一颗心来"，这颗被放置于手中的"心"，便是爱心。师爱演绎着"一切为了学生，为了一切的学生，为了学生的一切"的至高箴言。我国近代教育家夏丏尊先生曾经说过："教育之没有情感，没有爱，如同池塘没有水一样。没有水，就不成其为池塘，没有爱，就没有教育。"爱心是为人师的基点，亦是展现师德的制高点，还是感染学生、唤醒学生的切入点。爱，说起来是简单的，一个善意的微笑、一个关注的目光、一个信任的点头，在学生渴望的眼眸里都是一种爱；但有时也会表现得很复杂，需要一以贯之的坚守、始终如一的关怀以及倾尽一生的寄托。

"不带半根草去"，其中流露出的便是教师的奉献精神。台湾女作家张晓风在散文《我交给你们一个孩子》中写道："学校啊，当我把我的孩子交给你，你保证给他怎样的教育？今天清晨，我交给你一个欢欣、诚实又颖悟的小男孩。多年以后，你将还我一个怎样的青年？"这段话值得每一位教育工作者深思。能否将曾经天真无邪的小孩子培育成优秀的青年，离不开学校教育，而在

教师也是人，也生在凡世间，尤其终日和最复杂多变的人打着交道，有多少误解、委屈、忧愁啊！然而因有开阔、豁达的胸怀，教师才自觉磨炼出容人容事的态度……

——郑炽钦

在每个孩子心中最隐秘的一角，都有一根独特的琴弦，拨动它就会发出特有的音响，要使孩子的心同我讲的话发生共鸣，我自身就需要同孩子的心弦对准音调。

——苏霍姆林斯基

学校教育之中，离不开教师们负有责任感的奉献。责任是师德的着重点，教师工作为人师表的特点决定了其必须具备强烈的责任感。要知道，"一个孩子的失败，对于教师只是几十分之一的失败，而对于一个家庭来说，却是百分之百的失败！"所以，拥有责任感的教师们都深知，自己不能失败！

"爱在左，责任在右，走在生命之路的两旁，随时播种，随时开花，这一径长途点缀得花香弥漫，使穿枝拂叶的莘莘学子，踏着荆棘，不觉得痛苦，有泪可流，却觉得幸福。"冰心先生的这段话道出了育人的真谛，在付出爱心与责任的同时，教师也是幸福的。

记得在我刚刚踏上讲台时，我只是紧张地望着教室里的几十位年龄差距与我并不大的学生们，看到他们的眼眸里盛满了对知识的渴求，他们的笑靥里饱蘸着对未来的希冀。我蓦然意识到那些曾经耳熟能详的对"教师"的溢美之词不再与我无关。它们是对师德、师风实实在在的要求，是我亟须认真领悟并践行的。也是从那一刻起，我暗下决心一定要做到"捧着一颗心来，不带半棵草去"，做一名好教师。

怎样才能称得上是好教师呢？我的理解不外乎有以下几点：

一是要有高尚的道德情操。教师承担着教书育人的使命，其思想道德水平直接影响着所培育的学生的道德走向。只有教师有较高的道德水准，学生才会思想更为健康。

二是要有良好的人格魅力。具有吸引力的教师，才能让学生们的注意力始终聚焦于课堂，才会喜欢这位教师所教授的课程。学习好、知识掌握扎实，是学生取得成功的一个前提条件。

　　三是要有精湛的专业技能。对所教学科的专业程度，不仅会影响学生对教师的信服程度，还会直接影响到教师在课堂之上对所教知识的掌控力度。

　　四是要有良好的教育技术。教育技术是教师进行"教"与"育"的必要支撑，只有教育技术运用自如，才能够顺利解决教学过程中所遇到的各种具体问题，令教学变得事半功倍。

　　做好这几点，一名好教师尽到自己应尽的本分了，才敢问心无愧地说自己能够对得起学生，对得起教师这个光荣的称号。

　　基于做一名好教师的追求，我在工作中始终为自己设定高标准、强化严要求，时刻提醒自己要公平公正地对待所有学生。我会尝试各种教学模式和策略，针对不同学生的特点开展差异教学，这些均得到了学生和家长的认可和喜欢。渐渐地，我在年轻老师中也逐步开始崭露头角。

013
真理，愈辩愈明

　　并非所有的思维活动都是"辩"，只有不同的思想进行交锋才能称得上是"辩"。社会的发展需要真理，真理的发展需要辩论，人类社会的每一次突飞猛进无不是伴随着对真理与谬论孰是孰非的反复争辩。

　　科技史上，不断地辩论使科学的真理越来越走向明晰。

　　英国生物学家、进化论奠基人达尔文，在进行了五年的科学考察后形成了生物进化的概念，并出版了《物种起源》一书。因为与传统唯心的"神造论"和"物种不变论"理论相违背，此概念甫一提出便受到了传统势力的抵制和阻挠。大主教温伯胡组织辩论大会，企图扼杀进化论的思想，但事与愿违，因为真理的逐渐明晰，进化论非但没有就此泯灭，反而在辩论中得到了传播和普及。正如伟大科学家伽利略所说："真理就是具备这样的力量，你越想攻击它，你的攻击就越加充实和证明了它。"

法国科学家普鲁斯特与贝索勒是一对水火不相容的论敌，二人因为探索定比定律而进行了长达 9 年的争辩。在此期间，贝索勒因为对普鲁斯特存在质疑，因而数次发难与其辩论。也正是因为有这样一个时时督促自己的对手，迫使普鲁斯特潜心研究、反复论证，并最终成功发现了定比定律。当人们为普鲁斯特庆功时，他却执意要将一半的功劳归于贝索勒，因为普鲁斯特深知，倘若没有贝索勒的质疑与争辩，自己是不会对自己的观点进行反复的修正，进而获得成功的。

科技史上的争辩比比皆是，令科技发展日新月异；而思想史上的争辩，也令诸多思想散发出了璀璨的光芒。

春秋战国时期的诸子百家争鸣现象蔚为大观，在此期间，各家均在争辩中逐步形成了各自的学说，由此，这一时期开创了中华五千年文化的轴心时代。

之后，无论是洋务运动的自强振兴，还是维新变法运动中的变法图存，抑或是辛亥革命中的驱除鞑虏，再到新文化运动中的民主科学，思想界中的哪一次跨步前行不是在同守旧思想的激烈论辩中相携相行呢？

人类历史进入到了缤纷多姿的现代，各种论辩在自由宽松、民主和谐的社会氛围中更是发展到了前所未有的活跃程度。

大到国家的治国方略、大政方针，均离不开严谨周密的论辩。中国著名的三峡工程，就是经过了几十年的激烈论辩，最终有了一套最为科学稳妥的方案，才使这项跨世纪的工程在最为安全、极为妥帖的情况下真正造福于亿万人民。以此类推，教师的治学、学子的求学，均离不开对学术思想及知识理念的论辩。

道理越说越透，真理越争越明。有这么一句话："我不同意你说的每一个字，但我捍卫你说话的权利！"这是一种坦然与大气，更是一种追求与高明！

在我的课堂之上，我喜欢让学生们自由地进行辩论，也喜欢在某个重点问题上与学生展开争论，让课堂点燃思维碰撞的火花。

记得很清楚，在我讲到"让一部分人先富，然后先富带动后富，最终走向共同富裕"这一点时，一部分学生并不赞同。在他们看来，这有损于社会的公平性，挫伤了更多人的积极性。说实话，学生每一次在课堂上的质疑与否定，都让我倍加珍惜。于是，在那节课后的某堂课中我就组织他们开展了一场轰轰烈烈的辩论。学生们都竭尽所能查找资料、组织语言进行探讨，为了证明自己的观点，他们旁征博引了很多例子。这节课令我印象深刻，学子们的表现更是令我大为惊讶，他们流畅的语言、深邃的见解、层层递进的思维始终让我记忆犹新。

虽然课堂上的准备时间并不是很充裕，也由于孩子们年龄的局限不能将所陈述的观点达到面面俱到的水平，但是我欣喜地认为，这会比我在课堂上单纯地传授书本上的观点更益于学子们。

在我看来，这样的争论不会影响到学习本身，因为没有定论的东西，考试是不会考的。甚至有些时候，我认为学生们的某些观点是很值得惊喜的，因此也会在课堂上对他们表示鼓励。

可能因为我对学子们鼓励的效应，也可能因为在这些争辩中我一直敢秉持真理、敢讲真话，所以学生们很喜欢和我一起谈天论地，也很享受我所营造的宽松愉快的课堂。

记得还有一次，有位同学在课上问我：据说，北京市部分中小学正在推行"肯定教育"，老师批改作业时对错题不再打"×"；同时，北京市中小学将取消体育达标，取而代之的是每名中小学生都将建有体质健康报告，中小学实施多年的体育测试标准将逐渐由《学生体质健康标准》代替。为此，同学们都感到有些不能理解。

我的学生们就是这样让我惊诧，他们的眼光与视角远比我想象得要高远开阔很多。当我在某些时候只注重向他们传递发生了这一事情的同时，他们已经自然而然地关注起这一现象背后的深远含义及其所产生的重要影响。

我还记得自己十分用心地作了一番解释：这些措施的共同之处，就在于尊重了学生的成长规律和科学的标准，让学生们告别压抑的周边环境而释放出自身足够的能量。教育过程中的"成绩"或分数不能以伤害学生的自尊或压抑学生的天性为代价，否则这种得不偿失的做法会扼杀同学们的主观能动性和人格塑造。如果一小部分同学的"优秀"是以绝大多数同学的牺牲为基础的，那么这种教育实在是太残酷了。我认为，每一个孩子都是优秀的，都有可塑的人格和天赋，如果我们的老师不是帮助学生去发现自

> 对于艺术及体育特长生，盯着扬其所长的同时，也要抓其德、智诸育，否则其长处可能成为构建在沙滩上的大厦。
>
> ——郑炽钦

> 教育，是探索对人才的智力、能力的开发的最为高深的科学。对智力、能力的开发，说到底是对大脑无限潜力的开发。
>
> ——郑炽钦

身潜能，而总是通过过去那种打红"×"，判低分之类的做法打击学生的学习积极性，那么我们老师的行为实质上就是在毁灭他们的天性。

不过，我还认为，北京方面不再打红"×"，仅仅是教育趋向人性化的一种尝试，在这个方面，我认为还有很大的拓展空间，比如倡导讨论式课堂教学，取消分数改为评级，并不再讨论张榜公布，凡是学习成绩不太好的同学可申请重考等。

听完我的解释后，学生们纷纷表示理解：不论是批改作业不再打"×"，还是取消体育成绩达标，都旨在使我们告别压抑，逐步走向自主，逐步还自由成长的权利于我们。

014
教，是为了不教

我国著名的教育家叶圣陶先生，曾于上世纪七十年代末针对当时教师们普遍认为的课堂教学就是"一讲一听之间的事情"的偏颇看法，提出了"教，是为了不教"的著名论断，以矫正"满堂灌""一言堂"等传统观念指导下的教学模式。这一论断自提出至今已过去几十年，但在实施新课程改革的今天，依然具有鲜活的指导意义。

在"教，是为了不教"这句话中，"教"是作为一种前提、手段，而"不教"则是一种目的。老先生讲得很透彻："教师当然须教，而尤宜致力于导。导者，多方设法，使学生能逐渐自求得之，卒至于不待教师教授之谓也。"这样看来，"教"的重点不仅仅是传授知识，更是启发、引导以及培养、提升能力；而"不教"，则是指在教师的引导、训练下，学生能够自主学习、独立探索、解决问题。因而，教会学生能力提升的同时，也就达到了学生们在今后的发展过程中即便在不教的情况下也能融会贯通的目的。

但是，"教"与"不教"的关系，显然并没有那么容易处理，究竟何处该"教"，何处"不教"？即便这一话题已经持续了很长时间，但是仍有为数不少的老师无法正确处理这一关系。

有些教师的教育理念显然还没有完全成型，更不要说是时时更新了。因而，他们并不能将学习的主动权真正交给学生，也就不可避免地令学生无法拥有充足的自我思考、讨论以及交流的时间。在这种情况下，学生就难免处于被动的学习状态中。

还有的老师，会给予学生时间与实践的机会，让学生们自主活动、不断提出问题，再进行讨论交流。这种情况看似是给予了学生们充分的自主性，但存在的问题是，学生们的思想价值观念正处于完善阶段，很多想法难免不够成熟，需要老师及时予以指导。倘若此时教师完全放手或疏于观察，学生们就会因缺乏方向感，而感到迷茫无措。

这两种教学模式均有偏颇之嫌，需要及时予以纠正。可见，"教，是为了不教"这句话的深刻内涵还需要每位一线教师细细琢磨。

将"教，是为了不教"作为要遵循的教学理念之一，我也曾对课堂教学做过深入的思索。课堂的学习时间很短暂，也是极为有限的，但是知识永远都在不断发展变化中，老师现在教的内容可能在一段时间过后就被发现是有局限性的，尤其是政治课的内容，每天都在更新，甚至瞬息万变，今天的时事政治就是明天的历史。因而，对学生进行思辨方法的教授远比单纯进行知识的积累要更为重要，更具有长远意义和价值。

所以，我在课堂教学中，非常注意引导学生去掌握观察、分析、解决问题的方法，注重对他们进行正确的世界观、人生观和价值观方面的引导和培育。

还有一点是无可争辩的，无数事实证明，思维活跃的学生，高考成绩往往也比较理想。因为高考知识点不会有大的改变，但是高考考题总是在图变求新，能够看到考题中巧妙、灵活的知识点运用，也是高考取得好成绩的一个极为重要的保证。这样看来，作为知识传授者的教师们更需努力培养学子们的活跃思维。

我连续教了九年的高三毕业班，高考政治平均分只有一年不是全市第一，其它几年都名列榜首。这与学生们的积极好学密不可分。而学生们的热情、激情从何而来？自然来自于学生们对教师的喜欢。因此，我在教学的过程中，不断转换教法与学法，让学生们在轻松愉悦而又自主的氛围中获得提升。

无论在哪一届学生的眼中，政治课无疑都是枯燥的，甚至在某些时候会被认为是照本宣科。因而，学生们很难发自内心地喜欢这门课程。倘若教师讲起课来再缺乏新意，学生们便更是毫无兴趣，整整一节课都会死气沉沉，教师也难免会教得索然无味。长久以往，就会陷入一种恶性循环之中，即便教师有调动的想法，恐怕实施起来也毫无动力。就导致了我们的政治课堂乏味、枯燥。怎样才能令课堂充满生机？怎样才能调动起学生们的积极性呢？

在省实，我并没有苛求每位教师都要学者化，但我认为，一个优秀教师、一个名师理应是一个学者。名师的学者化，不是一般的学者化，而应当是教育专业化和教育学者化的有机结合。
——郑炽钦

从管理一所学校到经营一所学校，千万不能守旧，务必创新：积极谋划学校发展中的关键性问题，切实抓住每一个良机发展学校。
——郑炽钦

我反复在思考，也不断在尝试。因而，我讲政治课从来不局限于课本中的知识，而是希望图变求新，越教越新。

教学要讲究方法，方法也要经常改革，正所谓"改革就是生命力"。从教学而言，我主张教师不能每天都是一种教法，还主张教师课上得要有激情。每天的太阳都是新的，同一位老师给不同班级学生上同样的课，教学方法都要有所侧重或略有调整。这就要求教师要永远不止于尝试新的教学方法，更新教学手段。另外，我认为学法比教法更重要，教师要不断研究学生的学法，因材施教，才能提高教学效率和效益。

20 世纪 90 年代，邓小平南方谈话之后，政治课本开始重新编写，刚刚开始讲邓小平理论，顺应这一形式，我依据课本上的内容，巧妙地将邓小平的相关理论总结为了"一块石头""两只猫""三条鱼""四只鸡"。

刚看到这些量词和名词组合出来的知识点，学生们就笑了起来，他们的兴趣立马就被调动了起来，这些究竟是什么呢？

紧接着，我就对这些词语做了解释：

"一块石头"指的是"摸着石头过河"的改革；

"两只猫"指的是"不管黑猫白猫，只要能抓老鼠就是好猫，只要提高人民生活水平就行，发展就是硬道理"的论断；

"三条鱼"指的是"三个有利于"；

"四只鸡"指的是"四项基本原则"。

将高深的理论简单化，将复杂的问题通俗化，我想这就是我讲课的精髓所在吧。

从 1993 年起，理科高考便不再考政治了。长久以来为了应对高考，中学教育基本上处于"不考就不学"的状态，因而不少理科学生很早就抛下了政治课本，专攻其他学科的学习。这让政治课处于一种极为尴尬的境地。

但是在某一届高考结束之后，省实一个理科班却邀请我去给他们讲一节政治课，这令我颇为惊讶。思考过后，我拟定了"性格决定命运与命运铸就性格"这一主题与他们进行了交流。讨论中，我发表了自己的看法，我说："性格决定命运"在一定意义上是成立的，"命运铸就性格"在一定意义上也是成立的，这两者存在着辩证统一的关系。学生们也针对这一问题，展开了激烈的辩论，各抒己见，肯定者有之，否定者有之，既肯定又否定者也有之，联系学生个人实际去论证者有之。最后我们得出了结论：既然"性格决定命运"，我们就要修炼好自己的性格；既然"命运铸就性格"，我们就要把握好自己的命运。

对于这堂不太正规的"政治课"，我的印象极为深刻。师生之间有问、有答，有陈述有反馈，有激辩有点评，让作为校长的我都深感拥有方法与学法的课堂是多么迷人。

多年的教育教学经历让我明白，只要学生们喜欢你，也就乐于去钻研你任教的科目，顺着老师的指引去思考问题、寻求答案。教育，最终是想让学生们能够在今后的发展道路上自主学习、自主提高、自主获得智慧与真知。在应试教育的背景下，有的老师想走捷径而疲于猜题、押题，靠猜对题来获取高考的成功，碰上了是幸运，碰不上将会耽误多少孩子一生的命运啊，这种做法是绝对不可取的。

三、感教育至美

教育之美的本质即揭示了教育艺术的本质，也就是教师和学生之间所建立的和谐关系。于我而言，教育是"至美"的，颇具美丽与魅力交融之下的至高无上之感。

人类感官中所涉及到的"美"，即是在自然环境、生产活动或精神生活之中掌握了"度"，达到了一种"和谐"的境地。但凡由人类涉及的概念，其美之所在皆是因具有主动性的人类运用所具备的智慧，掌握了一定的客观规律而将课题创造出了种种与主体的内在愿望相一致的成果，从而在才能与力量的淋漓发挥中引起了主体的满足与愉悦感性。这里的"度"与"和谐"，便是人们通过自身的实践活动来追求和创造的美的境界。

教育活动的整个过程，就是教育者的主动精神作用于教育对象的协调控制活动的过程。其中，当教育主体与教育客体达到高度的和谐与统一之时，就能体现出教育活动的美的价值。

圣人孔老夫子曾言："礼之用，和为贵。"古人们也认为，"天地和,而万物生焉,四时兴焉""父子和,家道济；夫妇和,义不分"。"和"是事物发展的最高境界，当今社会，人与自然的一切努力无不在向着和谐目标前进。实际上，"和谐"这一思想的诞生是人类渴望至真、至善、至美境界的真情流露。

优化教育教学环境，提高教育教学效果，完善学生和教师的人格，让师生对教育产生幸福感，从而让每一个从我们手里培养出来的孩子都能幸福地度过一生，我认为，这就是教育应该追求的恒久性、终级性价值。

如何才能踏上和谐教育之路、实现教育之美呢？在我看来，不外乎以下几点：

首先，师生之间的关系和谐美好。人与人交往的过程中，外在之美表现为得体的行为言语，内在之美则表现为高尚的道德情操。外在得体，又兼具人格魅力的教师才能真正施予学生们爱的教育。"爱中有严，严中有度"，这种互相尊重信任、互相合作、民主平等的师生关系，才会洋溢出教育之美来。

其次，教师应探究教学过程的和谐美好。教学是一种艺术化的教育形式，期间需要融入许多创造性的活动，过程中也难免会融入施教者的人生历练、情感创造以及经验之谈等，因而可以称得上是机械技巧的超越和升华。在教学活动中丰富审美因素，会令学生在接受知识与形成意念的过程中融入和谐的乐音，感受和谐之美。在教育过程中尊重学生的个性差异、开发学生的潜能、培养学生的完整人格、鼓励学生的自主创新、拓展学生的自主时间和空间、培养学生自由选择的能力等，都是教育之美的展现。总之，在教学活动中，经由和谐效应带来愉悦性，使学生成为教学世界中的发现者、创造者，使学习过程进一步转化为丰富的精神享受，才能够最终达到一种真正的和谐之美。

再次，保持活动环境的和谐优美。环境育人是教育之美中最令人动心的一点。有的古朴雅致，有的清新自然，有的寓意深刻，有的象征深远，总之，优美的活动环境显然能够满足人的发展中的高级需求，带给人们以极致的审美享受，激发出创造的热情，从而提高教育活动的质量和效率。教育活动中应灵活地运用现代教育技术，使校园融传统文化与现代技术于一身，并最终实现人与自然的和谐健康发展。

当今，素质教育的主旨是充分挖掘学生的内在潜能，启发学生的创新动力，使学生得以生动、主动、全面、和谐的发展。而实现这一主旨的指导者是教师，主体是学生，只有在教师与学生之间形成一种和谐共生的美好师生关系，将学生置于主体地位，充分尊重并给予他们充足的信任，让他们得到充分表现自己、表达自己的思想和情感的机会，素质教育才得以深化并健康发展，最终才能成就师生共赢的幸福教育。

015
爱，师德之魂

"要成为孩子的真正教育者，就要把自己的心奉献给他们。只有对学生倾注了感情，才能获得学生的信任和尊重。"（苏霍姆林斯基）对于一名教师而言，我们可以给予学生的爱并不是单一的，而是夹杂着多种情感和责任的。真正的教育应该是心灵的交流和情感的感化。作为教师，首先就要让你的学生发自内心地接

德与育，从来就是你中有我，我中有你，不可分割。而且，思想品德还是明亮一切的光源！
——郑炽钦

时间的距离远比空间的距离更能隔断人的视线，创新的观念、前瞻的思维、敢为天下先的魄力和旋风般的效率，才是现代型领导者的风采。
——郑炽钦

纳你，真心地去倾听你、喜欢你，这样的教育才会是长远而有效的。而要让学生真心接纳你，最重要的就是要提升我们教师的个人魅力，包括教书、包括育人。在几十年的教育教学生涯中，我认为作为一名出色的教师在展现魅力的同时，还理应付出至少三种爱：师爱、友爱和父母之爱。

托尔斯泰说过：如果一个教师仅仅热爱教育，那么他只能是一个好教师……如果一个教师把热爱事业和热爱学生相结合，他就是一个完善的教师。身为教师，自古以来就肩负"传道授业解惑"的重任，倘若教师在教育之中灌注了更多的爱，那么就可以更加容易地开启学子们的智慧之门。倘若教师能够成为一名爱的播撒者，其原本平凡的师爱便会自然而然生发出一种非凡的力量。正如教科文总干事马约翰先生说的："世界上只有一种教育——爱的教育。"

那么，如何能将师爱更完美地加以演绎呢？

师爱的根基——学无止境。

处于"知识爆炸"时代的学生们，无论在知识的来源渠道、知识的种类范畴还是在知识的运用能力等方面，与以往的学子们相比显然不可同日而语，单纯的书本知识显然已经不能填充他们日益开发的大脑。"要给学生一杯水，教师自己就要有一桶水。"只有认识到"学海无涯"的现实需要以及紧迫性，不断地端正自己的教育思想、更新自身的教育观念，"活到老，学到老"，才能使自己拥有"一桶"源源不断的"活水"。

师爱的职责——为人师表。

"其身正，不令而行，其身不正，虽令不从。"孔圣人的一番箴言，点明教师身体力行的重要性。凡是要求学生做到的，教师自己首先应该做到；凡是要求学生不能做的，教师自己也必须坚决不做。教师的职责之一就是要"为人师表"，要处处作为学生们的榜样，事事做出表率，在工作和为人上严于律己、以身作则，方能在学生中树立威信，达到"亲其师，信其道"的教育效应，也会在自然而然中收到"不令而行"的效果。

师爱的必备——爱每一个学生。

是"丑小鸭"还是"白天鹅"，其区别仅仅来自学生们在之前的家庭教育和学校教育之中所展露出的表象。要让学子们充分地展露自己的美丽与魅力，离不开教育工作中教师们的信任和期待的目光，以及所倾注的关爱和疼惜的眼神。多给学生们一点爱心，多给他们一些赞美和微笑，竭力寻找他们的优点，发自真心地去赞扬、去鼓励，为他们提供更多体验成功的机会，让他们能够扬起自信的风帆，那么，"丑小鸭"定会变成美丽的"白天鹅"，"白天鹅"也一定会展翅翱翔。一个人最崇高的精神便是爱别人，一位教师最崇高的追求便是全心全意地爱每一个学生。师生之间只有架起一座信任、友好的桥梁，教育才能生效，师爱才会发挥出巨大的能量。

师爱的升华——培养孩子的爱心。

教师是"辛勤的园丁"，也是"燃烧的蜡烛"，更是助人高升的"人梯"……教师的工作就是奉献。古人说的解惑，不仅要解决知识上的疑惑，更要重视道德、行为上的疑惑。即教师在教授知识的同时，更要重视孩子的行为习惯，教授做人的道理。"要想别人爱你，你首先学会爱他人"，我将这句话送给我的学生们，让他们用自己的双眼去寻找爱，亲身感受爱，最终用自己的行动去奉献爱。教师一人之爱是有限的，学生的爱才更宽广。教师以一人之爱，唤起学生之爱，才是师爱的延续，师爱的非凡力量。

从踏入教师行业的那天起，我就告诫自己，一定要倾注全部的精力去爱他们。我尝试各种和风细雨的手段去拨动学生们的心弦，而不是用声色俱厉粗暴强硬的方式去达到改变他们的目的；我对学生们倾注了全部的尊重与理解，关心他们的进步，而并非只单纯地注重他们的考试成绩；我逐步地教会学生们学会参与、学会思考、学会提问、学会探索，最终达到学会学习的目的。

但教师仅仅倾注师爱显然不能完全拉近师生的距离，还必须倾注友爱。把学生当朋友，和他们平等相处，同他们一道分享成功的喜悦、失败的苦楚，将思想感情紧紧融合在一起。所谓对待朋友，就是与学习好坏、性格优劣无关，学习好的要爱，学习一般的要爱，学习差的也要爱；活泼的要爱，文静踏实的要爱，内向拘谨的更要爱；"金凤凰"值得爱，"丑小鸭"也同样值得爱。

正因为有了如同朋友之间的爱，教师才能赢得学生们的信赖，学生们也才乐于接受教育；也只有当全身心地爱护、关心、帮助学生，做学生的贴心朋友时，才能形成一种巨大的教育力量，才能取得更好的效果。

至于教师对学生们倾注的父母之爱，虽然不会比血缘亲情更为浓郁，却同样散发着迷人的芬芳。把学生当自己的孩子，倾注深情的父母之爱，使他们感受到家庭的温暖，从关心他们生活和学习的一点一滴小事，让他们被浓浓的爱包围，才能让教育和谐，让师生幸福。

"父母之爱"就是要深入地爱，要理智地爱，一方面要严格要求学生，对学生不娇惯、不溺爱，对其缺点、错误，不纵容、不姑息、不放任；另一方面要更为无私，不求索取，不求回报。既蕴含着强烈的情感色彩，又表现出深刻的理智；不仅着眼于学生目前的得失和苦乐，更应注重学生未来的发展和前途。

在华附与学生们一同参加学农活动时的合影

"父母之爱"要从学生们的心理发展特点出发，理解他们的要求和想法，理解他们的幼稚和天真；信任学生的潜在能力，放手让学生在实践中锻炼，在磨炼中成长。只有这样，教师才能缩小与学生的心理距离。

将一生矢志教育的心愿化为热爱学生的一团火，今日含苞欲放的花蕾，明日定能盛开绚丽的花朵。

美国心理学家赫伯特·格乔伊说过："明天的文盲不是目不识丁的人，而是那些没有学会学习的人。"这无疑对我们教师提出了更高的要求，因此，我们在课堂教学中要强调学生的学习主动性和参与性，着力培养学生的学习能力。

作为一名教师，不仅要为学生们打开智慧之门，更重要的是要教导学生关于道德修养、为人处世、同情心、正义感、爱等全人教育。我们要成为学生们的朋友、师长，着眼于他们的终身发展，而不是仅仅为升学做规划。我们最终的目标是要让学子们在不久的将来都能成为一个对社会有用的人，在未来的人生旅途中都能成为一位幸福的人，都能够学会创造和享受幸福。

要培养学生创造和享受幸福的能力，显然要进行多方的努力：

首先，作为教育工作者，要注重对学生进行道德品质教育，抓住生活中的每一个契机，培养学生诚实、守信、乐于助人、尊重师长、团结互助的行为习惯。而成为一个有道德的人，就是为将来成为一名幸福的人打下了坚实的基础。

其次，要引导学生们勇于交往。在人际交往中，如果学生与其他师生能够保持融洽的关系，能经常得到他们的理解和肯定，当向周围人倾诉衷肠时，能及时得到理解和安慰，那么，幸福感自然会常驻于他们心间。

再次，要教给学生们创造快乐的方法。要通过开展丰富多彩的活动，让学生们可以更为直观地感受到原来幸福就在身边，从而唤起他们内心深处的善良和纯真，教会他们留意身边积极美好的事物，提高创造和享受幸福的能力。

人一生下来可以说就是为幸福而来的。在人类创造的独特学校教育活动这一师生生命活动样式中，让教师和学生过一种幸福的教育生活，是其生命价值的最高体现。我发自内心地希望我的学生们都能够享受到爱与被爱的幸福。

016
谈谈同事关系

　　每个人生活的周围都会具有各式各样的人际关系，这些关系客观存在，构成了一个人的人际关系网络。人际关系的亲疏好坏，显然会产生不同的效益，有的是阻力，遏制自身的发展；而有的则是助力，推动自身的飞速前进。

　　同事关系无疑是人际网络中极其重要的一环。在与家人、亲友、师长等保持着良好的关系外，一个人每天更多的时间可能是与同事们在一起相处，或配合、或协作、或共同达成某一目标。其工作状态与工作成绩，也在某种程度上受同事关系的影响。

　　教育是一项复杂的系统的工程，教师这个工种的特殊性，决定了其工作过程中更需要一种和谐、团结、协作的同事关系。借此可实现提高自己、共同提高，并带动学生们提高的目的。

　　作为一名教师，尤其是刚毕业或刚从其他学校转入新学校的教师，面对环境的改变，往往需要一段时间的适应，再加上因为个人性格、气质、修养等方面存在的差异，令其很难做到尽快融入新集体。建立良好的同事关系，更显得刻不容缓。

　　那么，教师该如何处理好与同事关系呢？根据自己的切身感受，和这些年在学校管理工作中与教师的接触，我有一些体会。

　　保持谦恭，但不刻意逢迎。

　　儒家提倡"恭则不侮"，即对他人保持尊重、恭敬的状态，那么自己也就会受到他人的尊重，从而避免受到侮辱。着装打扮、言行举止，将在人与人之间接触时带来最直观的感受，进而留下人际交往的第一印象。作为一名新教师，首先必须约束自身的言行，保持礼貌得体，给人以谦虚恭敬的第一感观。保持一种谦恭的状态，就是时刻虚心向他人请教，低姿态地对待同事提出来的意见和建议。如今的新教师很多都毕业于高等院校，有着本科甚至研究生的学历，与多年前参加工作的老教师相比，在学历方面显然略高一些，可能观念更新潮些，方法更灵活些。但新教师必须明白的一点是，实践出真知，虽然自己曾经接受过高等教育，但对教育教学理论的实践还刚刚开始，还必须加大功夫。所以，新教师不能自恃才高，要始终保持谦虚谨慎的态度。

但恭敬谦虚必须保持一定的度，过犹不及，反而会显得刻意逢迎。认认真真工作，踏踏实实为人，不要刻意改变自己去适应别人，因为一种良好积极的状态显然比曲意逢迎更会赢得领导及同事的真心。"路遥知马力，日久见人心"，一片真心与诚心更容易让自己尽快地融入到集体之中。

诚心相待，切莫心存隔阂。

"逢人且说三分话，未可全抛一片心。"对于初入职场的新人而言，父辈亲朋或单位同事等"过来人"都会或多或少地对其进行这样的教导。职场环境的深不可测、人际关系的难以捉摸，这些问题都是在复杂社会中难以避免的。对此，不少新教师往往也会对学校里的新环境心存顾虑，特别是在刚由学生升格为老师的角色转变过程中。其实，这种顾虑大可不必，因为无论从何种角度而言，学校环境都会略显宽松与简单。再者，如果在与人交往

人生在世，不该流于匆匆过客的庸庸碌碌，而应笑傲江湖，搏击一场，走一条超常的而创新的路，用意志、汗水与智慧写成生命，不虚此一行。
——郑炽钦

有人将人生道路比作羊肠小道，崎岖曲折，我却把它比作百米竞搏，宽阔笔直，因为弯曲小道总会有捷径，而百米短途哪有捷径？
——郑炽钦

的过程中,总是躲躲闪闪、讳莫如深,那么别人也会对你心存戒备、少有真诚。最终导致的后果就是彼此之间心存隔阂。

新教师刚到一个学校,对新同事、新环境有一种陌生感和距离感是在所难免的,甚至某些初入职场的新教师还会存有一种初入社会的畏怯感。于是不敢主动大胆地和同事们交往,往往只把交往的圈子局限于少数几个同事,或只跟新来的其他大学生交往,或独来独往。这样很不利于自己尽快融入学校这个大集体,很不利于让更多的同事了解并认可你。久而久之,甚至让多数人觉得你孤僻不合群,不好接近,难以沟通。

新教师应该主动利用各种工作、生活和休闲的机会与同事接触,扩大交往范围。一个学校的教职工中,年龄有老中青之别,学历、职务有高低之分,但人格是平等的,均应一视同仁。把每一个同事都当作朋友,不要怕主动表达你的关爱,只要你是真心诚意的。比如去收发室取报纸时,顺便就把楼上几个办公室同事的信和报刊都带上去送给他们;比如哪位同事第四节有课,你就主动提出帮他买份午餐;再比如哪位同事病了,你主动问候;同班教师有急事请假,你主动提出帮助代课守班。即便同事不需要你的帮忙,你的心意他是会领受的。这样,你随时细心地体察同事的需求,时时抱着善意和助人的心态,那么同事就一定会很快地认同和接受你的。心地坦率,以简单诚挚的心态去面对,复杂的人际环境也会变得简单明朗起来。

亲而不腻,保持适当距离。

亲近,但并不代表要时刻腻在一起。保持适当的距离,才可以欣赏到他人身上的优点。少存城府、率直坦诚,并不意味着毫无戒备，也不意味着可以毫不遮拦地展现自己的幼稚天真。因为每个人都会有自己的爱好、习惯、隐私等，保持适当的距离，是对他人的尊重，也是让他人感觉到安全、友好的一种方式。

再者，不少教师还会带有学生时代的娇羞特性。其实，校园也是职场，职场之中并不会因为长得漂亮、穿得好看而给自己加足够的分数，虽然这也是极其重要的一部分。但只要保持在得体的范围之内，再加上自身良好的职业修养，必定能够为自己增光添彩。

敬畏领导，懂得踏实工作。

能够称之为"领导"，则表明其学识水平、个人素质通常在职场之中会略高一筹，而其赞许或者否定往往与下属的升迁拔擢、臧否褒贬和利益分派具有决定性的意义。因此，下属往往会敬畏或者是畏惧领导。

职场之中，往往一些新员工想要尽快地崭露头角，得到领导的肯定和赏识，便刻意亲近、逢迎、巴结领导。这种做法显然是不值得提倡的，因为倘若你过于亲近领导之时，你已经开始逐步地失去同事了。校园之内显然是没有什么"帮派""队伍"之类的说法。但与其他职场存在的问题具有相似性。其实，新教师有想要表现的想法是很正常的，表明其有积极进取的心态。但是凡事必须掌握度，带着这股向上的信念，不妨多保持积极进取的状态，踏踏实实地工作。在工作中做出业绩，更会令领导印象深刻。

耐住寂寞，勇于承担重任。

在还未真正了解、熟识之前，人与人之间难免存有防范心理，这是正常的。因而新人在职场环境中总会先有一段实习期，或者说是适应期，以供领导、同事们加以了解。通过不断的磨合、深入，有时需要做一些其他人不愿意做的事情，新人各方面的能力、素养均能够得到全方位的展示。

同样，新教师在初入一所学校后，不管是学校领导还是同事，在对新教师的能力不甚了解的情况下，会稍微多一些不信任因素，或者会把一些其他资历较高的教师不愿意承担的工作，交给新教师来承担。有时，新教师会被安排到非重要的年级、班级，或者学科，甚至会被安排到大家都嫌弃的岗位。

大多新教师是抱有对新环境、新工作的热情和憧憬而来的，初入职场倘若与自身的愿景不符，难免会有一种怀才不遇、备受欺凌的感慨，于是怨气滋生、热情不再、干劲顿消。显然，这种做法对自身的成长极其不利。

受得住委屈，耐得住寂寞，这才是新教师应该持有的态度。能够在重要的岗位上做出成绩，展现的是水平；能够在不重要的岗位上，踏踏实实地干出成绩来，显现的才是真能力。或许，经过韬光养晦后的某一次"抛头露面"，会让领导和同事对你刮目相看，印象也会更为深刻。

当我大学毕业作为职场新人踏入华附大门的时候，我深知这里是广阔的天地，能够自由翱翔驰骋。当时的学科组内有"文革前"的大学本科毕业生，有"文革中"的广州市第一师范学院（中专），有"文革后"的大学本科毕业生（我本人）。我本着向"文革前""文革中"毕业的本科生、中专生学习的态度，真诚地请教，因而他们既从学识上帮助我，又从教法上帮助我，使我很快适应中学教学，成为一名受学生欢迎、教学质量优秀的老师。后来，中专毕业的杨小村老师经过函授教育，获得本科文凭，还和我一起担任副校长，他管教学科研，我管体卫艺，相互合作，相互支持，高效又愉快地做好教学、体育工作。

我始终心怀感恩，与同事之间，保持谦和有礼的态度，虚心请教；与领导之间，体察领导所需所急。因为有了在矿上做工人的经历，各种苦活儿、累活儿我都抢着干、踏实地干，我也实现了当时招聘时的承诺，将更多的精力自觉地投入到学校的各项工作之中，因而也有幸在华附工作期间受到领导的赏识。

现在的时代与我们当时所处的时代有着显然的不同。现在的孩子们，心智虽未成熟，却也有着更多的见识，他们拥有更多的途径能够了解到更为多元的职业。所以，他们所需要做好的准备以及所面临的问题，就是应该以怎样的心态对待事业与学业。

在我看来，还是那句话，要脚踏实地。毕业后，无论是从政、从事教育、钻研学问，还是经商，都要脚踏实地地回到地面上来，不能悬于空中，空中只是楼阁，大地才是最为亲切的母亲。

同时，请不要忘记，我们随时都可以跳起来看看，这并不是说要好高骛远，而是要有活跃的思维和开阔的眼界，以开拓创新。再者，"躬行达道，格致明理"，做事情要重视深入研究。

最后，我们要关心国家、关心民族，要以民族、国家兴亡为己任，要有爱国之情、报国之志、建国之力、效国之行。

017

"六要六不"做好副职

原国家教育委员会副主任、原教育部总督学柳斌同志（右四）为华附题字

　　我一直都认为"副职"是一个比较尴尬的职位，因为一方面起到一定的领导支配作用，另一方面还必须接受"正职"的管辖安排。因此，处于这一特殊的领导位置上，要想干好，干得出色，是极为不易的。

　　我有着十几年做副职的经历，深感要发挥其应有的领导作用，就必须找准自己的位置，要具备"配角"意识和"助手"观念，既要自觉地维护"一把手"的威信和地位，又要帮助"一把手"排忧解难，善于处理各种矛盾和问题，这样，"一把手"才能够抽出更多的时间和精力去抓大事、谋发展。

　　从1996年开始，我成为了华附的副校长，一直到2003年。这17年来的副校长经历让我对如何当好副职有了颇深的感受，也为我后来担任省实校长提供了宝贵的经验。

　　第一，要找准位置，到位不越位。副职相对于"一把手"而言是班子中的配角，是在"一把手"的领导之下开展工作的，因而其位置就是从属与执行。副职始终要注意摆正自己的位置，能够对自己分管的工作和"一把手"交办的各项工作任务积极主动地、创造性地开展并完成。但是，副职还必须特别注意的是，在主动想事、干事的基础上要保证自己不越位、不越权。但凡所涉及到的事项，要事无巨细，经常向"一把手"请示汇报，主动将自己始终置身于"一把手"的领导之下，注意维护"一把手"的形象、权威，突出"一把手"的领导地位，不擅自做主，不出风头。

第二，要立足全局，有心不私心。副职要特别注意摒弃私心杂念，淡化名利思想，能够主动将所分管的工作纳入到整体目标中。对同级要理解支持，多合作；对下级要多指导帮助。那种思想上虚荣，行为上揽权，小题大做，无事生非，或绕开正职向上级请示、报告不属于自己分管的工作，或跨越其他副职，插手其分管工作的种种行为，都是造成班子不团结、产生内耗的导火线，必须坚决戒除。

第三，要踏实工作，谋断不擅断。身为副职，应尽心辅佐正职。凡是自己职责内的事，要发挥自己的主观能动性和创造性，拿出自己的主见；而对于不是自己职责内的事，要懂得积极谏言献策，出主意，当参谋。对正职考虑不到的，可适时提醒，及时补充；对正职心中一时没有把握的问题，要主动去了解、分析、论证，提供服务。但未有把握或者正职并不了解的情况下，切不可擅自做主。

第四，要善于变通，补台不拆台。正职常常宏观思维多些，考虑应付事情多些，因此在微观的落实上可能相比之下略少些，疏忽遗漏的地方也在所难免。作为副职，要善于补台，协助和配合"一把手"完成好各项工作任务，做好补救工作，真心诚意地辅佐"一把手"，维护"一把手"的"主角"角色，树立"一把手"的威信，千万不能当"局外人"做事后"诸葛亮"，对"一把手"评头论足。对一些困难较大、矛盾集中又突出的问题，是自己分内的事，要做到不等不靠、不拖不推，想方设法把问题处理好，尽量不把问题交给"一把手"处理。"一把手"外出时，要按照"一把手"的要求积极主动地补好位，确保单位的秩序不乱、工作不误，让"一把手"在外办事放心。只有这样才能使"一把手"腾出更多的精力谋大事、想全局、抓发展。但在这些过程中，心理上切切不可错位，要力戒邀功取宠。否则，你可能越补人家反而越不买账。

第五，要领会意图，解难不推难。作为副职，要多分析研究，多请示汇报，多观察沟通，确保所做的工作不偏离中心和方向。在遇到困难时要主动冲锋陷阵，为正职排忧解难。决不能事不关己、高高挂起；决不能装聋卖傻，绕道走；更不能把问题和困难一推了之。由于"一把手"所处的位置和所担负的责任，与单位干部职工相处的工作时间较少，一些意见和要求很难听到。因此，副职要搭起这个桥梁，要多在干部职工中做积极的思想工作，让他们把精力都用在学习上、工作上、用在事业的发展上，而非在干部职工中散布消极思想，搞小团体、拉帮派，孤立"一把手"。要多帮助"一把手"想办法，积极创造条件，改善干部职工的办公环境，增加干部职工的福利待遇。要心往一处想，劲往一处使，只有这样才能增强班子团结，促进单位和谐，推进事业发展。

第六，要放低姿态，虚心不多心。作为副职，你可能是经过多年的培训、锻炼而成长起来的，可能比周围同事先进步一时。但尺有所短、寸有所长，每个人都有自己的长处和短处。因此，在工作与生活中要虚心，要善待同事和下级，不可骄傲或盛气凌人；还要做到不多心，不能因为下属做的事情抢了自己的风头就心怀嫉妒。要充分利用副职这一承上启下的特殊岗位，团结并带领全体员工在正职率领下，努力完成上级下达的各项任务，不断推进全面建设，为学校的整体发展贡献自己的智慧。

其实，说到最后，最为重要的一点，是一定要明白，不要以为自己是个大官儿。有些领导认为，凡事面面俱到，反而会显得自己没有领导的范儿，但是所有做领导的都必须明白，你承担了这一块的责任，出了问题就必须由你来承担。

我在华附做副校长的时候，当时的校长吴颖民离开广州去其他地方出差，他都会比较放心。因为他知道，只要他出去了，作为副校长的我就肯定严守在学校。是一种责任心，让我时刻督促自己做好分内的工作；也是种团队感，让我在副职的岗位上收获了许多难能可贵的经验。后来，学校换届选举，我凭借票数第一继续当选副校长。

018
脚踏实地与仰望星空

普通教师所承担的主要工作是教书育人，但校长不仅于此，在很大程度上还必须学会管理。

在华附工作期间，我历任学校的备课组长、科组长、班主任、级组长、组织部长、书记、校办副主任、副校长、党委书记兼副校长等职,并协助创办了"华附番禺学校""华附南海实验高中""华附新世界学校"等学校。

2003 年 7 月,受广东省教育厅任命,省实德高望重的禤锦科老校长到龄退休,我怀着激动的心情从其手中接下了华附的"一母同胞"——百年省实的沉重帅印。

能够成为省实的校长,是我的荣幸。我深知省实的底蕴之深厚,也深感肩上责任之重大。我清楚地了解,虽然华附和省实两所学校均为广州地区的省属重点中学,在传统和文化气质上有着相通之处,但华附在教育资源方面显然占据优势,而省实则在政策资源上享有便利,承担着发挥广东省教育对外示范窗口作用的责任。

"在华附积累的 20 多年的经验,到了省实能够行得通吗?""省实高中部即将落成,'一校两部'的格局,能管得过来吗?"种种疑虑,从四面八方一下子全都涌现在我面前,连我自己都不确定

接下来的道路应当如何去走,我感到身上的重担进一步加大了。

此时的我,早已没有任何优越感可言,我从心底坚定地告诉自己,需要的唯有脚踏实地。我反复地对自己说:"做好自己的本分,其他的交给命运。"

长久以来从事教育,让我在做好自己的本分的同时也获得了一些心得体会。

2005 年,接待省政协领导

2005 年，与时任广东省教育厅厅长郑德涛同志（中）合影

第一，要政治立场坚定。要热爱祖国，拥护社会主义制度，特别是政治老师，要将党和国家、社会和集体的利益始终放在自己工作的首位。

第二，要注重思想解放。不能停留在原来各种各样的"定论"中，有些"定论"尽管你不能推翻，但也要有自己的批判精神。尽管书本上的知识在某一阶段内是不做修改的，但是实事以及具体的情况却是经常变化的，需要思想上的解放，来获得理念的更新。

第三，要善于教书教学。教书是教师的本职工作，也是教师能力最为直接的体现。善于教书，就是要求教师们认真研究教材、学生、教法、手段，主动调控课堂，做到师生互动，实现思维碰撞、和谐共振及教学相长。

第四，要勤于育人明辨。既教书又关心和解决学生的思想、品德、心理等问题，是作为教师的思想层面的一种提升。只有学生们的思想品德健康向上，才能认为其是对社会有用且有益的人才。

第五，要自觉投身科研。掌握学科发展的最新情况，了解学生的真实需求，探究教法学法，提高教学效果。不断与时俱进的教师，会让学生们更为直接地了解到最新的讯息，也会时时让学生获得新鲜感，从而增进学习的动力。

第六，要加强团结合作。博采众长，形成优势互补，发挥合力效应。不懂得学习合作的人，是无法获得长足发展的。只有教师们加强合作，才能够获得更大的进步与发展，也才能够在和谐共进的氛围中感受到教师这一职业的魅力所在。

有一首形容教师的顺口溜："一支粉笔，两袖清风，三尺讲台，四季耕耘。"无论在城镇学校还是农村学校，重点学校还是普通学校，教师都应该有所作为。讲台是最闪亮的舞台，作为教师，要与知识为伍、与学生为伴、与讲台结缘，才能培养国家栋梁，才能发展完善自己。

我喜欢这么一句话：做老实人，干老实事，说老实话。我不喜欢一些作秀的事情。作秀做得好，会让行外人拍烂手掌，但内行人却对他不屑一顾。我认为做人做事，还是要扎扎实实。如果不能脚踏实地，那就什么都做不成了。

回顾二十余年的教学生涯，汗水、心血与追求、梦想始终同行，浸漫着我的全部青春。由教师到校长角色的转变，于我而言，不仅是一种成长的标志，更是一种质的飞跃，是对自己心灵、眼界、思想、行为的全面提升。

对于教师职业的光荣和不易，我深有体会。我反复不断地在寻觅着教育的真谛，在这寻觅的过程中，才渐渐地积淀起尝试的勇气和探索的毅力。

我一直以来的教学原则就是：尊重、爱与唤醒。而我也在历练之中不断赋予这三个词以新的理解：尊重，就是站在人的立场上帮助他认识自己；爱，就是给他人发自内心的温暖；唤醒，就是帮助他人发掘自我的力量。我认为，教育不需要矫饰的微笑、虚伪的理解，不需要花哨的架子、空洞的说教，真诚就是一个教师最大的魅力，就是教育最大的力量。因而，我将真诚作为职业生涯中的秘密法宝。通过真诚的待人，真诚的处事，来反复调整自己的教育观、教学观、学生观，使自己在纷繁的教学中始终保持清醒的头脑，在学校教改的浪潮中能够走出一条自己的独特教学之路。

从一线教师到管理者的这一路，角色的转变每每会带给我一段时间的新鲜感，但更多的是思维方式的转变。从只关注自己的专业发展到全面统筹学校的大小事务，从只关注自我修养的提升到聚焦于学校宏观发展的蓝图，工作给了我太多亟须突破的命题。

角色的转变，有着沉重的挑战压力，但我更愿意将之视为人生的机遇以及自己全面发展的全新舞台，在这个舞台上，我可以舞出教学之外的另一番风采，将自己多年所思、所想纳入具体的实践中，进一步触摸教育的真谛。

2007年，接待时任教育部基础教育司副司长郑增仪同志视察调研我校

校长与教师的一个很大不同就是，校长的思想对整个学校的发展具有更深远的影响力，是一个学校文化建设的核心所在。同样，校长也更易将自己的思想转化为具体的校园文化生态。对此，身处校长岗位，我们必须慎之又慎，但同样，也给我们持续探索、勇于实践创造了大好的机遇。

"一个好校长，就是一所好学校。"这句早已耳熟能详的话语充分说明校长在学校工作中的举足轻重、不可替代的作用。我清醒地认识到，成为一个好校长，绝不是一朝一夕的事，需要实践的积累、思考的深入和创新的持续，也需要高尚的人格、升华的理想以及前瞻的目光。

在整整 12 年的校长生涯中，我总结了几条经验。

质量是生命线。校长应坚持德育为首、质量优先、素质领先的原则，树立全面的质量观——面向全体学生，注重个性特长的培养，以课改为切入点，深化课堂教学模式改革，促进学生全面发展；同时以教研为先导，向教研要质量，开创成长平台，推动教师专业化成长。

2007 年，与老校长进行教育经验交流，共盼省实精神代代相传

管理是效能线。校长应努力成为学校管理的高手，知人善任，使人尽其才、物尽其用，进行高效有序的组织规划，坚持制度管理、民主管理、人文管理、科学管理，最终实现师生的自我管理，为全面提升学校的整体办学水平提供保障。

创新是动力线。校长应有创新意识、思维和行动，支持鼓励班子成员和全体教师创造性地开展工作，让创新精神能融入全体教职工的思想行动之中，列入学校教育事业的科学发展之中。

在省实期间，曾经有过这样一段经历。学校的物理科实验员陈秀台老师喜爱无线电测向科技体育运动，但是部分领导老师认为他"不务正业"，因此不大支持他开展"无线电测向运动"。可我却始终坚信，他可以成为"双师型"教师，既可以当好实验员，又可以带好"无线电测向队"。于是，我协调部分领导、老师与陈秀台老师的关系，使陈老师既安心做好实验员工作又开心的做好"无线电测向运动队教练工作"。很快,我校无线电测向队在全省全国比赛中屡获殊荣,晋升为"国家青年队"(又称国家二队),并成为获得世界奖项、全国奖项最多的中学生"无线电测向队",成为全国中学生中拥有运动健将最多的中学生"无线电测向队"。

　　路漫漫其修远兮!从教师到校长,不仅是一次岗位的更迭,更是自身从思想、行为、能力的一场全面改变与提升,既脚踏实地,又仰望星空。我感恩于领导们给予我的机遇,更感恩于这十余年校长时光带给我的幸福与满足!

第三章

致力创新的价值

时间，像风像水冲打着岩石一样，勾勒出清晰、隽永的文化教育纹理。

纵观横览自古至今、自中至外的教育视野，我们心中至少可以有三个重要发现：

其一，教育视野越来越广大。广大到包罗人生，包罗天地，包罗万象。

其二，教育视野越来越精细。精细到激活大脑，激活智能，激活生命。

其三，教育视野越来越深邃。深邃到直通经济，直通政治，直通社会。

早些年，社会上流行这样的术语，知识爆炸，信息爆炸。后来又流行：与时俱进，自主创新。

难道不是吗？

前者讲的是知识更新快，让人们迎接挑战。后者讲的是创新要求急，让人们投身挑战。

教育是人类心中的太阳，岂可隔岸观火？

务必创设一个关注生命、尊重生命的有利于激发生命智慧的学习场，

以实现教学的最高境界——激励教学（教育）。

务必创设一个开发大脑、优化大脑的有利于产生学科智慧的创造场，

以实现学习的最高境界——享受学习。

务必创设一个开阔手眼、开阔心胸的有利于造就生活智慧的演练场，

以实现学用结合的最高境界——彩排生活。

在这个创造场里，努力让每个同学激情四射、精彩绽放，求知在体验里，发现在探索里，争辩在开拓里，想象在创新里……

一、争做课改先锋

在自然规律面前唇焦舌燥地摇旗呐喊着"人定胜天"之人，不仅无法以力胜天，还会被"天"撞得头破血流，只好乖乖地学会与大自然和谐相处、相安无事。

同样，在若干教育规律面前也由不得哪一级长官的性子胡来。胡来者只能输光教育的明天，让事业之舟永远搁浅于浅海深滩！

教师本是引领民族智慧和人格的导师。

你不可无视其生命的尊严和创造的活力，甚至无视其生存及发展的底线需求，用所订忤逆规律的"目标"之门将其锁进磨道，让其不得喘息地拉磨不止，挥起随时起落的淘汰之剑让其心灵惴惴地难以松弛，甚至让本不应成问题的薪金之镣令其眉头难舒。

学生本是明天社会之栋梁，国家之中坚。

你不可无视其独一无二的存在，甚至无视其成长渴求与自由天性，用一厢预定的课堂规程将其框入学习流水线不得动弹，扬起标准化的长鞭驱其进入思维的牛角而坐井观天。他们理当于今日在知识与能力、体魄与心魂、智慧与人格诸方面抓紧磨炼，以得到明日的腾飞。

无论教师抑或校长，都不可视全人化发展和民族复兴大业于不顾，硬将其引向单追知识片面应考的既窄且死的小胡同里，好为一方地方主管争高考的一时光彩，结果是抽空了教育的育人内核，扑灭了生命的个性火焰，把教育异化成教学，教学异化为考学，考学异化为做题，酿成春光黯然、年华付水，一代生命惨遭窒息的悲剧……

2009 年，受到中共中央政治局委员、国务院副总理，时任广东省委书记汪洋同志的亲切接见

019

新课改的魔杖

回首世纪之交，人类社会的经济和科技以前所未有的速度发展，有关教育及课程的改革开始在世界范围内受到空前的重视和发展。特别是诸如英国、美国、韩国等发达国家，均开始自觉反思本国教育存在的种种弊端和不足，并致力描画理想教育发展的种种蓝图。经过深观细究，不难发现，它们通常从本国的基础教育改革"开刀"，来调整其社会理想人才的培养目标，进一步改革人才的培养模式，从而提高人才输出的质量。

处于国际风云和世界形势之下，中国自然而然地受到了影响。各省市和地区由此在 20 世纪 90 年代末着手酝酿，并在 21 世纪初，以教育部印发《基础教育课程改革纲要（试行）》为起点，全面吹响了课改实验、推广的号角，振聋发聩，响彻了中华大地上星罗棋布的每所圣园。

以沉痛反思的责任，以放眼未来的使命，新课程针对国内原课程注重知识目标而非学生素质、注重教师讲授而非学生主体地位、注重课程评价的区别功能而非激励意义等违背学生认知规律的"沉疴"应运而生，将"全面贯彻教育方针，全面实施素质教育"作为改革总目标。

以颠覆思维的决心，以去腐生肌的勇气，新课改将学生的发展、教师的成长置于圆点，一笔描出"课堂教学目标"向"三维目标"（知识与技能、过程与方法、情感态度价值观）转变的经线，另一笔画下"自主、合作、探究"学习方式构建起的纬线，从而撑起课程观、学生观、知识观、学习观、教学观、教师观、课堂观、"课标"观、教材观、评价观、目标观及方法观全面刷新的平面坐标轴……中国国内的教育由此掀开了翻天覆地骤变的巨幕。

十余载课改征程，在教育的历史上弹指而过。与其说它是一次改革，不如说是一次历险，波澜壮阔、跌宕起伏；与其说是一次历险，更不如说是一场考验历史眼光的考试，迷雾重重、暗礁遍布。在穿越了怀疑、诘问，甚至反对的硝烟之后，它朝着既定目标大步流星，直至今朝。

2014 年，北京师范大学京师学堂隆重举行了中国"课改杰出教师、杰出校长"颁奖大会。中国新课程研究院院长刘坚教授在会上心潮澎湃地发言："国际学术界在上个世纪 90 年代初有一个词叫'中国学习者悖论'，指的是中国的学生擅长纸笔测试，但对学习缺乏足够的自信心与好奇心，缺乏独立思考的能力、创造

刚，刚烈、刚强、刚勇。我们对学生的教育更多地要倾注理治：严格管教，严肃要求，严明法纪，让学生从理智上完成一次次大踏步的飞跃。
——郑炽钦

柔，温柔、宽松、舒放。我们对学生的教育更要注重情治：以情感人，以情动人，让学生从情感上愿意和教师贴近，从而顺顺溜溜跟着走。
——郑炽钦

性。所以，解决基础教育最本质的问题，需要我们持续地二十年、三十年、五十年地推动课程改革。"

出于教育家的情怀，也是改革者的忧戚，在刘教授看来，我国的新课改虽然得到了推广，也取得了一定的成绩，但是与国际水平显然还有不小的差距。继续推广新课程改革，是一项刻不容缓，并且需要坚持不懈的重大事业。的确，中考及高考的升学率依然是教育评价的唯一指标，靠拼生源、拼分数、拼各类示范校，竭力争取在升学率排行榜的最前列取得一席之地的现象仍比比皆是，令当下诸多学校不得不对课程改革浅尝辄止。这不仅会磨灭学校自身的发展特色，还会让学校付出牺牲学生个性发展的沉重代价。

本着点燃助推新课改之火的旨归，这次评选活动得到了28个省、132个区县教育局的响应，也得到了教育部设在各师范大学基础教育课程研究中心的支持。经过初评、网络评审、终级评审以及公示层层严格把关的环节，最终有25名教师获得"课改杰出教师"荣誉称号，30名校长获得"课改杰出校长"荣誉称号，占入围人数的24.2%。

令众人大跌眼镜的是，在此次评选中，一些初出茅庐的教师和校长顺势而上，崭露头角；而众多的特级教师和传统名校校长却在胸有成竹时"意外"落选。

参与评选的专家们普遍认为，选拔机制也好，评价标准也罢，都是科学合理的，且牢牢扣住了"课程改革"这个关键词。如果一所学校不能有效地实施"社区服务""研究性学习"等新型课程，如果其课程改革远离素质教育的价值理念，即便取得了优异的升学成绩，学校校长也不能获得"课改杰出校长"的荣誉称号；如果教师聚焦的教学核心仍然仅仅是知识点和考试成绩，而忽视对学生完整人格的关注与自主能力的培养，他同样不能被称为"课改杰出教师"。

犹如一支神奇的智慧魔杖，新课程改革正指挥着中国教学变幻出缤纷色彩，点化着无数学校、校长以及教师们改头换面，也颠覆着原有的课程模式、课堂风格、教师教法、教材编写……更重要的是，它重塑了万万千千学子们的全新精神面貌。

020
课改，阻力重重

在步入省实之后，恰逢这一轮课程改革初期，何其庆幸，我赶上了这一轮大潮流；何其自豪，省实能够在这一潮流中勇敢地扬帆而上、再争一流。

十余载砥砺耕耘，省实的办学在突飞猛进。究其原因，是我将课程改革作为省实一项持续推进的大工程，并在推进中成为新课改的积极践行者。时至今日，省实已经置身于全国课改先锋行列，由于在课程改革方面开拓创新和引领示范的作用，甚至成为全省乃至全国备受推介的课改典范。

其实，早在我初次踏入省实校门之前，便已洞悉，作为广东省最老牌的实验学校，省实长期致力于教育实验和教学改革。在我进入省实的前后几年间，学校还曾先后完成了"素质教育与综

合考试改革""语文自学辅导教学实验""走进广
州大课堂"等多项在省内外颇有影响力的实验改
革项目，并且分别荣获了广东省第二届、第三届
普通教育教学成果一等奖以及第四届普通教育教
学成果二等奖。

省实在教改方面的深厚积淀让我深知，在这里
推行教育教学改革是具有丰厚土壤的。但彼时我
的内心依旧忐忑：课程改革在省实究竟应以何种
形式铺开？作为省实校长后的第一把"火"要如
何燃成燎原？如何让老师们尽快顺应改革大势？
我的内心再一次冒出了诸多问号。

成为教育部主管
刊物《基础教育
参考》封面人物

教育之路从来都不会是平坦大道，更何况面临一场势在必行
的革新。在理念的暗夜中摸索，在思维的平原徘徊，一串串问
号从我脑海逐个被抹去。我了解到，没有及时转变观念，是多
数学校在改革中冲突频出的主要原因，具体表现在未执行国家
的课程计划，随时增减课时，随意拔高教学要求等；而一些学
校的校长，不同程度地脱离教学一线，不熟悉教学业务，不研
究课堂教学等，导致上行下效，使改革失却方向、寸步难行。

观念的惯性不被冲破，教师的教学行为便难以改变，也就更
难以符合新课程的理念要求，令改革缺乏持续进行的动力，特别
是素质教育与应试需求之间的冲突有增无减，还会进一步加剧
教师的职业倦怠……与之类似的种种问题，在当时国内的诸多
学校普遍存在，也是在课改推进的过程中存在的无法忽视的矛盾
和困难，一度处于改革前列的省实也未能幸免。

但新事物的出现，总会经历一个时期的怀疑和热议，但每一次争论都会离真理更近一步。在反复研究、探讨的过程中，我愈加坚定了实施新课改的决心，也对即将面临的挑战做足了心理准备。

对付"痼疾"，最好的方法是切除病灶、再添新皮。既然观念上的冲突占据了矛盾的焦点，那我就要直击要害——让教师们的思想平稳过渡。我相信，与时俱进的省实人一定可以做到！

一方面，我安排教师整理学校已有的课程改革成果，让教师们增强迎接课改的信心。

当时，省实初中部实施的新课改已拉开帷幕，还有一批国家级、省级和市级的课题同步启动。细细研究不难发现，省实正在进行及原有的各类课题研究成果，无论是在理念意识，还是在实践指导上，均与学校接下来要进行的高中新课改有很多不谋而合。如正在进行的国家级课题"网络环境下语文教与学的有效性研究"等研究，对学生自主学习、自主探究、合作交流及养成分析问题、解决问题的能力进行研究，这显然与新课程标准的要求不约而同地吻合。除此之外，省实自 20 世纪 80 年代便开展的"素质教育与综合考试改革""创新式教育模式的发展性评价研究"等课题研究，已尝试探索从多方位、多角度评价、考核学生成长的方方面面，可谓先行一步迈开了改革实验的步伐。

如此得天独厚的积淀，让我逐步增强了继续推行课改的信心，也让省实的教师们看到了希望的渐行渐近，未来道路的愈加明晰。

另一方面，学校还广泛地引进一批观念先进、年轻有活力的教师，充实教师队伍。

视野开阔、理念前瞻，能不惧挑战，要摆脱束缚……我深知，作为新课改的主力军，优良的教师队伍将是新课程实施的有力保障。在新课改对教师素质提出了更高水平的要求下，学校急需一批思维更为活跃的年轻人。

因此，在不断向老教师灌输新理念的同时，我们从 2003 年开始，从全国的重点、名牌师范院校以及中山大学、暨南大学等综合性院校招收了一批优秀的本科和硕士毕业生，不仅满足了后来新一届高中扩招和全面铺开的新课改需求，也为开设新的教育教学模块及指导学生开展研究性学习提供了坚实后盾。随后，学校新课程中的通用技术课程，便是由两名新引进的硕士生担纲开设的。

同时，学校还开展了全员培训学习，强化领导干部及教师们进行课改的意识。

保持高昂的学习态度，是一名教师避免与时代脱节的关键所在。当时的省实，在各个学科中纷纷掀起了关于新课程标准的学习和讨论热潮，其中"老师应如何应对新课程的挑战"是最为热烈的话题。工作学习中不断激起思想的火花，令许多教师都逐步领会了新课改的思想。同时，部分骨干教师参与了新课程标准的教材编写，他们对新课程的深入解读，也有力地带动了学校的新课改实验。

除此之外，我还特别强调，要持续推进教学管理人员和教师们的新课程培训，并将之作为继续教育的核心内容。校内培训中，

与同事们交流"校本课程开发的理性思考"

短期的岗前培训和持续的全程培训相辅相成，专家讲座和校内教师研讨穿插进行。校外培训上，不仅派出了分管校长、教学主任、科组长、各学科骨干教师参加教育部组织的国家级课程培训，而且在假期组织教学管理人员和全体高一教师参加了省教育厅组织的通识培训及学科培训。

高擎着理念的火炬，我在省实勤力传递着新课改的火苗，当它在教师心中落地生根、熊熊燃烧时，一条行动的路线随即在省实面前清晰地铺开。在实践的道路，除了令课改始终站到科学规划的制高点，我们还力争做到改革措施有理有据，课程管理准确到位。

首先，学校建立了专门的课改组织机构。

在革新之路，少不了有人要身先士卒、披荆斩棘。为了保证新课程改革的顺利推行，学校专门成立了由我担任组长的"广东实验中学课程改革实验领导小组"，由主任、一批特级教师与教学骨干担任委员的"广东实验中学学术委员会"以及由高校课程专家、学科专家等组成的"广东实验中学课程改革实验顾问委员会"，还成立了校本教研领导小组、校本课程开发小组、研究性学习指导小组等有利于开展新课程改革实验的专门机构。

其次，细致条理地制定了学校进行新课程改革实验的实施方案。

仅有理念或只有理想是远远不够的，新课改能否取得决定性胜利，还在于一所学校能不能在改革热浪中保持着清醒的头脑，拿出可行的方案与具体的方法。2004 年 5 月至 6 月，我将大量的精力与思考放到了这个方面，多次组织领导班子、课改骨干，

学生的表情是教师语言得失的镜子。学生面带甜笑，眸眼有神，频频点头，轻声迎合，氛围火爆，全景热烈，那是教师讲授谈吐的凯歌。
——郑炽钦

教师的语言是思维的起搏器，若教师语言准确无误，学生的思维就会清晰如水，活鲜灵动，且流速也大。
——郑炽钦

集中力量对此进行探讨研究。在集思广益的基础上，学校随后慎重出台了《广东实验中学新课程实施方案》。考虑到我们也尚处于探索阶段，因而前期特别严明一点：方案经过论证需要修正之处可以再进行调整。

再次，为新课程改革的需要储备充足的资源。

基于改革的要求，学分管理、选课制度代替了传统的教学管理。因此，围绕新课程改革的学校各处室部门的职能也亟须做出相应的调整。

学校教学处提前根据新课程的要求，在学分登记工作、教室使用和管理、选课指导小组的组建等方面做了人员分工和职能转变上的充分准备。针对学科教学目标的变化及综合实践类活动的开展，对学校实验室、多媒体教室、网络教室、图书馆、语音室等教学场所，在使用率和功能发挥上提出了更高的要求。学校的高中校区就是在这一阶段投入使用的，从而保证了足够的教育教学场地空间。

为了提高学生选课和登记学分的效率，在第二学段末，学校还引进了网上电子选课、学分登记系统（汉龙高中新课改教学管理系统），有效保证了课改实验的有序推进。

最后，全方位做好家长和学生的心理认同工作。

校园的一举一动，均会牵动无数家长关心，甚至忧虑。学生毕竟是新课改的最直接受众，争取家长以及学生的支持与理解，显然对此次课改具有不可估量的意义。

省实通过有效的宣传教育，让学生们及时地了解到新课程在内容、结构、实施、评价以及管理等方面将要产生的新变化，进一步了解新课程改革会引发的学习方式的变革，以及给他们带来的益处和所面临的挑战。而对于家长们，学校则赋予家长委员会在课程改革实践中的职能，认真咨询和听取家长朋友的意见，探索建立社区、家长、社会力量有效参与课程改革的新机制，使学校、社区、家长在课改中形成合力。

随着理念的大厦在省实轰然落地，轰轰烈烈的新课程改革，由此开始在全校浓情上演。在全体教职工大会上，我发自肺腑地与省实的教师们交流了这样一番话：

"'深、难、重'的学业负担，对于学生来说，恐怕没有比在学校读书更苦的事情了。'学生的任务就是学习，让他们规规矩矩听课，把知识学到手，考出个好成绩是最重要的。'这是我们办学的最终目标吗？鸦雀无声的课堂无助于学生自主学习能力的培养，更不可能有学生的主动参与、主动探索、合作互动、充分发挥；几年如一日地在课堂上端端正正地听老师讲课，那不是学生学习的需求和生命的渴望。"

理想的火苗，最易与富有理想情怀的人碰撞出火花。我庆幸，省实的老师们不仅个个富有理想，而且人人具有实现理想的开拓精神与强大执行力。依据新课程的实施方案和课程标准，我和省实同仁们齐心协力、携手并肩，共同打响革新教学模式的攻坚战。

然而，在暗夜中摸索的人，谁不曾经历迷失的恐惧，谁又不曾体味山重水复的失败滋味。在新课改的初期，我们同样走得波折重重。

依据《广东实验中学新课程实施方案》的要求，新课程实施分为必修模块与选修模块两个阵地，前者由学校统一安排，后者是学生自由选择。最初，我们把整个高一年级学生分成两个部分：1—10班、11—20班各为一个分部，每分部一个学段开设物理、历史必修课，另一学段开设化学、地理必修课。随后，两个分部进行轮换。该方案的初衷，一是减少并行开设的科目数量，以保证师资的充分优化组合；二是实现国家课程和校本课程的交替开设。然而，我们也必须承认，在实施这一方案的过程中，遭遇到了意想不到的困扰，此种方法不利于我们统一协调进度。

省实人始终相信，失败是成功之母，站在挫折的肩膀上，我们将窥到远方更奇丽的风光；省实人也坚信，实践能够检验真理，也能够将目标调整得更为清晰。因此，初期方案经过两个学段的实践之后，在吸纳教师和学生意见的基础上，在第三学段又恢复了全级同时开设物理、化学、历史和地理课程的方案。

革新需要勇气，承认不足需要魄力，而继续前行才称得上是真正的智者。我们深知前方依然会遍布考验，仍需洒下无数汗水，但意志坚韧的省实人从不会止步于眼前。在及时调整方案的同时，我们让改革的步子迈得更为稳健，逐渐开创了"一把手指挥教学，分管校长坐镇教学，党委书记保证教学，其他校长务必服从教学"的教学管理局面，也日渐形成了全体教师齐心协力，认真钻研教法，不断更新教育理念，跟进学科改革步伐的蓬勃发展态势。当然，最令人欣慰的是，省实在领会课改精神要领中，能结合自身发展的实际特色，创设了一整套有理有据、有章有法的改革方案。

> 我们从自然美的氛围工程入手，从社会美的氛围工程着眼，愈来愈构筑一派优化的教与学的心理环境，并向这优化的心理环境要教养，要情操，要境界，要人际的契合，要个性的完美……
> ——郑炽钦

> 在我看来，因材施教，是最古老也是最新颖的课题，是极普遍也极高深的哲思，是很好理解也很难实现的关卡。
> ——郑炽钦

特别值得一提的是，在"广东实验中学课程改革实验领导小组"的统筹下，学校进一完善了《广东实验中学新课程实施方案》，明确新课程实施的目的和任务，编制了《必修模块课程表》《校本课程表》《广东实验中学选课指导手册》，有序地实施新课程，给学生们以清晰的选课、上课指引。而后，学校还制订了具体的课程实施计划。

（1）国家规定的必修课程（包括通用技术、研究性学习）全部开设。

（2）必修课程与选修课程同时开设，校本课程渗透始终，保证学生在每学年每一领域都修得学分。

（3）高一、高二修完全部必修课程和部分选修课程，高三全面进入选修。

（4）每周课时数不超过35学时，国家课程模块按每周4课时或每周2课时安排。校本课程参照国家课程的学时数设置。

（5）必修课的上课形式以行政班为主，选修课的上课形式以教学班为主。

根据新课程标准的理念，学校还专门修订了《广东实验中学课堂教学评价表》（学生评教），详细地设计了15项针对课堂教学的评价内容，及时汇总了量化数据反馈给教师，以实现教学相长；设计了全新的《广东实验中学课堂评价表》，用符合新课标精神的评价标准，通过教师的互评、自评，实现课堂教学的改革、优化。

这一波的课改浪潮，与人类历史上任何一次革新运动一样，充斥着怀疑、抱怨、不屑等负面的声音。但在省实，我们切切实实看到了的课堂教学在发生着翻天覆地的变化，它确实有力地革除了传统教学的弊端，最大化地利用了课堂。学生们在课堂内对知识的吸收率和掌握程度均明显提高，省实形成了"今天比昨天好，明天比今天好"的"发展率"。学生们课后不用再去补课，留出充足时间和精力，用于更丰富更深层次的素质教育领地。

如今，省实的新课堂，俨然成为一个多元发展的平台。在这里，学生们感受着发现的惊喜和创造的快乐，教师们看到了更多的闪光点和思维火花。教育者和被教育者，如星光般交互辉映，你照耀着我，我辉映着你；又似泉水般互相滋润，你滋润着我，我润泽着你，无处不体现着和谐的共振与美的律动。

这番美景我好似见到过一般，是的，在我日日夜夜所设想的省实蓝图中，这不正是那曾令我心之神往的场景吗！教育的过程，是生命与生命的交流过程，也是生命自由、能动发展的过程。在这里，天赋和潜能得到最大程度的发掘，学生们的自主意识得到全方位的保护，创造个性得到淋漓的展现，完美人格得到立体的塑造。

021
科研促课改

一位教育家曾经说过，教师只有走上科研的道路，才能获得真正的发展。在我几十年的教育教学生涯中，曾经获得了诸多有关教育科研的获奖证书。

在华南师大附中担任党委书记和副校长期间，我所主持的

"以完整的现代教育塑造高素质的现代人——以立志成才为主题的激励型德育模式"的科研课题，被评为广东省第四届普教科研成果一等奖；我所撰写的论文《构建大德育观》，获得了广东省首届中学德育论文一等奖，《对中学生进行社会理想教育的几点认识》则获得了广东省首届中学德育论文二等奖和全国中学德育论文三等奖。

一直以来，我的书房里都始终摆放着琳琅满目的中外教育理论书籍，那是我在不断补充最新书籍和科研成果中汇聚而成的思之海洋。一有时间，我便拿出来潜心阅读。我曾先后参加过华南师范大学研究生进修班、广东省"百千万人才工程名校长培训"、广东省教育厅普通高中新课程教育管理者省级培训班研修、教育部中学校长研修班、中央党校教育战略研修班等，不间断地为自己"充电"，从而将自己的教育理论水平始终置于崭新的高度。

作为一名既参加新课标研制，又参加教材编写，还直接参与课程教材教法实践的思想政治教师，我曾经在国内外许多重要学术刊物上发表了关于课程、教材、教法、学法、德育之类的论文数十篇，并多次斩获奖项；我的许多创新观点及教学方法，也一直被同行效仿、采用。

在我看来，一位称职的教师，之所以能够在教学上取得一定的成绩，离不开现代教学理论的不间断的浸润濡染，也离不开各类进修学习所获得的持久理论提升。

青春的时代，我喜欢浸润在书海。在省实，我同样保留了读书学习的习惯。我所主持的"以艺术教育为特色实施素质教育"的科研课题，荣获了2007年度"广东省第六届普通教育教学成果奖"一等奖。同时，我所指导的"高中学生学业评价"科研课题，

于教学活动中，育人的主要途径是寓德育于智育之中，即寓思想性于科学性的讲授之中。让每一科教学，都为攀上理想、品格高一层次台阶铺垫；使每一节课，都激起学生思想情感上的波澜。
——郑炽钦

在剖析每一个原理、定律，简述某一知识时，因势利导地较为开阔地推出一种观点、思想，使其形成一个面的覆盖，牢牢地附凿在原理、定律等知识上，往往会给学生留下更深的烙印。
——郑炽钦

荣获了"广东省第六届普通教
育教学成果"二等奖。2008 年，
我所撰写的《广东实验中学校
本课程建设探索——校长课程
领导案例之一》，获得了第六
届广东省中小学校长论坛征文
一等奖。2009 年，我所撰写的
《培养和谐发展的人——广东实
验中学办学特色诠释》，获得了第七届广东省中小学校长论坛征
文一等奖。后来，我还主持了联合国教科文组织中国委员会可持
续发展教育项目国家级研究课题——"中学环境与可持续发展教
育课程的构建与整合研究"以及"区域科普资源共享平台建设"
等一系列课题，从未放松自己对提高科研水平的高要求。

时任教育部基础教育司副司长朱幕菊同志与学校老师进行课改探讨

　　仰望理论的高空，脚踏实践的热土，我始终站在中国、甚至
世界教育的角度审视我的事业，对于最新潮、最尖锐的教育观念
和看法保持一份关注与兴趣。这些关于教育的常变常新，我总是
乐意与学校的领导、老师们一起分享与探讨，度量其用到省实的
可行性，谈论全新的思路和做法。也正因为此，省实的教育能够
始终走在广东省的前列。

　　深感于科研对自己的巨大帮助，我自然通晓教育科研对于一
所学校以及教师们的重要意义。一所学校，只有通过教育科研，
才能不断冲破自身办学的局限；一所学校里的教师，也只有通过
教育科研，才能不断取得质的飞跃。而此次课改，更需以科研作
为强力引擎。

为了全面推进新课程在省实的实施，2006年，我作为负责人成功申报了广东省中小学"十一五"教学科研课题——"普通高中新课程实验样本学校建设研究"。该课题成果先后被评为"广东省第七届中小学教育教学成果奖评选"一等奖、全国"十一五"教育科研优秀成果评选特等奖，而我则有幸被评为"全国'十一五'教育科研先进工作者"。

在省实，我明确要求，学校员工人人均要投身新课改，全体一线教师个个都要有新课改的实验课题。学校制定了"学校科研工作规程"，建立了以年级备课组长为主、以学科组织为主、以校本教研为主的教育教学科研机制，积极开展国家课题、省级课题、市级课题、校级课题的研究，着重开展以提高教育教学质量和学生综合素质的研究。

在许多人的眼中，省实的教师不仅课教得好，教育科研工作也搞得出色。课改短短十载有余，学校的教育科研成果如雨后春笋般层出不穷。"普通高中新课程实验样本学校建设研究""新课程背景下校本课程开发与研究""新课程背景下教学评价与考试研究""新课程背景下课堂教学策略研究""区域科普资源共享平台建设""高中数学学科教学知识的案例研发""科学'导教'策略研究与实践——以认知心理学为基础""高中物理课程实验资源的开发研究""新课程地理学科高考试题命制研究""知觉学习对乒乓球视觉信息加工能力的影响""在物理课堂教学中培养高中生科学素养的策略研究""高中学生对'力学'的学习困难及教学对策研究""高中化学'学生自主课堂'教学模式的设计实施和比较研究""'粤教云'技术支持下的高中物理高效教学模式的研究""初中物理演示实验教学资源库开发与有效性应用研究""初中地理自主合作型课堂教学模式的构建""基于云端环境的初中数学'颠倒课堂'研究"等一批批科研项目在省实生根开花、硕果满枝。

2005 年至 2008 年,"中小学生天文探索""生物与环境科技实践活动"两个项目被评为广州市科技教育特色项目并获得资助;"城区负离子研究"项目获广州市科技局立项并获得资助;"知识产权教育示范项目"被评为广东省科技教育特色项目并获得资助;"城市生态环境定位观测与科技探究活动"项目获得中国科协立项资助。

022
以课改促特色化

经过冬天力的积蓄,又走过春天情的播种、夏天勤的灌溉,在是与非、进与停、苦与乐的进程上,省实一笔一画书写着新课改的崭新书册,同时绘就了省实特色化办学的辉煌画卷。

《国家中长期教育改革和发展规划纲要(2010—2020 年)》将"推动普通高中多样化发展"作为高中学校的发展任务。多样化,就是要学校办出自己的特色,满足学生多样化的发展需求。

与省实老校长刘莲、陈千湛、褟锦科以及王圣媛老师在省实高中校区合影

特色化要以特色课程为核心，以特色师资队伍和特色基地为保障，以灵活多样的评价指标为引导。不少专家指出，高中的特色化，要经历一个从特色项目到特色课程的"课程化"步骤。在省实，不仅实现了体育、艺术和科技创新类特色项目课程的建设，而且形成了这三类特色项目的课程群，让特色办学、素质教育在此处再也不是口号与梦想。

省实的特色项目课程，经历了从"数量增加"到"建构体系"的阶段。

第一阶段：扩充课程数量。

在艺术、体育和科技课程方面，省实发动学科组的全体教师积极投身到国家课程和校本课程的开发中来，并且鼓励多学科的教师能够优势互补、互相借鉴。

对于艺术课程，教育部要求高中艺术教育要按模块教学，在"鉴赏"的基础上再加开其他专业模块。广州市教育局对于艺术教育的课程要求是"1+2"，即在"鉴赏"之外再加开两门艺术课程。而省实却并不满足于此，所增加的诸多艺术课程的内容，已大大超出了国家和广州市的要求——涵盖了中学所有的音乐和美术类模块，常年开设合唱、管乐、弦乐、民乐、钢琴、舞蹈、戏剧欣赏与表演、书法、国画、素描、陶艺、艺术设计等选修课程。如此丰富的课程内容，在广州市乃至广东省内的非艺术类高中学校中，都可以称得上是"绝无仅有"。

与艺术课程一样，省实的体育课程也丰富多彩。羽毛球、网球、乒乓球、足球、篮球、武术、游泳、体育舞蹈、毽球……经过近10年的课程开发，无论是用手玩的，还是用脚踢的，省实都能够满足这些活泼好动的孩子们的需求。

除了特色课程内容的丰富多样，省实选课形式也极为灵活，实行全年级学生自由选择、混班开课的方法，将自主权放给孩子们，让他们去思考、去抉择，满足了个体对于发展自身兴趣爱好的要求。

第二阶段：构建体系，形成课程群。

在课程门类达到一定数量后，省实进入到"构建体系"的新一层次的发展阶段，学校开始分领域、分层次形成网状课程体系。

以科技课程为例，在经历了2004—2008年这5年的粗放式管理阶段后，学校涌现出以"科学大讲堂"为龙头的20余门科技类校本课程。从2009学年开始，学校对这些课程进行分领域、分层次的管理，以形成结构合理、能满足学生多样化需求的课程体系。

在领域上，学校划分出了"科技创新""天文教育""环境教育""工程技术""数理化生拓展"等6类课程。其中"环境教育"包括"中瑞合作'环境小硕士'国际课程研修班""野外生态环境实地调查监测与防治""科学考察与自然笔记""水科学探究"以及国家课程中的地理、生物、化学等数门课程；"工程技术"则包括"机器人制作""数字化图像设计""计算机编程""航海模型制作"以及国家课程中的通用技术、信息技术等多门课程。在同一领域内，教师们形成学科组内或跨学科的备课组，共同开发，共同研究，共同实施，相互支持。

在层次上，为了实现"面向全体，培养精英"的目标，学校构建了由基础型、兴趣型和特长型三类课程组成的"阶梯式"科技教育课程体系，以进一步实现"基础型课程优质化，兴趣型课程多样化，特长型课程品牌化"的总体要求。基础型课程包括理

> 我们每一位教师毕生追求的理想应当是：让教育科学和教育艺术这两条河融合奔流，滚滚滔滔，推动自己驾驶的教书育人的帆舸乘长风破万里浪……
> ——郑炽钦

> 我认为，一次主题教育活动，其效果如何，主要取决于主题内容是否符合德育大纲的基本要求，是否有针对性；其次是活动形式是否喜闻乐见，学生的参与度如何。
> ——郑炽钦

科课程中的国家必修课程和选修Ⅰ，全体学生都必须参加，其作用在于使每一个学生牢固掌握高中阶段必备的理科知识，具有一定程度上的科学素养。在此基础上，学校再面向全体学生开设主题丰富、形式多样的兴趣型的科学和技术类校本课程，以供他们自由选修、走班上课。在基础型课程和兴趣型课程的基础上，指导教师会进一步择优挑选出在特定领域比较优秀的学生，予以进一步的重点培养，进而带领他们开展项目研究和知识拓展，帮助他们将兴趣进一步发展为特长。

在特色项目课程群打造完毕后，省实不忘回馈社会，努力将精品课程社会化，从而实现资源的共享。

自新课程实施以来，学校高中部每学期开出40余门校本课程，供高一年级学生自由选修。初中部自2010学年以来，也已在初一、初二两个年级开设共30余门的校本课程。

在学校政策鼓励和资金支持下，一些精品课程的主讲教师在自行开发教学资源的基础上，编写校本教材，通过出版社出版，供省内外兄弟学校分享，还有的是以面向青少年的普及读物的形式推出的。

率领学校合唱团
获得世界冠军

"十一五"期间，学校共出版了《走进省实》《心灵体操》《方寸文学世界》《我的星空》《奥林匹克运动的文化教育》5本校本读物。

"十二五"期间，在多项省级教育规划课题的推动下，学校汇编出了一批科技、体育和艺术方面的校本读物。例如，广东省中小学教学研究"十二五"规划课题"中学科技教育资源包的开发与研究"，课题组在 3 年内编印了 10 本科技类校本读物。

国家课程校本化，校本课程与国家课程一体化，是学校层面必须完成的课程建设任务。省实在特色课程项目发展方面，积极开展了多项课程改革实验。

艺术教育开展了课程国际化的研究与实验，借助"广东实验中学艺术与设计国际预科中心"，艺术科组的老师们与荷兰籍外教切磋合作、交流借鉴，在课程目标、课程设计、课程评价等方面探索、实践立足于本土的国际化中学艺术教育模式。

近 5 年来，省实的环境教育中心大力开展国家课程校本化、校本课程与国家课程一体化、跨学科课程整合、网络课程、国际课程本土化等多个内容的课程改革与教学实验，取得了突出的课程建设与人才培养成果。其中，"中瑞合作'环境小硕士'国际课程研修班"曾在全国科技创新大赛中被评为"全国十佳科技实践活动课程项目"；省实被评为全国首批国际生态学校和联合国教科文组织中国可持续发展教育委员会全国可持续发展教育示范学校。

于 2012 学年创办的广东实验中学钟南山科学人才培养班，已成为学校课程改革和教学改革的实验田。在国家课程方面，对部分文科课程的课程目标、教学内容进行大刀阔斧的整合，适当缩减它们的课时，增加部分理科课程的课时，同时拓宽理科课程的课程资源和教学内容。在校本课程方面，重点开发理科特色课程、科技项目研究、国际英语和生涯规划等。

为了快速推进特色课程建设和特色项目发展，省实还形成了校长与教师之间的直通道。作为校长，我会通过对话、沟通和研讨的方式，将教师的专业发展引向与学校发展目标相结合的轨道上，实现对个别课程和领域课程的规划和引领。同时，我和省实的其他几位副校长也能够做到"唯才是举"，充分尊重教师们的意愿和建议，尽力为有价值的课程和项目提供各种支持。

正是这种扁平化、民主化的管理，才孕育出了"学校环境教育办公室"这一最初由多学科老师自由组建而生发出来的部门，并催生出了30余门的体育、艺术、科技特色项目课程，培养出了10多位国家级和省级科技教练、体育和艺术骨干教师。

教师自由联合，形成课程共同体，是省实特色项目发展过程中涌现出的又一新生事物。这种共同体与处室、年级、科组、备课组等学校科层制的正式组织不同，它具有民间性、自发性的组织性质，教师们围绕共同的目标和有关联的任务而自觉形成合作体，共同从事课程开发和教学实施。这种共同体，有的是某一科组内的，有的是跨学科的。

目前，学校科技创新课程共同体、环境科学课程共同体的参与教师人数都在10人以上，天文探究、科技体育、信息及机器人、模型、学科奥林匹克等项目也都形成3人以上的核心团队。

为了扭转人们重升学考试科目，轻体育、艺术等综合素质的倾向，省实重视教师们在艺术、体育、科技三个特色项目方面做出的努力和成绩，在评价指标上予以衡量和体现。

评价是指引，科学的评价体系能够比较公平地衡量出教师的工作能力和工作业绩，激励教师向优秀看齐、力争上游。近年来，学校艺术、体育、科技三领域的骨干教师有多人被评为学校的年度先进工作者标兵，这是教师在校内的最高荣誉。

除了校内人尽其才，学校还广泛聘请校外专家担任特色项目导师。

例如，作为校本选修的"亮点"之一，"科学大讲堂"每周邀请一位校外专家做主题报告，现已形成了三种稳定的校外教师资源：第一，充分利用家长资源；第二，学生社团推荐、联系专家和学者，如天文学社邀请了英国著名的天文学教授 J.JOHN 来省实作"仰望星空"的讲学；第三，学校聘请知名专家和学者为课程顾问。

2012 学年，艺术科组聘请了佛山"非物质文化遗产彩灯传承人"黄宏宇老师，在本学年高一校本选修开设"佛山彩灯制作"课程，每周三下午两课时。

发展特色项目，促进学生全面发展，离不开课程基地和活动平台的支持。为此，自上任起，我克服了办学经费紧缺的困难，想方设法加大投入，为体育、艺术、科技教育配备了优越的场地与设施条件。

体育方面，2004 年投入使用的高中校区拥有综合体育馆 1 座（内有标准羽毛球场 12 个，乒乓球场 14 个，标准篮球场一个，舞蹈室一间），400 米塑胶标准田径场一个，标准室外篮球场 8 个，标准网球场 2 个，健身路径 2 套，室外羽毛球场 6 个，健身室 1 个。2013 年，省实新体育馆和新的网球场落成使用。新体育馆包括两个室内游泳池、乒乓球馆和羽毛球馆。

学校拥有国内一流的艺术教育场所，陆续配备了综合版画室、绘画室、美术资料室、鉴赏室、工艺室、合唱室、民乐室、管乐室、舞蹈和戏剧室九间艺术教育专用室。2009 学年，又分别建设了陶

> 我始终认为，"孝"是学校与社区道德教育与建设互动的最佳结合点。因此，学校对学生进行感恩教育时，一是要贴近其生活，二是尽可能邀请家长参与。
>
> ——郑炽钦

> 教育教学的艺术就在于使每一个学生的潜能都能发挥出来。因此，我们一定要相信人人都有潜能，才能正确对待每一个学生的发展潜能，才能找到适合学生发展的方法和途径。
>
> ——郑炽钦

艺室和弦乐室。2014 学年，高中部全新的合唱排练室落成。

在科技教育方面，学校原已有按学科课程标准要求配置的、符合省规定标准的数十间实验室和专用室，2005 年以来又先后建设了环境教育公共实验室、科技创新实验室、天文教育室、机器人制作工作室、模型教育专用室等多间专用室，并为这些专用室配备先进的仪器和设备。2014 年新建成的"青少年创客空间"，拥有 3 台 3D 打印机、10 台美国国家仪器公司开发的 NI myDAQ 数据采集卡等国际先进的教学仪器，能开展 3D 设计与制作、数字信号的测量和分析、图形化编辑及智能化产品制作、环境地图制作等方面的学习，属目前国内开展科技发明最前沿的中学科技教育专用室。

省实的环境教育综合基地，包括"环境宣传教育室""天台花园—未来农场""生态教育馆""有机肥料制作坊""水科学宣传长廊"等多个实践与教育场所。其中，"天台花园—未来农场"集观赏、科研、物种保育、教学和生态种植等功能为一体，广泛采用省实师生自主研发的节水灌溉、土壤湿度保持、雨水生态净化等科技成果，配套建设了餐厨垃圾高效发酵造肥机、太阳能电站及雨水综合利用系统。"生态教育馆"采用先进的环保材料，融入最新的科技元素，并以故事情节作为贯穿线索，引导参观者了解和关注当前世界环境的现状与问题。

有人曾经问我，为什么省实可以成功地坚持特色化办学？我的答复是，特色化办学，不是学校和学生的片面发展，而是在全面发展基础上突出特色、彰显个性；不是学校的"断裂式发展"，而是基于传统、结合自身条件的可持续发展；绝不能只是几个特长生、特长班装点门面，而应该是面向全体学生的有特色的办学模式。现而今，省实已经实现了学校"课程·社团·竞赛·科研"四位一体的特色项目教育机制。

为学校艺术与设计国际预科中心成立揭牌

特色化办学要因校制宜、因地制宜。省实是国家级示范性高中，有着优良的文化传统、优质的生源和师资队伍，所以注重学术性和对卓越、拔尖人才的培养。然而不是所有的高中都具备这样的条件，但都需要追求这样的目标。如果是薄弱学校，不妨将高中教育与职业教育相结合作为自身的特色，或者选择侧重于培养某一类人才。有的学校，其所处的社区拥有独特的条件，如高校、研究所或者大型企业，那么，学校可以与这些高校或企业建立稳定的合作关系，共同培养专业预备人才。

特色化既要做加法，也要做减法。特色项目领域，要建立丰富的课程，培养更多的专业教师，提供更为丰富多样的学习机会。同时，某些学科，要做减法，适当精简学习内容，适当降低学习难度，加强学科内和学科间的知识整合。因为学生的学习时间总量是有限的。

以省实为例，学校近年来着力打造且日益彰显的"体育、艺术、科技"三大特色项目，不是只面向部分特长生，不是只培养专门的体育人才、艺术人才、科技人才，我们的根本目的，是为了扭转长期以来基础教育轻视体育、艺术、科技实践，素质教育举步维艰、四处碰壁的局面，致力于培养身强体健、趣味高雅，具有较高生活能力、实践能力、创新能力的高素质人才。三个特色项目，既是对省实重视体育、艺术，重视实验创新之优良传统的继承，也是对国家提倡素质教育、培养创新人才政策的呼应。

以艺术教育为例，学校认为，艺术教育不仅是美育的核心内容，还能够发展学生的想象力、感知力、理解力和创造力，培养学生的意志力、团队意识、合作精神、爱国情感。可见，在省实，这三个特色项目是作为推进素质教育、培养创新人才的具体途径而存在的。它们不是各自分离发展，而是与学科教学、与德育紧密相连、相渗透、相促进，同时面向全体学生。目前，学校已经比较成熟地走上了"以体育、艺术教育和科技教育为特色，促进人的全面发展，大力培养创新人才"的特色化发展道路。

几年来，省实先后开发了130余门校本选修课程，包括合唱、管乐、民乐、戏剧等。为了充分调动教师的积极性和主动性，学校还赋予教师们在校本课程、社团组织、校内活动、校外参赛和科研等多方面充分的自主开发权和参与权。

荣获第五届中国改革百名优秀人物

同时，省实还将考试教育纳入素质教育，实现了从平面教育向立体教育的转变。而省实的素质教育也不同于常识性的教育，是一种创造性的教育。

自推行素质教育以来，省实不仅初中会考成绩稳居广州市前三位，高考重点率、高分人数、各科平均分也连年稳居广州市、广东省前列，先后有40余人次成为广东省高考总分和单科"状

元"。尤其是 2005 年高考,创造了广东省高考历史上辉煌的三个纪录:

被媒体喻为广东高考"第一人"的黄仲强,夺得广东省两个总分"状元"和一个单科"状元";被称为广东高考"第一班"的首届"创新人才培养实验班",100% 考入重点大学,22 人次取得总分 800 分以上的好成绩;学校还曾被媒体喻为广东高考"第一校",一年之内曾夺得两个总分状元和两个单科状元,是当年广东省高考高分人数最多、比例最高的学校。

从不止步于辉煌成绩的省实,连年再攀新高,不仅闪耀广州市,甚至光照整个广东省——

2011 年高考,省实的文理科本科率均达到 99.5%,有 12 个班的本科升学率达到 100%,并创造了恢复高考以来广东省一所学校有 3 个班 100% 上重点大学录取分数线的新纪录。

2012—2015 年高考,省实始终位列广州市、广东省前茅,不但继续保持扩招以来的高升学率,而且每年均会有 300 多名学子在国内高校自主招生中因不同的特长和优秀的综合素质而获得加分资格和推荐资格,每年另有 100 多位同学分别被斯坦福大学、康奈尔大学、加州大学伯克利分校、南加州大学、香港大学、新加坡南洋理工大学等国际名校录取。

其实,省实学生所具有的精神面貌,本应是所有青少年所共有的,但是在传统应试教育的压力下,不少学生逐渐失去了青春阳光的一面,被塑造成了"考试机器"。十年来,省实推行的素质教育,其实就是摆脱了应试教育的桎梏,留住了学生本真的同时,把他们培养成了文化成绩优异,创新、实践能力兼备的全面发展的人才。

> 和科学家大师、名流比,省实的教师也许名不见经传,却也同样在选择事业中,"用文之地"上,爆发闪闪发光的人生价值,而令人们刮目相看。
>
> ——郑炽钦

> 师爱,是一种巨大的力量,一根强大的支柱,一种伟大的牺牲,是一束人类崇高而美丽的灵魂的花朵。
>
> ——郑炽钦

二、课堂的艺术

当黎明的第一道曙光划破天际之时，无数学子涌向冷清的街道，涌进美丽的校园，开始为梦想而战的崭新一天。在这里将上演的每一堂课，均是通往知识伊甸园的必经之路，憧憬与好奇必然为学子们最初的状态。所以，从某种意义上说，教师最大的师德，应该是将他所从教的每一节课当作生命的唯一一节课神圣以待。

然而，我们不得不面对的现状却是，在传统的课堂教学模式下，学生们最初的热情被逐渐消磨殆尽。他们或者是假装虔诚地聆听，实则心灵封闭；或者是过于龙腾虎跃，接受知识时却心不在焉。也有的时候，教师的提问、引导是无效的，导致学子们所开展的讨论和学习，根本无益于教学目标的实现，或者说是早已背离了教学目的，最终的结果便是"问之不切，则其所听之不专；听之不专，则其所取之不同"。

这些看似和谐、民主、平等的师生互动，只能称得上是形式上的互动，并没有多大的价值。

教学的价值不在于习得预先准备好的文本内容，也不是作为学习结果可测的学力，而是学习活动本身。也就是说，省实的教师们所追求的，首先不是教什么、如何教的问题，而是追究这种学习活动是否具有文化、社会价值的经验，这种经验是否丰富和发展了学生所形成的社会与文化的意义关联。

从这个角度看课堂，我们认为它不再是拘泥于学科的文本对话，而是基于复杂的社会语脉而展开的文化实践和社会实践。它所能被期待的，应该是生命相遇、心灵相约的"咖啡屋"，是质疑问难的"辩论会"，是通过对话探究真理的"理想国"。所以很多来省实听课的人会说："听这里的教师讲课，简直是一种艺术享受。"

023
有效互动，成就课堂精彩

教育，是由互动的师生主体组成的，他们的行为不只是对情境的主动反应，而且还是领悟、解释、行动与创造的过程。师生主体在此过程中，从来就不是一组确定的态度，而是充满活力的并在不断变化着的行动者，始终处在生长之中但不会彻底完成。教育环境也不是某种静态的存在，它一直在影响和塑造着我们。因此，教育从本质上讲就是一个互动的过程，教育情境正是这种互动的产物。

众所周知，在课堂教学活动中，教学内容应是一个动态多变、不确定的开放性系统。知识是不能通过教师直接"导向"学生的。知识，来自学生个体内部，通过新旧知识与经验的作用，重新组合并建构。但是，这种内部建构不是封闭的，也不是简单叠加的，而是在师生群体之中，通过师生互动、生生互动、人境互动，进行合作学习、协商调整形成的。

既然教育教学的本质均是互动，那么，何为有效的互动？有效的师生互动，是指教师与学生个体或群体之间，发生多种形式、多个层面、多种性质、不同程度的交互影响与作用的过程；是一种旨在通过师生交往以引发对方心灵律动与情智流动，从而达到与对方有效沟通，并促进双方同步和谐发展的行为。师生互动中的双方，总是基于对方的行为，不断择取相关信息，来做出自己的反应，因而他们都是主动的、积极的、兴趣浓度高的。

一方面，学生受教师的语言、行为、态度、情感等因素的影响，依据教师的要求来适度调整自己的认知倾向与行为态度；另一方面，教师也受学生的种种言谈举止、价值取向等因素的影响，在不断实践中反思，在反思中适当调整自己的教育理念及实践视角。这样，就构成了师生之间双向交互性的影响，师生之间的互动也转变为既交互链状又螺旋上升的循环过程。

省实的课堂一直努力创设一个开发大脑、优化大脑、有利于产生学科智慧的创造场，以实现学习的最高境界——享受学习。具体到课堂教学活动，我们讲求，通过有效的互动拨动学生的心弦，激发学生的感情，调动学生的积极性，并非单纯的教与学，也不是简单的启发，而是教与学双方在教学活动中做到融洽幸福的交流。教师引着学生走，学生也推着教师走，教师得心应手，学生如坐春风，双方都欲罢不能，其乐融融，这便是享受学习。

正因如此，我始终要求教师们务必做到教、学、做的三位一体，

面对管理世界的经经纬纬，能因地（人、时）而宜，捷悟精妙，博采众长，走出盲区，神速"出击"，可以说是校长择优智胜的一大学问。

——郑炽钦

平衡术最要紧的是平衡逆反的心态，软化对立的情绪，化解忧怨的情绪，从某种意义上说，解决一个对着干的扯腿者，比树立一个领头干的先锋者重要十倍。

——郑炽钦

将扎实的"中国功夫"(指牢固的"双基"功底)和西方能力(指思维想象力和动手创造力)打成一片,使教师通向大自然、大社会、大改革的前沿,以此实现从学习生活到社会生活的顺利对接,完成对生活、对实际有的放矢的艺术彩排。

在我的理解中,这种有效的互动促成的艺术课堂,应该具备这样几个特质:

民主、平等、和谐的师生关系。

作为知识经济时代弄潮儿的现代教育环境中的学生,他们有着开放社会的民主意识和自由诉求,有着网络平台的自主选择与合作探究。尤其是省实的孩子,因身处广州这座国际大都会,他们甚至有着较老师更为宽容、鲜活、前沿、科学的知识信息。因此,那种教师"棍棒之下"的教育,以及学生不断"委曲求全"的师生关系早已过时,并已发生了质的飞跃。

真正的教学交流,是通过平等的对话形成师生之间"对称的自由"。那么,教师必须告别"知识权威"的角色,从高远的讲台、知识的神坛、成人的认知模式走到学生的认知领域、智慧原野和心灵世界,让教学活动由"知者"与"未知者"间的问答,转变为"智者"与"智者"之间的交流。在从"认知权威"转向"平等中的首席"的过程中,教师成为学生学习的合作者、引导者和参与者,与学生一起投入学习、思考与探究,共同组成一个富有内在意义的"学习共同体"。

陶行知先生说过:做"先生"的最大乐趣,就是教出值得自己崇拜的学生。每个学生都有自己丰富的内心世界和独特的情感表达方式,老师对此都须理解和尊重。学生的多元智能现实,使他们在课堂上的表现各具特征。例如，对同一个问题的回答，有的学生真知灼见、思维缜密、表达流畅；有的学生考虑不周、表达混乱、支离破碎。尤其是后者，不但教师要一视同仁，加以适时适当的肯定与鼓励，同学们也要耐心倾听，不断给予包容和友爱。师生在宽松融洽的环境氛围中探究学习、彼此了解、相互激励、讨论争辩、建构成长。

因此，我一直在不同场合强调，教师切不能因为"权威"的式微而造成学生情绪的失落，甚至情感的对立。作为教师，一定要下狠心改变当前课堂互动存在的单调形式，由专制走向民主，从教师走向学生，丰富互动的内容和形式，提升互动的广度和深度，从而优化课堂的现场生成。

自由开放的课堂格局。

"课堂教学艺术是激发、启迪和活跃，"对第斯多惠的这句名言我一直情有独钟。无论是在一线教学实践中，还是当了校长深入一线听课时，我常常发现这样一些现象：课堂中，如果教师不加注意和引导，部分学生就会由于害怕被别人发现错误而故意掩饰、遮盖自己真实的学习过程；也有部分学生对自己的想法缺乏自信而追随大流、人云亦云；还有部分学生即使产生疑问，也不敢提出供大家讨论。这时，如果讲课教师缺乏一定的教育智慧，那就与一次次深刻的思维碰撞擦肩而过，让一次次情感交流的可能丧失殆尽。

因而，教师要细心观察并充分利用学生争强好胜的心理，对善于提出问题、勇于挑战权威的学生，要适时鼓励表扬；对于辨析独到、判断精确的学生，要因势利导。而对于那些不愿或不敢主动回答问题的学生，教师要特别关注他们的"最近发展区"，强化"问题意识"，及时鞭策引导，适时交流沟通，强化学生的主体参与意识。这样，教师才能在激励与鞭策的帮助下，让课堂变为开放自由的学生思想的跑马场。

罗杰斯说，在教学过程中，只有让师生处于一种无拘无束、自由畅达的空间，他们才会尽情地"自由参与"与"自由表达"。学生的心灵与课堂的情境一旦处于自由开放的状态，新的动态生成课程资源的观念和视野很容易成为求知的习惯。因为只有开放的课堂，才具有包容和理解的能力，才能使对话得以可能、个性得以张扬、生命得以律动，才能引起师、生、物的三维互动与多维生成。

在省实的课堂，我常常欣喜地看到，我们的教师一句适时的引导与鼓励，会让一个孩子瞬间改变课堂存在的生命形态，表现出一种保持积极、活跃的精神状态，出现勇于探索、质疑问难、大胆求异的学习姿态，从而达到敏锐观察、潜心思考、大胆想象、触发灵感的智力状态。因为拥有异常丰富复杂的内心活动，学生真切地感受到一个真实存在的"自我"。而学生只有找到"自我"，才能弘扬自主自律、自信自强、沉着挑战、接纳合作的良好心理品质。

自由开放的课堂，"纵容"学生发出不同的声音，鼓励学生敢于和善于标新立异，运用自己的能力和智慧主动探究新知，创造性地解决问题，使学生成为秉持着独立思考与判断的操守者。课堂宽和自由的氛围中，也更易促成师生平等的交流和对话、探究和质疑，使不同层次的学生相互学习、相互补充，获得不同程度的发展，使原本机械呆板的教学预设在师生共同创造中变得充满灵性、充满智慧、充满诗意。

师生都是课堂中丰富的信息源。

优秀的课堂犹如交响乐团，各具特色的声源汇合而成天籁之音。在课堂上，除却教师事先准备的丰富素材、设计的具体情境外，也要有意识地引导学生，多渠道地收集整理与课堂相关的信息资料，使师生主体都作为课堂的信息源。

赞可夫指出："教学方法一旦触及学生的情绪和意志领域，触及学生的心理需要，这种教学就会变得高度有效。"在生动精彩、丰富多彩的教学信息源造就的环境中，现场生成的空间领域得以拓展，师生可供交流的话题自然增多。而师、生、物之间的生命相遇、情感交流、思维碰撞，往往会产生"触类旁通"之感，甚或产生"触一发而动全身"的顿悟。因此，被信息源拓展的课堂，成为师生生命的"体验课堂"。在这五光十色、形神兼备、气象万千、奥妙无穷的课堂环境中，在这开放多元、包容无限的奇妙境界里，师生真正成为学习的主人，都能够全心全意地投入其中，表达自己的个性体验与独立思考。

然而，我们也遗憾地看到，一些教师拘泥于传统的种种束缚，缺乏对学生意愿的敏锐把握，缺乏多渠道信息获取、多维度信息分析和多方法信息加工的能力，讲课缺乏时代感、新鲜感和趣味感。不能有效地利用各种信息源，师生互动自然会呆板简单。要改变这一状况，教师必须不断地关注学生的智能、心理发展状态，不断更新自己的教学理念和知识结构，增加学科知识和信息源整合的能力，勇于开拓并改进教法，在教学过程中与学生积极互动、共同发展。而这些信息源,可以是来自教材补充,师生之间的交往、报刊媒体的阅读,甚至日常生活的阅读等都可以作为资源。

敏锐地捕捉"意外",并生成有效资源。

一个真实的教育过程,是一个师生及多种因素间动态的相互作用的推动过程。一方面,它不可能百分之百地按事先预定的轨道行进,必会生出一些意料之外的、有意义或无意义、重要或不重要的新事物、新情境、新思维和新方法,尤其师生的主动性和积极性都充分发挥时,实际的教育过程远远要比预定的、计划中的过程生动丰富得多。

所以,课堂脱离原先预设的轨道是正常的,且能产生颇有价值的"非预设"资源。教师紧紧扣住迎面而来的种种课程资源,作广度、深度的开掘,使学生处于一种能动的、活跃的动力状态,不牵强附会,不强拉硬扯,顺乎学生的学情,让有效的课程资源自然生发,迸发无法预约的精彩。例如,学生在课堂回答中产生的疑问或者错误,就是一种不可轻易放弃的宝贵课程资源。教师如果能对这一资源有意识地开发并加以利用,必将有助于动态课程情境的生成,有助于教师了解学生的思维过程。同时,来自学生本身的疑问或错误更能引发学生学习的兴趣。因此,错误本身是达到真理的一个环节,由于错误,真理才会被发现。

正是课堂种种迷人的不确定性,为教师展现生命风貌、个性优势、思想深度提供空间,成为学生幸福快乐的源泉。在课堂里面,只要师生时时意识到生命在场,那么每次的生命偶遇,都会带来内在的欢乐。教师常常问询自己:我是否从学生的眼神中读出理想与愿望?我是否听出学生回答中的思维火花?我是否感受

> 既然历史选择了我,我当然要重新创造历史。既然眼前铺架出一方舞台,主角自然要占据舞台中心独领风骚。
> ——郑炽钦

> 对于眼前的困惑,不能像为了回避红灯而绕弯行驶的小车,也不能像鸵鸟钻沙一样地藏藏躲躲,而要敢于直面,直面前方的路……
> ——郑炽钦

到自己的精神脉搏与学生一起欢跳？我是否在课堂上与学生合作互动，感受和谐的欢乐与发现的惊喜？我是否让学生在课堂上"悠然心会""茅塞顿开"或者"豁然开朗"？在这电光火石的刹那间，师生心灵彼此拥抱，共同融入课堂，共同生成课程。因此，在这多元变通、动态生成的教学过程中，不再是永远的平衡，而是失衡再平衡；不再是一味的有序，而是无序中的有序。课堂因而变得富有生机与活力。

捕捉这些课堂的"意外"，教师要拥有高度的敏感、警觉、谨慎，能根据学生的学习情况，随时而机智地调整教学进程；能及时抓住这即时生成的问题资源，进行价值判断，突破预设的"形案"的束缚，根据充满生命力的、动态的"心案"，开发和利用这些"生长点"，随时引导学生思考辨析。

在此过程中更能凸显教师的本质力量与存在价值。教师必须密切关注学生的"最近发展区"，成为"问题意识"的有效设计者，发现矛盾论点并提供方法支持的引领者，观点交流碰撞的参与者。"只有有了认识的深度，才会有行为的高度。"这种优秀的教师，必须有四大支柱的坚固支撑：丰富的文化底蕴支撑起教师的诗性，高超的教育智慧支撑起教师的灵性，宏阔的课程资源支撑起教师的活性，远大的职业境界支撑起教师的神性。

师生个体与知识共同构成一个圆通的世界。

在课堂教学中，知识的获得，是一种探索的行动或创造的过程，是为满足个体生命的一种内在需要——求知冲动的过程，是被师生生命主体以非常个人化的方式建构着的。在知识建构的过程中，知识与个体无法分离，共同构成一个自足的世界，丰富着

八方信息是思维顺帆的劲风。在高强度的竞争时代，若技高一筹，率先而动，力挫群雄，蒸蒸而上，还得有现代校长的一个重要素质：观六路，听八方，让源源不断的信息滋润思维的沃野。

——郑炽钦

人的一生成就的高度，往往与其知识杠杆所能支撑的力度成正比。然而，他的生命闪烁的高度和长度则取决于其心灯竞放所燃炽的强度。

——郑炽钦

个体生命的意义。

但我们也看到，在现实的课堂，知识被异化了，成了客体的存在，从师生主体的生命中剥离开去，造成了知识的"陌生化""虚幻化""冷漠化"。因此，教师与学生要努力摆脱被知识奴役或与知识对立的处境，面对课程知识获取生命尊严与言说的权力，恢复师生个体在知识建构与生成中的主体意识和合法身份，将教师与学生都推向知识探索与生成的前沿阵地。唯有如此，知识才会拥有与个体生命相遇的感动，一旦知识真正走进每个人的心灵深处，丰富充实生命的价值，生命也会因为这种动态亲和的知识相知相遇而格外美丽动人。

有效的生命课堂师生互动，使学生在与教师对话中学习、领悟和生发出前所未有的知识和情感体验，更重要的是在对话中让学生拥有主动探寻知识的信心和勇气。杨振宁教授曾经对"学问"一词做过经典的阐释："做学问，就是要学会怎样问问题。"在传统的课堂里，我们过于习惯教导学生如何具体、生动、全面甚至精致地回答问题，几乎忽略了教学生去质疑问难，于寻常处见不寻常。其实，学生能把教师问倒，说明他们善于思考、勤于探索。恰如爱因斯坦所言："提出一个问题，往往比解决一个问题更重要，因为解决一个问题也许仅仅是一个教学或实验上的技能而已，而提出新的问题，却需要创造性的想象力，而且标志着科学的真正进步。"

因此，适当地留给学生一些空间和时间，让他们与知识同生共长是非常必要的。学生在亲自动手操作中，经过仔细观察和思考后，在矛盾和碰壁过程中产生问题，然后师生再以此问题作为研究对象，来共同研究和探讨，并解决和掌握。那么，他接受的就是自己理解了的有意义的知识信息，这种信息是以"图式"形式储存于长期记忆中的，不易被遗忘，在提取时能够迅速被检索出来。因此，学生的心灵始终处于探索之中，他们在与文本、教师、同学的对话交流中，分享着彼此的思考与体验，提升着各自的情感与审美。这样的课堂，充满了鲜活与灵动，投射出了一股生命的活力，更能使知识与个体构成一个共同的世界。

在打造有效互动的艺术课堂的道路上，省实一直在进行着不懈的探索。

"十一五"期间，为了落实素质教育和新课改的精神，开发与推广启发式、探究式教学方式，在教学副校长主持的省级课题"新课程背景下课堂教学策略研究"带领下，各学科组结合学科教学和培养目标的特点，研究和实验了"问题解决式""合作学习式""主题活动式""自主学习式""学案式"等多种类型的课堂教学策略。通过反复的教学实验和听评课研究，生成了近10种高效课堂教学策略；通过名师和骨干教师的传帮带，在学科组内获得推广，使学生的能动性、高级思维，以及包括创新意识在内综合能力得到培养和提高。

新课程的实施，要求全体教师转变教学观念和教学行为，采用启发式教学、探究式教学，确立学生在课堂教学中的主体地位，激发学生学习的自主性和积极性。为此，学校实施了"标准引导＋课堂把脉"系统工程，有计划、分阶段地引导教师胜任新课程教学；坚持开展每学年一次的青年教师教学技能大赛和全校性教学开放日；作为"中国科协科教合作共建教师专业发展支持系统"项目实验学校，曾先后派出教师数十人次去外校参加总课题组的培训活动。

此外，在省级课题"新课程背景下课堂教学策略研究"的带动下，以学科组为单位，广泛开展了新课程背景下的学科教学策略研究，涌现出了问题解决式教学策略、探究式教学策略、合作学习教学策略、自主学习教学策略、主题活动教学策略、学案式教学策略、分层教学策略等近十种比较成熟、效果显著的教学新模式，并在科组范围内得到了推广，有力地促进了课堂教学的低耗高效。在省级课题"新课程背景下教学评价与考试研究"的引领下，建立了发展性教师多元评价体系，构建了学习过程评价和学业成绩评价相结合的综合性评价方式，进行了学生学业成绩的质性评价探索，实现了全人评价、全程评价、全员评价和全面评价；创建了普通高中学生综合素质评价体系，充分发挥了评价的诊断、评价、激励和引导的建设性作用。

为了锻造理想的数学课堂，特级教师黄为老师在反复实验的基础上，将"问题解决式"教学的一般性操作流程总结为：创设情境—尝试引导—自主解决—反馈梳理。她的研究论文还发表在了国内核心期刊上。

在高中物理教学设计中，针对问题式教学策略，胡志坚等老师提出了 5 条原则：

（1）考虑学生学习前潜在的错误观念对学生学习思维的干扰；

（2）针对学生学习高中物理的思维障碍特点，采用恰当的角度进行有效提问；

（3）创设贴近学生生活的问题情境；

> 登山有先后，渡水有迟早，不存在绝对意义上的"差生"，只是发展上的时空有些许差异，要给每一个孩子以足够的时空去想，去创，去表演，去发展，去拥抱成功。
> ——郑炽钦

> 最有希望的成功者，并不是才干最出众的人，而是那些最善于利用每一时机去发掘开拓的人。
> ——苏格拉底

（4）创设提问的"链式反应"；

（5）让学生带着问题走进教室，带着问题走出教室。

为了在实验课点燃创新的火花，生物科组的老师们挖掘实验教材内容，对比查阅人教版、苏教版和中图版的实验栏目安排，筛选出适宜转化为探究性实验的项目。同时，他们还收集了大量贴近生活的实际案例，在分析研究、整理归类后，把案例融入实验项目中充当实验背景、实验目的、实验延伸阅读材料等。

立于课改的云巅，乘着科研课题的劲风，省实的每位教师均在精心打造着全新的艺术课堂。这是一次否定自我、不断推翻的苦行，这也是一场心灵相约、灵魂碰撞的征程。在此过程中，教师与学生结伴而行，共同分享道道美丽的知识"风景"，让每节课成为成就师生幸福人生的殿堂，让每一次互动成为师生生命中"最美丽的相遇"。

024
别把"高考状元"炒糊了

"春风得意马蹄疾，一日看尽长安花。"金榜题名、状元及第，在古代，绝对称得上是极尽显赫、光耀门楣的天大喜事。即便在今天这个事事讲究公平、教育倡导均衡的新时代，每年在高考成绩公布的时候，人们的目光仍然会情不自禁地被吸引到"高考状元"们的身上。甚至，他们所就读的学校、被录取的大学以及日常的学习经验等还被拿出来当作热点进行炒作。

早在 2004 年，教育部便开始要求各地教育部门不要对高考考生的成绩进行排名，不要公布"状元名单"，也真诚地希望公众不要炒作"高考状元"。尽管呼吁声此起彼伏，但最终的效果却并不令人乐观。学校方面的大肆宣传、媒体方面的推波助澜、社会各界的热点聚焦等，均令"高考状元"越炒越热。

为什么状元越炒越热？

2007 年起，海南、广东、江西、江苏等地的教育主管部门先后发布规定，禁止宣传炒作"高考状元"。辽宁、山东更是动了真格。例如，辽宁省教育厅在 2012 年便与全省 14 个市教育局签订责任状，严令全省各学校不得炒作中高考成绩和高考状元；如果出现学校过度宣传炒作现象，将给予全省通报批评，一年内取消评优资格。而山东也从当年起，高考成绩将不再向各县市发放，由省教育招生考试院统一掌握。与此同时，清华大学、北京大学也相继表示不再对外公布状元数……

种种举措令人颇感欣喜。然而，行政的"硬性"干预下，实际又如何呢？

2007 年 9 月，《重庆市国家教育考试条例》（以下简称《条例》）这部号称我国首部有关国家教育考试的地方性法规正式开始实施。《条例》中规定，教育行政部门、教育考试机构、学校

2014 年，在"圆梦高三　声动省实"活动中给同学们击鼓加油

及其工作人员不得擅自向社会公布国家教育考试相关信息及考生成绩、名次等信息。更有重庆市教育厅的有关负责人解释说，这意味着禁止炒作"高考状元"。然而，在条例实施的次年，也就是 2008 年的 6 月，重庆晚报便以《重庆 2008 年三名状元解读成功经验》为题，公然炒作状元；之后的 2009 年，重庆文科状元何川洋因改民族问题引起了全社会的关注，人们在热议中似乎悄然遗忘了条例的规定，既然已经禁止向社会公开公布高考成绩，那么这个孩子被冠以的"重庆文科状元"称号究竟缘何而来？

"高考状元"年年谈禁止，却依旧年年被热炒。应该承认，中国社会的文化传统和现实情况，共同催生了对于状元的痴迷，但正如状元产生之时一样，任何事物都是有其具体的背景作为支撑的。在我看来，根本问题还是在于高考制度。

"高考状元"的过度热炒就是应试教育最生动、最具体、最直接的真实反映。目前，高考成绩仍然是选拔人才相对公平的唯一手段，高考的名次、状元等，都是高考录取制度的直接产物。因而，在这一录取标准中的最高分，自然就会引起社会的高度关注。假如高考成绩只占录取标准中的一部分权重，即仅作为评价依据之一，就如美国高校的录取制度一样，SAT 只占总成绩的 25% 的权重，那么，人们对 SAT 第一名的重视程度显然要下降许多。

就目前而言，国家反复改革的仅仅局限于高考制度的内部，如考试方式、高考成绩各科分数比重等，而外部改革如评价制度等则推进力度不大。然而，只有二者同步进行，才能逐步弱化状元的影响，转变社会的普遍认知。

除高考制度本身外，高考在近40年演变与发展，背后已形成了一个巨大的利益链条。学生的考试分数并不仅仅与学生个人有关，也与其任课教师的业绩挂钩；不仅仅是其个人的荣誉，还是其所在班级的荣誉、所在学校的荣誉，甚至还是地方政府领导人的政绩。这一链条上的个人或者集体均能够从中获得一定的益处。

这条利益链上的"龙头"还在于某些著名高校，因为他们可以根据所了解的情况拥有更多生源选择的空间和吸纳更多社会与行政资源。与之相衔接的是各地众多的所谓重点和示范高中，他们也以此作为抬高自己身价吸纳更多方面资源的手段。

热炒"高考状元"也是教育政绩观偏颇的反映。由于学校办学质量评价体系的缺失，对于学校办学成绩的认定也很模糊与随意。于是，便出现了极度功利化与浮浅化的教育政绩观，即名校一定要有较高的升学率，要有一批能够考得高分的学生，而"高考状元"更是学校优质教育最好的证明。可见"高考状元"不仅是学生个体优秀的见证，更是学校优质教育的反映。正因为此，学校才不惜一切代价，对"高考状元"大肆宣扬。

对于"高考状元"的炒作，媒体也有不容推卸的责任。部分媒体为了报纸的发行量，刻意放大"高考状元"的关注度，大篇幅、全方位地对"高考状元"进行报道，其中不乏娱乐性的成分。"高考状元"亦被媒体娱乐化的错误引导炒得一发不可收拾。

透过现象看本质，对"高考状元"的过度宣扬和褒奖，其源头在于人们对于学生学习名次、取得荣誉等虚拟性质东西的过度追捧，在某种程度上可以说是为了满足社会和家长对学生考试和

> 办学还在于把学校置于一个广阔的空间中去观察。说它广阔，指校园内外，省国内外，这样，既可以从宏观世界找到自己的星座，又可以从本校的微小世界中源源获取新的活力。
> ——郑炽钦

> 反思历史，使人睿智。反思人生，使人深邃。反思管理，使人精明。反思育人，使人巧慧。反思师教，使人慎独。
> ——郑炽钦

学习能力的认可以及虚荣心的满足，而学生的情商和适应社会的能力以及学校的素质教育成果，却往往在"高考状元"的白热化竞争和目标努力中在某种程度上被忽略了。

从更深层面来说，社会上对所谓的"高考状元"进行炒作，其实质是强化社会等级意识，期望人人都去做"人上人"而不愿做"人中人"，这种做法在某种程度上扩大了学生、学校、地区之间的不平等差距。在这个过程中，得益的是上面提到的利益链上的少数人、少数学校，损失的是不在这条利益链上的多数人和多数学校，而且混乱了教育的基本价值准则。即便是利益链上的人也存在占小便宜吃大亏的现象，被炒的所谓状元可能在短期内获得一些好处，但由于在某种程度上可能失去自主性、强化了被动性、迷失了适合自己的成长和发展方向，他们中的某一部分人在人生与职业生涯的长远发展中也是这一过程的受害者。

要消除"高考状元"的炒作，是一个循序渐进的过程。不仅要逐步消除评价和高考招生录取仅看分数的体制基础，建立多元评价录取的体制；还要逐步解决思想理念上的问题，让每个人都能够找到最适合自己成长发展的方向，成长发展为最好的自己；从长远上看，要进而消除不平等的社会基础，使纵向权力结构的社会变得更加扁平，让大家能够在立足点、起跑线上是平等的。

如果从技术层面解决问题，首先要斩"龙头"。清华、北大等著名高校的招生录取不仅不能公开自己招了多少所谓的状元，而且要切实转变观念，变革录取理念和机制，以招到最适合本校的学生为准则。其次，建立专业教师参与录取学生的机制，而不仅仅是外行的行政事务人员操作录取过程，从而招到适合本校，且学校确实能对学生成长发展负责的学生。同时各地可采取考分仅通知学生本人的方式，杜绝排名次，世界上多数考试都采取这种方式，技术难度不大。

以素质教育观理性看待高考状元。

中国自古便有"三百六十行，行行出状元"的说法，既然其他行业可以推出"状元"这一概念，那么作为"状元"源头的考试制度中为何不能推出"高考状元"这一说法呢？一方面，对相应的学校、校长、教师和学生来说，是一种"肯定和激励"，也是整个社会重视知识、崇尚智慧的主流价值观的反映，更是一所学校教育综合实力进一步增强的反映；另一方面，对部分学生中存在的厌学、怕苦、怕累等思想，通过宣传状元们刻苦学习和吃苦耐劳的精神，从而启迪他们重视学习、热爱学习、喜欢学习、善于学习、勤于学习，激励他们攻坚克难、顽强拼搏、奋勇向前。

"状元"有其积极意义的一面，但必须清醒地认识到，高分数并不一定等同于高能力，高考中成绩的突出也只能说明学生的应试能力之高超，却反映不了学生全面的、综合的素质水平。对于社会、学校、家长来说，这一点并没有达成共识，"分数至上"的评价观仍然左右着人们的思想意识。

"高考状元"被过度关注，从一个侧面体现了社会对于教育的重视和对于准人才的褒赏，但更多体现的是把学习最终价值曲解后的盲目，是把成绩高低等同于全面素质好坏后的误从，是把学生人生成长方式单一化后的偏执。

因而，作为一个清醒的教育者，如果单纯地将热炒"高考状元"与"素质教育"等现或对立而谈，恐怕也有违唯物主义的辩证观。

我曾经看到过这样一则报道：中南大学教授蔡言厚和他的课题组经过调查研究发现，1977 年至 2008 年 32 年间的"高考状元"，几乎没有一个成为做学问、经商、从政等方面的顶尖人才，他们的职业成就远低于社会预期。

众所周知，"读死书、死读书"非但成就不了状元，反而在日渐灵活的高考考题中失去优势，成功不会垂青于死记硬背、鲜有独立思考能力的人，因而要强行给出现状元的学校生硬地扣上一顶应试教育的帽子显然有失公允。其实，素质教育与应试教育并非完全对立，素质教育也不排斥考试拿高分，其发展的出路不是废除考试，而是在考试制度、考试内容的设计，考试过程、考试方式的研究等方面，考试与素质教育完美地加以结合，从而使二者相得益彰。

可见，考试拿高分也是素质教育题中应有之义，是学生学业素质的重要体现，指责状元"高分低能"也是有失偏颇的，显然透露着一种"吃不着葡萄说葡萄酸"的味道，从某一方面显示出了指责者素质上的"小气"来。

其实，社会要做的就是尽量淡化"高考状元"。从状元本身来说，考试是一次性的，成为状元具有偶然性，其因素是多方面的；从状元后来的实践发展看，能成为各领域前 50 名顶尖人物的基本上是没有的，因此不值得过分炒作"高考状元"的价值。但并非是指高考状元们都不突出，其实他们还是在各自的岗位上做出了很多不平凡的业绩的，只不过当初成绩不如他们的同学们取得的成绩也可能会更胜一筹。

对待高考状元，我们可以这样看：一方面，在每年近千万、

冰层三尺，冻期两月。既然学困生的痛根，是在学习中反复失败后种下的，那么除根的法子，就该反其道而行……

——郑炽钦

未来不是我们要去的地方，而是我们要创造的地方。通向未来的路不是找到的，而是走出来的，走出这些道路的过程既改变着走出这条路的人，又改变着目的地。

——阿依

每个省数十万的高考考生中，分数处于同一个水平线上的人有很多，在高考这个曾经一度"一考定终身"的考试中，会因为心理素质、评卷教师喜好等因素，出现多一两分的情况；另一方面，由于现有高中学校的条件差异比较大，有的是重点校，有的是普通校，教师之间的差异也较大，有的师资配备齐整、高水平，有些乡村校则教师水平欠佳，这种种因素的差异累加起来，可能就是很多分的差距。条件较好、教师水平高的学校，往往高考分数较高的人也就占比较多，这批学生在考试成绩上占据优势，却未必在智力、自主性、兴趣方面比其他学生占优势。分数只能作为学生自身表现能力的一种方式，但这种表现并非全部和整体，智力、自主性、兴趣等因素才会对人的终身发展产生持续的作用。

关于"高考状元"众说纷纭，教育究竟应该走向何方？在人类历史不断推演、社会宏观环境不断变化、人类认识世界的能力不断提升的过程中，我们必须去选择和判断什么样的生活对学生的生命是最有价值的；怎样的教育才是最有利于学生终生幸福的；未来的发展究竟最需要具备哪种特质的人才。

当然，我们还要认识到，这种判断与选择是考验和衡量一个民族文化自我完善性的标志，也是评价掌握国家公权、承担民族责任的政府的战略视野和执政能力的标志，还是对社会精英群体对于重大国计民生问题的自觉责任意识和实际影响力的拷问。当然，也是对于每一位教育者和家长在教育过程中体现的综合素养和人生智慧的考量。

现在，很多家长及学校教师都已经逐渐认识到，分数仅仅是一个表现自我的侧面，智力、自主性、兴趣等因素才能影响一个人的终身发展。让学生真正地了解自己，明确自己的潜能、志向和发展方向，才是我们在教育中应该着重去做的。

从二十多年前的 1987 年起，我国教育部门已在"素质教育"方面，做了特别多的文章，口号年年翻新，禁令一道又一道，但素质教育却不能全面落实。简单地说，如果高考制度不能改革，不能打破分数单一评价标准，建立多元评价体系，教育部门与其无用地发文要求不要炒作成绩，不如老实承认现实就是应试教育。如果要改变现实，那么就进行真正的高考制度改革。真正的高考制度改革的内核是，教、招、考分离，把目前集中在政府部门手中的考试权、招生权、配置权全部交出来，考试权交给社会专业机构，招生自主权交给高校，选择权交给每个考生。只是，教育部门愿意把这些权力交出来吗？这才是当前应试教育越治理越严重的要害所在。现今教育部门的所有治理法，都是以不动摇甚至进一步强化自己手中的权力为前提。颁发禁令就是其中的典型手法之一。

"宁愿要 100 个高分，也不要一个状元。""凡是全校前五名的同学，都有可能当状元，只是谁会在关键的那次考试中获得一个更高分而已。"这是我在不同场合曾多次强调的对于状元的看法。

我始终认为，高考中所得的高分与很多因素有关，其中阅卷老师就会有所影响。只要阅卷老师把可扣可不扣的分都不扣，可给可不给的分都给了，那么这个人就能够拿高分，就有可能成为最终的状元。所以，既然很多人都有能力成为状元，那么就完全没有必要对其过分关注、大"炒"特"炒"，加以肯定便足矣。

在"不炒状元"的误解中，省实坚守教育本真。

每年在高考成绩放榜的时候，各路媒体记者都会守在省实，当我一踏出校门的时候，就会被他们团团围住。我明白，他们云集于此，无非就是想要在我这个"大当家"的口中"挖"出

2015 年给高三学生送考击掌

所谓的"状元"名单。此时，我往往会安排学校里专门的老师为这些勤苦守候的记者们发条关于学校今年考试情况的短讯作为交待，内容包括文理科重本率，全市、全省高分学子所占的比重等，但至于"高考状元"，此时我是绝口不会提及的。

在省实发展的过程中，因为我们对"高考状元"所秉持的一颗平常心，造成了社会上一部分人的误会，认为省实"不争先""没有干劲"，甚至还产生了"省实滑坡说"和"风水校长说"等有失偏颇的说法。对此，我们省实上下戮力同心，没有因为这些不了解情况的说法而忘记教育的本真。

我深知，一所学校如果考出来了状元，那么无论是对学生本人、对整个家庭，还是对所授课的教师、所培养的学校而言，都是一件值得高兴的事情，因为这毕竟是在比拼智力、体力和心理的激烈竞技中考出了好成绩。但没有状元也十分正常，如果真的要拿高考去证明学校的办学质量的话，我相信，一个庞大的高分群体显然会比一个高考状元更有可信度。对此，我们以充分的事实作为回应：2009 年，省实的文理科重本率为 69.80%，2010 年

为 68.30%，2011 年为 69.42%，2012 年为 65.09%，2013 年达到了 70.37%，2014 年更是达到了 78.90%，在 2015 年甚至达到了 88%，继续保持扩招以来的高升学率。每年均有班级 100% 通过重点大学录取分数线，2015 年有 10 余个班的学生 100% 过本科录取分数线。对于省实有没有"滑坡"的猜测，我想这样的数据比出了多少个状元更有说服力。

不少人以有无状元来衡量一所学校的办学好坏，其实有很大的迷惑性。我们不否认产出状元的值得庆贺，但同时，状元的产生，从某种角度而言也具有偶然性，他们只是一批优秀学生当中的幸运儿。可以说，每年高考前 100 名的孩子都有可能是状元。前几年报出来的状元往往都存在这样的情况，高中 3 年，他们当中也没有出现过一个能连续保持 3 次年级第一的，甚至有的连一次全年级第一名都没有取得过。

可见，状元有很多偶然因素，太戏剧，不值得过多关注和吹捧。所以，我们尽量不提状元，不将过多的目光聚焦到状元身上。

而所谓的"风水校长说"，则是因为外界某些人认为我比较讲究校园布局，而且每逢大赛、大考就会穿红衣服赢"彩头"。这事不假，包括今年高考期间，我和省实的校领导以及全体高三老师们也统一着红色 polo 衫，在高考学子们入考场前用击掌或拥抱的方式给他们加油鼓劲儿，送去祝福。但这种做法并非迷信，而是因为红色是我们国家的传统颜色，学生、教师、家长都会觉得红衫喜庆，那么穿件红色的衣服就会让学子们精神振奋，能给他们打打气。这种事情何乐而不为呢？

就拿 2015 年高考而言，高考第一天就有媒体附照片报道，某中学门前聚集了许多考生与家长。人群里格外亮眼的是一群身着各色旗袍的考生妈妈，她们笑言"为了孩子第一天就'旗开得胜'的好寓意，特意穿起了平日不常穿的旗袍"。还有家长更是害羞地捂嘴表示，"二十多年没穿过旗袍了，没买到心仪的，穿着孩子奶奶当年给我新婚酒宴穿的红旗袍，太羞人了"。我将省实的学子们都视为自己的孩子，我也像这千千万万的妈妈一样，只为给孩子们一种暗示，告诉他们，凭借十几年的寒窗苦读，你们一定会取得好的成绩。

但是，我也深知，作为校长和老师，除了考试、比赛的那一刻想办法给学生打气外，更关键的是平时能坦坦荡荡为学生成才打好基石，真心实意地为孩子好，我相信，这才是最好的"风水"。就这一点而言，我问心无愧。

此外还有坊间传言，省实"不作声"是因为初中"声名太盛"，把盘子搞大了，接着高中也办大了，生源不整齐，老师力不从心，还跑到天河、顺德、南海去办分校，所以优质教育资源被稀释，教学质量才下降。这是因为这两年省实比较"沉寂"的缘故。

面对种种质疑与不理解的声音，反而更加坚定了我们要"不作声"的决心。因为，假如教育界内部都无法端正对待状元的态度，那么社会上就更难有正确的导向。我们希望能先从自己做起，不去说，要说的、要展现的就是一个优秀学生群体的形象。

出状元出了很多年，突然不公布了，大家会有些想法是可以理解的。但这个时候，就需要我们有坐冷板凳的精神，等多说几年后，大家自然能看到省实的学生在大学里、社会上的表现，不是"高分低能"的，而是"高分高能"的学生。当大家都"不出"

省实的教师总有一股使不完用不竭的劲头；总有一种摩拳擦掌跃跃欲试的"尚武精神"；意气风发，总有一番敢挑重担、敢破"纪录"、敢为天下先的气概。
——郑炽钦

在我的心中，省实教师的风采是迷人的：有的端庄朴素，有的豪逸飘洒，有的温文俊雅，有的敦厚温存，有的豁达大度，有的精细周到……
——郑炽钦

状元时，社会上以高考成败论英雄的评判眼光就会慢慢转变，素质教育才有可能落到实处。

在省实这座历史并不算特别悠久的中学，竟然能够享有"全国10大名牌中学"的赞誉，在很大程度上是因为我们所提倡的多元化。比如说唱歌、跳舞、弦乐、管乐、羽毛球等，学生们似乎在"玩"中出了个世界冠军。国家教育部的一位领导曾经这样说："广东实验中学是全国获得世界冠军最多的中学之一。"再加上学校初一、高一的选修课舞蹈、武术、天文等，基本上都是非主流的，不同于一般的中学课程，因而就更加让人难以理解了。

省实一些成绩的取得，用世俗的眼光来看的确是"不务正业"的。但如果非得用世俗的眼光来证明这些孩子的实力，他们却又"个个拿得出手"。如学校合唱团的团长，连续几届都进了北大光华学院；每年合唱团的其他高三学生，个个都超过重点线几十分以上……

每届省实学子的毕业典礼上，都依次给每位学生颁发毕业证书

"高三学长，高考必涨！高三学姐，逢题必解！""省实学霸，困难不怕；清华北大，通通拿下！""决胜高考之巅，勇攀人生高峰！"……2015年5月28日，在高考大战即将上演之时，省实高三博学楼前高一、高二的学子们汇聚一堂，开启了省实一年一度的"喊楼模式"，向即将参加高考的高三学长学姐们表达、传递发自内心的

最真挚的祝福。

温馨、有爱的"喊楼"活动已是省实保持多年的优良传统。我们一直认为，这也是省实高考总分、单科高分学生数量全省领先，进入全省文理总分前 100 名学生数量位居广州地区第一，进入全省前 10 名的学生数量遥居广州地区第一的法宝之一。学弟学妹们把真挚的祝福与鼓励全都融化在"喊楼"中，让高三的学长们在高考前夕这个最疲惫、最紧张的时段中能够以最饱满热情的精神状态迎接高考，以最自信昂然的优美姿态走进高考，以最智慧聪颖的头脑思维决胜高考。

学长、学姐们又是怎样回应的呢？他们站立于楼上，或招手笑容示意，或高擎班旗挥舞，还有的会将内心的感动写在"纸飞机"上，传递满满的正能量："希望收到这份祝福的你，能够乘上飞翔的翅膀，达到幸福的彼岸！感谢此刻站在楼下的你，感谢你默默支持不相识的我。在前往梦想的道路上，有你们，我从未放弃。"他们以各种不同的方式回应着学弟学妹们传递而来的真挚祝福，以及责任与担当……

不少已经毕业的学子们还会从五湖四海通过网络等各种媒介展开"隔空喊楼"，为高三的学子们送祝福。他们有的发来各种祝福照片，有的发来鼓励的视频。这些照片及视频上青春靓丽的身影便是来自全国各大高校，乃至澳大利亚、英国、美国、新加坡等国际高校的省实学子。一声声来自远方的祝福，鼓励着即将参加高考的省市学子们；一张张写有"省实好嘢，高考加油"的照片，被定格成为了一幅幅让人感动的画面……

铿锵有力的喊楼声音响彻省实校园，与远方毕业学长学姐们隔空喊楼的声音凝在一起，汇聚成祝福的海洋。每年的此时，我身在同一栋教学楼上，听着传来的阵阵清脆悦耳的喊楼声音，想象着他们真诚给予的热情时，同时憧憬着高考中省实学子即将取得的优异成绩，心中早已蝶舞翩跹、花开漫野。

2015 年的高考成绩，也再一次给予了省实人以惊喜：肖静、梅邑凯同学进入广东省理科总分前 10 名，学校文理总分列全省前 100 名共 13 人。理科重本率 90%，文科重本率 78%，文理重本率 88%，文理本科率 99%。钟南山科学人才培养班、高三（1）班、高三（3）班、高三（8）班四个班级 100% 过重点大学录取分数线。拥有如此众多的高分学子，对于这其中是否存有高考状元，我相信早已无需赘述了。

德寓于教，教寓于活动，寓于学子的生活时空，特别也寓于体育之中。凡是明智的校长，莫不是把强身健体当成育人成才的特殊熔炉。
——郑炽钦

"让每一个学生都抬起头来走路"这句至理名言，真可谓是抓住了每位教师的心，每个学子的魂。
——郑炽钦

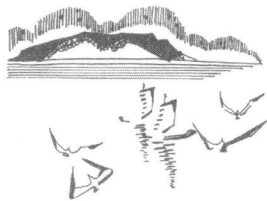

三、当好引路人

在教育界，有一句话颇为流行"有一个好校长，就有一所好学校"。作为一名普通的中学校长，初闻此言，心中曾掠过一丝自豪和振奋！是啊，校长对于一所学校的成败有着至关重要的作用。但仔细思忖，责任与压力随之而来！人们对"校长"这一角色，怀着怎样一种深沉的希冀啊？

什么样的校长才是好校长？

如何才能成为一位好校长？

从华师附中到省实，在任校长的岁月中，我从未停止过对这两个问题的追问与思考。

在我看来，如果说一所学校是一艘行驶于浩瀚教育之海的巨轮，那么，校长无疑就是把握方向的掌舵者。他要在一望无际的海面上观察一切，审视变幻风云和浅滩暗礁，以确保巨轮的安全行驶。若想当好一个掌舵者，必须要有长远的眼光、过人的胆识、担当的勇气和非凡的智慧；而若想成为一个好校长，除了上述品质之外，还应当具备奉献的精神，懂得平衡的艺术，最最不能缺乏的还有对教育的赤诚，对每一个独特生命的爱与尊重。

带着这份体悟，我一直坚守在省实这艘巨轮的甲板上……

025
校长头上的"三把刀"

12 年前，在我接任省实校长之后，许多人认为，悠久的历史已然为这所学校奠定了深厚的基础，使其具备了名校的底蕴，前任老校长的殚精竭虑也为我日后的工作铺平了道路，因而待我执掌之时一切便顺风顺水。其实，不然！

校长，是学校的领导者与管理者，同时也是践行党和国家教育方针的执行者，其责任之重大，可想而知。许多校长都感慨自己头上始终悬着几把"刀"，因而终日战战兢兢、如履薄冰。对此，我深有体会——

校长头顶的第一把"刀"，当属安全无疑。我曾经多次在新闻报道上看到过学校里所发生的安全事故，每每让作为教育者的我感到如鲠在喉。但一些关于校园安全的过度防范，却令我更加心痛。

材料一：

"某中学一名学生在上体育课时磕掉两颗牙，家长索赔，学校承担了所有责任，任课的体育老师被停职两个月……"

（摘自某博客）

材料二：

　　"北京市朝阳区李女士的儿子上小学没多久就告诉她，课间十分钟，除了喝水和上厕所，不可以出教室。李女士心疼孩子，让他多喝水，增加活动量。但是孩子很听老师的话，课间不敢随便离开教室。学校还规定，午休时学生也不能到操场玩，只能在教室待着；放学后马上离校，不能留在学校玩。"

（摘自人民网）

　　看到这两则新闻的时候，我的心情是极为复杂的。

　　可以理解，如今的孩子大多是独生子女，他们的成长、安全牵动着家长的每一根神经。一旦孩子在学校发生人身安全问题，家长们动辄将学校告上法庭的事并不鲜见。而另一方面，作为学校，虽有责任和义务确保学生的安全，但难免会发生疏漏。因此，为了保障学生的安全，也为了免责，一些学校对学生采取了"圈养"的方式：减少课间活动，取消稍微有点难度的体育项目如跨栏、爬杆，像野外探险、集体出游这样的活动更是从一些学校的育人规划中销声匿迹。

　　作为一名校长，我自然深知"安全"二字对学生们的重要性，但就此便因噎废食了吗？课外活动减少了，"小胖墩""近视眼"增多了；学生们变"乖"了，本应具有的青春活力也丧失了；学校免责了，但是孩子们却一次次地失去了增强体

2004年，在广东省普教系统"百千万人才工程"教育管理研讨会暨郑炽钦教育实践研讨会上发言

2005 年，被授予
"世界杰出人士"
称号

质、提高心智的机会……而这，是教育的本来面貌吗？

校长头顶的第二把"刀"，便是社会对分数的过度关注。在现行的教育体系中，高考作为人才选拔和社会分层的重要机制，离不开分数这一评价指标。因而，在社会大众的眼中，"升学率""重本率"及有没有"高考状元"成为评价一所学校办学质量的主要标准。

省实作为广东省重点中学，向来被社会寄予厚望，但大众对分数的过度关注，也令我们倍感压力。每年高考成绩出来之后，不少地方罔顾教育部禁令，依然大肆炒作"高考状元"。而省实则不然，但没想到这却引起了社会公众的猜疑和误解。"省实的办学质量一年不如一年了""初中部不行，高中部也不行，看来是气数尽了""办完了天河分校，还想办顺德分校，精力都分散了，难怪培养不出高考状元"……身处舆论旋涡的省实，自然有种"高处不胜寒"之感。作为一校之长，我已经看到到了"分数之刀"所闪烁的道道寒光。

校长头顶的第三把"刀"，便是对学生们的素质教育。自1993 年"素质教育"被写入《中国教育改革与发展纲要》至今，国内对于素质教育的探索已经走过了 20 多个年头。这一"看上去很美"的教育实践，怎么会成为校长头顶的一把"刀"呢？

因为，在推行素质教育的过程中阻碍重重——

什么是素质教育？

怎样开展素质教育？

如何才能让家长买账？

怎样惠及更多的学生？

如何走好"应试"与"素质"的平衡木？

……

一个又一个问题，困扰着包括我在内的每一位校长。

"省实越百年，斯文一脉承。"有着深厚文化底蕴的省实，在素质教育的浪潮中自不甘落后，但在推行之中也遇到了不小的阻力。"参加文体社团、社会实践势必会减少孩子们的学习时间，学习成绩如何保障？"这是家长们的质疑。"学生的成绩上不去，拿什么去竞争？"这是老师们的忧虑。

素质教育这朵美丽的花儿，难道注定结不出丰硕的果实吗？

而面对这"三把刀"，校长应该如何作为？是"持刀执教"，为了保障学生安全而将其"圈养"？还是分数独大，将学生变为考试的机器？抑或在应试教育的辗压下，将素质教育变为美丽但虚幻的"乌托邦"？

不！都不是！

教育应是潜能的催发、灵魂的唤醒，是塑造有血有肉、有灵有性、有气有节的人的事业。怎能在"刀"的威逼和屠戮之下，变成另一幅冰冷的面孔？作为校长，不但要敢从"刀"下突围，还应当探寻教育的本真，为学生的成长开辟新的天地。

对于省实而言，我们拒绝"圈养"学生，

2005 年，喜获首届全国中学十大明星校长

163

与其捆住孩子们的手脚，不如在加强安全教育的前提下，鼓励孩子们参加各种校内外活动，将探索的触角伸向各个角落。在"应试教育"大行其道的今天，我们顶住"唯分数论"的舆论风潮，以体育、艺术、科技作为素质教育的三驾马车，将学生们带到自我发展的更深处、更远处……诚然，此时作为校长的我难免会承受巨大压力，可这不正是一个"好舵手"的光荣使命吗？

026
以人为本，与人为善

荀子认为：明主急于得人，而暗主急于得势。《贞观政要》中也倡导："政要之本，惟得人。"任何管理艺术和决策方略，都离不开"人"这个核心，否则管理就成了无本之木、无源之水。

"以人为本""与人为善"是我为人处世的一项基本原则，也是我在学校管理中所积极倡导的。只有"以人为本"，充分尊重人的灵魂尊严、精神自由及个性发展，才能使人的潜能得以最大限度的发挥；唯有"与人为善"，营造出一种和谐融洽、轻松愉快的生活氛围，沐浴其中的人才是幸福的。

在几十年的教育生涯中，我逐渐明晰了"学生的人格完善"才是教育的终极目标。因此，在省实追求创新与卓越的征途中，我们从未偏离这一方向，始终致力于为学生的终身发展奠定基础。

在开设国家规定的必修课程、选修课程的同时，学校根据学生们各异的兴趣与需求，陆续开发出上百门校本选修课程，涵盖了艺术、体育及科技的精彩课程，为学生们多样化的选择提供了广阔的空间。

于我而言，每天最幸福的时光莫过于行走于校园中，莫过于和孩子们在一起。运动场上，赛跑、打球、跳绳、练武……他们矫健的身姿，传递着青春的激情与活力；戏剧社里，小演员们紧张而有序地排练着要演出的剧目，一句句台词、一个个动作，他们都仔细斟酌，那股全心投入的专注劲儿，引得我驻足良久。舞蹈团、集邮社、越野队、环境议事会等诸多社团，已经成为省实的常态化活动。每到艺术节，整个省实都在唱歌、跳舞、吹管、拉琴，台上台下，室内室外，到处都是孩子们的艺术舞台！

如一株株幼苗，在学校丰厚的土壤中，汲取着成长的养分，孕育出美丽的花苞。然而，作为培植者的我们，除了提供适宜的阳光、充足的水分、清新的空气、肥沃的土壤之外，还有一样东西必不可少，那便是修剪枝蔓的"剪刀"。

省实的校规、校纪十分严格，其要旨就在于帮助学生养成良好的行为习惯，引导学生见贤思齐、见善思行、见恶思除。这些显性的规约便是用于修剪学生"不良枝蔓"的"隐形剪刀"。但，如何才能在剪掉其"旁逸斜枝"的情况下，不伤及学生的自尊和个性呢？这就要求手持剪刀的人懂得"修剪的艺术"！

在我任校长的过程中，曾经遇到过这样一件棘手的事情。有位学生是班里的电教管理员，有着极为出色的电脑才能。他不仅能轻松地破译教室电脑的密码，就连老师的邮箱密码也不在话下。密码被破解后，他并没有做出什么出格的事情。然而，后来他竟然攻破了学校官网的系统，还将进入的途径发布在了他

> 在纷纭的世情面前，人就像落单的孤雁般渺小。而书籍，又提供给了我们多少可以效仿的人生啊！
>
> ——郑炽钦

> 生活里没有书籍，就好像没有阳光；智慧里没有书籍，就好像鸟儿没有翅膀。
>
> ——莎士比亚

的个人微博上。

因为涉及网络安全问题，作为学校校长的我当然不能掉以轻心。但是，究竟应该如何处理呢？从性质上讲，这个事件无疑是恶劣的，难道真的有必要全校通报批评吗？批评过后他就不会再做类似的事情了吗？他会不会产生逆反心理从而厌学？……一时间，一连串的问题浮现在我的脑海。

这个孩子无疑是聪明的，小小年纪就已经懂得了如此高深的电脑知识。但他的才能需要正确的引导，引导的主体不应当只有家庭，更需要学校。一些有才华的人因为走错了路而导致犯罪的悲剧，并不鲜见。曾经有过一款叫做"熊猫烧香"的电脑病毒在网上肆虐，其始作俑者最终被予以刑事判决。获刑者不过是个二十出头的小伙子，正值大好青春年华，却因为对法律的陌生、对自身行为的放纵，在追求炫技的自我膨胀下，身陷囹圄。如果，当初有人能给予他正确的引导，那么他就有可能避免灰暗的铁窗岁月了。

想到这儿，我瞬间决定了应该怎样处理眼前的"难题"。倘若能够很好地加以引导，使这个学生的才能发挥得当，说不定他将来会成为一位为社会做出很大贡献的电脑高手呢！

于是，我请这名学生的班主任专门给其家长打电话说明了情况。学生的妈妈得知此事后，意识到了问题的严重性，表示一定会配合学校对孩子进行教育。

我想，面对这个萌发"不良枝蔓"的孩子，我和家长的心情是一样的，甚至他们比我要更加紧张和急切。随后，我便给这位妈妈发了一条短信：

孩子是个了不起的电脑高手，他的所为只是想证明自己的实力，并非破坏性攻击。因此，学校和家长都不要太敏感，更不要如临大敌，大动干戈。但是必须加强对孩子的教育引导，让其树立正确的价值观和行为准则，只有这样才能让他今后受人敬佩而不是受人指责。

我们没有召开大会对学生予以指责和批评，而是通过积极的引导，让他了解相关法律常识，并希望他能合理地发挥自己的电脑才能。同时，这个孩子工工整整地写了三份检讨，一份交给了我，一份交给了书记，还有一份交给了班主任。在检讨中，他承认了自己的错误，并表态一定会改正，事情就这样平息了。后来，据这位学生的班主任反映，他表现很好，还在广东省物理竞赛中获得了一等奖。

事情过去了许久，有一天，我收到了这位学生的妈妈——广州市先烈中路小学的伍茜校长出版的一本书《成长中的微幸福》，书里面记录了她的儿子蒲小年也就是那位"电脑高手"的成长历程。其中有一页被特意对折，原来，那一页记录了上次的"网站风波"。

我从这位母亲的文字中，了解了当时她收到我的短信后的心情：

"我颤抖着双手，捧着手机，把这条短信反复地读了一遍又一遍，都可以背下来了。我那紧绷的神经随之缓和下来，悬着的心也放了下来，如同大赦……教育的境界、教育的风格，在这短短的一百字里，表露无遗。我为自己当初选择了这所学校而庆幸，更为儿子能有这样一位智慧的长者的引领而庆幸。"

泰戈尔曾说："教育不是铁器的敲打，而是水的载歌载舞。"面对成长中的学生，我们不妨以清洌、甘甜的水，来滋润他们的心田；用智慧、灵动的剪，来修理丛生的枝蔓，让教育真正实现"以人为本"，让每株幼苗按照其内在的需求，焕发出无比耀眼的神采！

027
学校文化建设的神奇魔力

教师的事业看上去是寂寞得令人感到枯燥，其实，在诲海泛舟者眼里却雅趣得心旷神怡！
——郑炽钦

条条道路通罗马。但哪一条路没洒落有志者的汗水？朵朵红梅报春来。又有哪一朵花儿不曾傲迎冰雪呢？
——郑炽钦

学校管理的发展可分为三个阶段：第一阶段是制度管理阶段，学校管理主要依靠一套完善的管理制度和机制；第二阶段是情感管理阶段，学校管理主要依靠校长的观念、人格与能力；第三阶段是文化管理阶段，这一阶段的管理是超越规范的管理，依靠的是道德与理想的追求。
——华东师范大学教授、博士生导师陈玉琨

自我接任省实校长的那一天起，我便一直在思考如何才能在学校管理方面推陈出新，取得更好的效果。省实在悠久的发展历程中，已经形成了一套相对完善的管理制度和机制。历任校长无不殚精竭虑，以自己出色的才能、非凡的人格魅力带领着省实实现了一次又一次的跨越式发展。

面对前辈们开拓的疆土，面对校园里一双双期待的眼睛，如今，手握省实沉甸甸帅印的我，禁不住思索，下一步，路在何方？

在教育领域中摸爬滚打几十年，我于无形中养成了一个思考的习惯——每当在工作难题中百思不得其解的时候，便回归到教育的本源，即我们要培养什么样的人。这一次，也不例外。

省实的育人目标早已深深地镌刻在我的心间，我们要培养的是品德优良、学业优秀、能力优异、举止优雅的现代公民。若要实现这一目标，离不开全体教师的谆谆教导，离不开校园环境的无形熏陶，更离不开优质校园文化的无声浸润。在我看来，学校管理的至高境界应当是"无为而为"，校园中的每一个个体，其优雅的言谈举止、奋发向上的精神面貌都应当是由内而外地生发出来，而非仅靠外力去强加。那么，问题就在于，如何激发出全体成员内在的积极因素呢？无疑，文化是也！

学校文化，是学校在传承与创造文化的过程中，逐渐被社会公众感知的符号象征与活动方式，它由学校的自然环境、人文环境、校园活动、师生形象、精神气质等一系列因素体现，当所有这些因素具有一致性，显示出共同的价值取向时，就凝聚成了学校文化。

一种良性的学校文化，可以形成一个隐形但又无处不在的场域，将囊括其中的人紧紧地凝聚在一起，从而产生强大的向心力。但"文化"二字，绝非虚无缥缈之物，它渗透在校园的每一层肌理之中。那么，省实的文化定位是什么呢？

带着这一追问，我和省实的同仁们进行了反复的思考和不懈的探索。其实，作为一所百年老校，省实的学校文化早已深深地蕴涵在校训"爱国、团结、求实、创新"以及"以人为本、以德树人、以质立校"的理念之中。学校文化的建设，不仅要对师生显性和隐性的观念进行引导，而且还要将学校彰显在"实验性、创新性、示范性"的省实办学特色之中。

通过反复的论证与思考，我们将省实的文化定位为——包括"爱生乐教·合作钻研"的教师文化，"勤学向善·团结奋进"的学生文化，"科学民主·务实高效"的管理文化以及"绿色环保·以美育人"的环境文化。在具体的实践中，省实从五个方面——重仪式、重活动、重榜样、重环境、重制度，迈开了校园文化建设的步伐。

重仪式——树立省实品牌形象，加强师生爱校教育。不断提高师生对学校的认同感，把"校荣我荣，校耻我耻"的荣辱观切实落实在每一个具体的细节之中。学校开展了爱校服、佩校徽、唱校歌、爱校园教育，以做省实人为荣，以为省实争光为责。精心设计、认真组织学校每一次重大庆典活动。充分挖掘和发挥升旗礼、开学礼、散学礼、十八岁成人礼、五四青年礼等仪式的教育作用。让每个隆重庄严的庆典活动，烙上鲜明的省实印记，铭刻在每个学生心里，成为难忘的回忆。

重活动——体育节、读书节、社团节、艺术节、科技节这五大文化节已成为深受省实师生喜爱的传统活动，每一个都展现出"自主参与、团结合作、活泼创新、健康向上"的省实学子精神。

除了这五大文化节，学校还不定期举办各种大型学术讲座，主办或承办各类大型赛事或交流研讨会，为全体学生提供了丰富多样的学习和锻炼机会。如学校每年均承办全省的天文竞赛，从而在校内营造出了浓厚的热爱天文、学习天文的文化氛围。

自 2013 年起的十年间，省实将承办每一届德国纽伦堡国际发明展中国区选拔赛。德国纽伦堡国际发明展是全世界历史最悠久之创意商展，因其评审公正、规模宏大、参展者踊跃、参展作品水平高，在国际上享有盛誉。通过十年的合作，必将极大地激发省实师生以高度的重视和极大的热情投身于科技创意、创新活动之中去，从而培养出更多的拔尖科技预备人才，进一步彰显出省实的科技教育特色。

重环境——不断加强学校自然景观和人文景观建设，营造书香校园、绿色环保校园和文明校园，发挥校园环境的隐性教育功能。重视环境绿化，把建筑、道路、景点、草坪、花木连廊、喷泉、假山、健身娱乐等环境设施统筹设计，精心维护，使之达到绿化、美化、净化、诗化的标准。不断完善体育、科技、文艺、图书馆等活动场所，为开展校园文化活动提供必需的场所。积极创设有特色的班级文化和宿舍文化，积极创建温馨教室、和谐宿舍。建设天台花园和植物园，挖掘它们的多学科教育功能和环境美化功能。

重榜样——加强校内刊物、广播电视、校园网站、宣传橱窗等舆论阵地的建设，大力宣传模范教师、优秀学生、和谐宿舍、优秀团队，大力提倡爱国爱校精神、乐教乐学精神、求实创新精神和团结互助精神，让崇高的精神和高尚的情感成为校园的主旋律，熏陶人、润泽人。完成校史室的扩建，实现校史资料电子化管理（存储、检索与显示），利用校史室弘扬省实悠久文化传统，展示历年来的办学实绩和优秀校友事迹，树立个人学习的榜样，激发师生的爱校情感。

重制度——文化管理是最高层次的学校管理，是一种方向性的引领，是一种精气神的凝聚，还是一种代代传承的力量。但是，作为最高层次的管理，文化管理仍然需要以制度管理为基本规范，以情感管理为补充。因此，我们依然在原有的基础上逐步完善了校领导、教师、学生及其他学校成员应遵守的制度，以保证有据可依。

西方有一句谚语：罗马不是一天建成的。同样，校园文化的建设与生成也不是一蹴而就的。但对于已经出发的省实而言，我们的付出也取得了良好的效果。每当有教育同仁来省实参观，他们无不感慨，"省实有一种独特的气质和魅力，无法用言语形容，但却让人行走其间的人感到心旷神怡。"我想，这便是校园文化的魅力所在吧！

028
师资，学校发展的富矿

我国著名教育家顾明远先生说过，办好一所学校必须具备三个基本条件：一是必要的设备，二是较好的教材，三是一支优秀的教师队伍。对于校长而言，必要的设备可以向政府合理地争取；教材的编写可以委托教育专家来撰写；而打造一支优秀的教师队伍则是每一个校长不可推卸的责任。

"如果得不到足够数量合格的教师，任何最使人钦佩的改革都势必在实践中失败。"瑞士教育学家让·皮亚杰的这句话一语道破了师资的重要性。对于省实这所一向注重改革创新的百年老校而言，唯有挖掘好师资这座富矿，才能为学校的发展提供不竭动力。

回顾自己几十年的教育生涯，我的起点便始于三尺讲台。我深知每一位具有理想情怀的教师，对专业成长有着无限的渴望、对幸福生活满怀着美好的向往。因而，作为校长，要从尊重人、关心人等善良的愿望出发，为教师的工作、生活排忧解难，为他们的成名成家创造条件。

在长期的探索中，省实以新课程改革为契机，总结出了一套可以简单概括为"一二三四五"的教师专业发展策略，为教师的成长铺就了道路——

一个信念：切实推进新课程，促进学生全面发展。

新课程有利于学生的全面发展，同时，也有助于教师更新教学理念、方式，提升执教水平。然而，在推行之初教师们却忧心忡忡，他们担心校本课程、研究性学习、学生社团活动，会占用学生们的许多时间和精力，必将影响学生的高考成绩，继而影响学校的社会声誉。与此同时，广东省也有少数一些学校并没有真正落实新课程，而是一心一意奔高考。在这样的竞争中，我们会不会败下阵来，遭到家长和社会的谴责？

面对方方面面的压力，学校领导班子通过全校大会、通过撰写论文和专题研究报告，多次向全体教师阐述新课程对促进学生

人胸中久不用古今浇灌之，则尘俗生其间。照镜觉面目可憎，对人亦语言无味。
——宋代·黄庭坚

对于学生来说，命运就在学习中。从小学到中学直至大学，谁能够在每一次考试中过关斩将，一路得胜，谁就会前程似锦。
——郑炽钦

充分发展的重要性，解释探究和活动对培养学生创造精神的促进作用，说明艺术教育、体育与人的全面发展之间的关系。在我们的激发之下，教师们的热情也随之被唤醒，大家开始了有益的尝试与探索，不仅注重提高课堂教学实效性，在教学中注重激发学生的学习动机，而且不放弃每一个学生……

几个学年下来，我校学生不但没有因为丰富繁多的校本课程、研究性学习、社团活动、体育和艺术爱好而影响高考成绩，反而在知识、技能、情感、价值观和社会责任感等各个方面表现出了很高的综合发展素质。这一喜人的结果，既证明了国家推行新课程的正确性，又使全体教师的教育理念接受了一次洗礼。

两项工程：青蓝工程和名师工程。

在青蓝工程的实施中，我们发挥备课组和科组力量，给予新手教师更多的关心和指导；通过制度，督促新手教师多听课、多请教；多为青年教师提供展示和锻炼的机会；对青年教师的进步给予及时的肯定和鼓励。

此外，我们还通过青年教师技能大赛为教师们提高技能搭建舞台。解题技能大赛、优秀教学设计评选、优秀课件制作评选、优秀板书评选……一个个接地气的赛项，与教师们的日常教学生活紧密相连。每次的决赛备战，学校都要求备课组高度重视，为参赛选手组织集体备课；比赛时，要求科组所有没有课的青年教师必须旁听。为了借助比赛提高参赛选手以及全体教师对新课程的理解和教学认知，每届比赛学校都邀请了省教研员或市教研员担任评委，并要求各科组认真组织课后的专家点评会。这种练、评、讲相结合的教研方式，快速地促进了全体教师的专业发展。所以，

一个人的精神层次达到了一定境界，他说话就会散发出与众不同的个性和气质，办事就会思虑周密，待人就会襟怀坦荡……这个精神层次的提升，读书是最好的途径。
——郑炽钦

蜜蜂从花中啜蜜，离开时嘤嘤地道谢。浮夸的蝴蝶却相信花是应该向它道谢的。
——泰戈尔

大赛不仅锻炼了比赛选手，也促进了科组内的交流。可以说，每一次的"青年教师技能大赛"，教师们都接受了一次新课程的洗礼。

在名师工程的实施中，我们注重通过政策引领、校本教研和继续教育计划，扶持更多的骨干教师成为名师；要为名师提供丰富的外出交流、开阔眼界的机会；要引导名师不仅成为教学能手，而且还要成为理论专家；要使名师成为学校灵魂和凝聚力所在。名师工程除了借助广东省普教系统"百千万人才工程"培训以及国家级、省级骨干教师培训外，主要通过校内的选拔和培养，创设培育、宣传名师的平台，确立和发挥他们的骨干地位和作用。

三个步骤：从理论到观念，从观念到技能，从技能到习惯。

我们认为，教师新课程实施能力的发展要经过"从理论到观念，从观念到技能，从技能到习惯"的三个步骤。

第一步，从理论到观念。与新中国成立以来历次的教学改革相比，这一次的新课程改革不论是在教育理念，还是在课程体系、教学方式和学业评价等方面都发生了很大的变化。因此，我们鼓励教师们自觉体认新课程的理念，使其内化为能够指导自身教学行为的观念。作为学校，为了帮助全体教师顺利地实现这一转变，我们采取了讲座、培训、观课、研讨、读书沙龙、外出参观等多种形式，刺激教师的认知，使其发生变化。相反，如果采用形式单一的说教，只会引起教师的反感和抗拒。而且，我们的宣传和培训不是仅安排一个阶段的一次性完成，而是年年举行、渐次拓展，根据新课程在我校的实施进度恰当地安排每年的培训主题。

第二步，从观念到技能。心理学告诉人们，程序性知识的学习要比陈述性知识花费更多的时间。新课程理念内化为观念，需要教师积极的心态合作与自我认知建构，相比于这种陈述性知识的学习，新课程实施技能的掌握则往往需要一段更长的时间。在这一过程中，我们提倡"个人研究与集体会诊相结合"的原则，以及"练、评、讲"相结合的校本培训机制，通过教师的自由探索、自我反思、同伴观察、专家解析，来完成这一复杂的技能掌握过程。对于教师个体，我们要求每位教师要坚持教学过程中的认知监控和课后的教学反思，并通过制订合适的评价方案，发现课程目标在每一个教学单元、每一个教学班的实现程度，并及时地发现问题、总结经验。

第三步，从技能到习惯。习惯是技能的高级阶段。在新课程实施技能发展的初级阶段，教师需要集中注意力在技能的操作上，技能的发挥还是一个"有意"的过程，它要耗费教师的精力和意志力。到了高级阶段——"习惯"，技能的发挥已经成为了一个"习以为常"的"无意"的过程，它不再需要占用教师太多的注意力和认知监控，这时教师可以把注意力投放到更高级、更复杂和更具创造性的任务中去。基于此，学校为已经基本具备实施新课程能力的教师提出更高的发展目标，带领他们进入新课程实施的第二阶段——创新方法、创生理论。为国家新课程方案的改进和教育的新发展提出新的研究问题、解决方案、行动策略和理论观点。总之，一方面，新课程的实施能够促进教师专业发展；另一方面，新课程的革新与完善，需要教师的参与和支持。

四类主体：教师个体、教师群体、校外同行、校外专家。

在教师专业发展的过程中，我们充分发挥了"教师个体、教师群体、校外同行、校外专家"四类主体的作用。对于教师个体，主要是注重激发其动机，容纳其探索和失误；对于教师群体，则注重合理引进"竞争"与"合作"双重机制，通过良性竞争激发教师自我提高的内驱力，通过合作，相互促进、相互补充；借助校外同行和校外专家的帮助，我们主要通过"请进来"和"走出去"两种方式，既有专家讲座、听评课，也有合作开展课题研究。

五项支持：实践平台、制度框架、精神支柱、自由空间和生活关怀。

第一，倾力为教师提供"化蛹成蝶"的实践平台。如为新教师搭配师傅，组织各种公开课、竞赛课，组织和支持教师们申报各类科研课题，组织教育教学优秀成果评选活动等。

第二，为教师发展提供了科学、合理的制度框架。比如岗位责任制、绩效考核制度、继续教育制度、奖励制度等。合理的制度体系，可以形成适当的压力，激发教师克服惰性，同时，为教师提供公平竞争的制度环境。

第三，为教师提供持久的精神支柱。我们注重发挥高尚道德的引领作用和优良集体的影响作用，通过师德教育、通过优秀教师的榜样示范、通过优秀校园文化的熏陶、通过为教师打造谋事业的平台，为教师们提供高尚的师德修养目标、共同的学校发展目标、集体荣誉感和凝聚力，使学校成为教师们的精神家园，使教育成为教师们可以为之奋斗终身、奉献终身的事业。

第四，为教师提供了创造的自由空间和允许失误的宽容氛围。个性、风格、创造、实验，这些都只有在一个宽容的环境中才会产生。因为教育教学是充满个性的事业，教学过程具有不可重复性和不可替代性，只有当教师享有一定的权利和自主的空间，才能去积极主动地探索教育教学中存在的问题，不断地改进教育教学实践。我们认为，制度不能没有，但是制度不能详尽到使教师只能执行固定的教育教学程序的程度。所以，"制度要留白"。此外，探索、实验本身就意味着有失败的可能，不允许失误，就不可能有探索和实验。

第五，注重为教师提供生活关怀，解除教师后顾之忧。比如，学校想方设法提高教师的待遇和福利，帮助教师解决孩子入学、入托等生活问题，帮教师解除后顾之忧。关心教师身心健康，学校工会举办了瑜伽、健身操、羽毛球、乒乓球、太极拳等多种项目的教师培训班；每周有一个小时的工会活动时间供教师们集体开展文娱、体育活动；每年举办教工运动会，以增强教职员工的锻炼意识。当教师个人生活遭遇不幸时，我们会及时地给予慰问和关怀、嘘寒问暖，为教师提供感情援助。

通过这种"一二三四五"的系统工程，学校引导着教师走上了充满意义的教育改革之旅，真正构建起以教师为主体的教育力量和改革力量，形成开放性的、支持教师投入改革的、促进教师不断发展的学习型学校，为新课程的高水平落实提供优秀的人力资源。

"'云山苍苍，江水泱泱。先生之风，山高水长。'省实之大，大在何处？或在于大师之大，于大师们的传承与担当，对学生教之、帮之、惜之、爱之。"在省实的微信公众号中有这样一段文字，我十分欣赏。省实现有在职特级教师6人、正高级教师2人、高级教师156人。所有的教师都兢兢业业、无私付出、传道授业，为省实培养了不计其数的优秀人才。我非常愿意将这些老师们，都尊称为"大师"。

029
省实"集团军"

省实薪火已传百载，与国家的发展及时代的脉搏同起同伏，她始终是一片教育的热土：这里曾是"广东贡院"所在地，清政府在此设立了"留美幼童先修班"，为中国输送出了首批公派留学生；又是革命的重要阵地，国家存亡危急之时走出了大批仁人志士；还是不断打造梦想的"梦工场"，为师生们搭建了宽阔而自由的圆梦平台；更是素质教育的"实验田"，结出了广东省近现代教育史的丰硕果实。

回首这所南国重点中学的风雨传薪之路，细细寻觅她躯干之中日渐贲张的文化血脉，探寻她历久弥新的"不老"秘笈，是我在闲暇之余最喜欢做的事情。看着一批又一批学子在此学有所成，从这里走向更加广阔的天地，我在欣慰之余，总在思考一个问题：如何才能让更多的孩子享受到优质的教育资源？

李克强同志曾说："教育公平具有起点公平的意义，是社会公平的重要基础，可以使人们通过自身努力，提升参与平等竞争的能力，这有助于促进社会纵向流动。"因教育资源分布不均而导致

2005年，与两院院士合影

的教育公平问题，一直是教育界所无法回避的。那些地处偏远、出身寒门的孩子，往往因为享受不到优质的教育资源，最终在社会竞争及个人发展方面败下阵来。

省实在百年的发展历程中，形成了先进的办学理念和完善的管理机制，拥有强大的师资队伍和丰富的办学经验，而这些，不正是促进教育公平的优质资源吗？

代表学校接受
校友钟南山院
士为母校题词

为充分体现名校的区域带动作用、示范效应和广泛辐射功能，省实从仅有的一个老校区，逐步在国内发展壮大，目前已形成了"一校六区"的格局。除了扎根中山四路的省实初中部，省实高中部也于 2004 年在芳村落成，为省实的长足发展，又打下了一根重要的基柱。同年，以省实校名命名的"省实路"正式挂牌，这是全国第一条以学校名称命名的城市道路，充分显示了省实的影响力和重要地位。

在进一步发挥省实资源优势的基础上，学校与优质企业集团进行强强联合，于 2005 年建成了广东实验中学附属天河学校（以下简称"天河学校"），现已成为全省办学质量最好的民办学校之一；2008 年创办的广东实验中学顺德学校（以下简称"顺德学校"），也即将跨进全省办学质量最好的民办学校的行列；2010 年创办的广东实验中学南海学校（以下简称"南海学校"），正在向全省办学质量最好的民办学校挺进；2016 年 3 月 30 日，珠海市人民政府又与省实签订了合作办学协议，广东实验中学珠海金湾学校也即将向社会敞开大门。

"问渠那得清如许,为有源头活水来。"在创办分校的过程中,省实"以人为本 以德树人 以志立校"的办学理念及素质教育的生动实践,如涓涓细流滋润着新学校,令其迸发出蓬勃的生机。

以天河学校为例,学校坚持实施素质教育,大力发展学校特色,逐渐形成了"育人全员化、教育系列化、活动主题化、班会课程化"的德育特色;努力开发包括艺术教育、科技教育、生活教育、心理教育、环境教育、体育等"六育"特色的生命化教育;不断实践高效教学,逐步形成"互动探究""精讲精练"的课堂特色。在这里,学生们不但能够接受文化知识的教育,还可以享受艺术教育的熏陶、科技教育的启蒙、生命教育的点拨……

从签下合作办学协议书的那一刻起,我便明白,自此省实与各个分校已结下了不解之缘。因此,在新校的创办过程中,省实必须源源不断地为其提供成长、壮大的营养——助其打造名优师资、提供管理经验、推广互动课堂、丰富德育实践……

一分耕耘,一分收获。在众人的齐心协力之下,新学校在短时期内迅速发展壮大。以顺德学校为例,在短短 8 年的时间内,学校教学质量不断攀升,高考成绩连创佳绩,其中 2014 年高考重本率 23.5%、本科率 84%、专科 A 率 100%,均名列顺德区前茅。学校还获得"中国十大知名品牌学校""全国民办先进学校""中国百强民办学校""广东省

出席广东实验中学附属天河学校科技馆开馆典礼

代表广东实验中学与香港金文泰中学结成姊妹学校

体育传统项目学校"广东省现代教育技术实验学校""佛山市义务教育优质化学校""顺德区十佳民办学校"等光荣称号。

顺德学校鲜明的办学特色、显著的办学成果赢得了社会各界广泛赞誉，成为莘莘学子追求向往的知识殿堂、放飞理想的圣地。广东省人大常委会主任欧广源、广东省教育厅厅长罗伟其等领导到学校视察，对学校办学成果给予了充分肯定，欧广源主任赞誉学校"很不简单、实属不易、弥足珍贵"；罗伟其厅长赞誉学校是一所"高起点、高标准、高要求，好校园、好校风、好成绩"的"三高三好"的学校。

省实及其分校、姊妹学校，形成了一支战无不胜的省实"集团军"，为广东省教育的发展、为国民经济和社会的发展，做出了积极的贡献，也将省实的办学资源辐射得更加广泛。由此，便可以让更多的孩子享受到优质的教育资源，为他们的人生插上腾飞的翅膀！

这一刻，我的耳畔传来了习近平总书记对当代教育的坚定决心和谆谆期望："中国将坚定实施科教兴国战略，始终把教育摆在优先发展的战略位置，不断扩大投入，努力发展全民教育、终身教育，建设学习型社会，努力让每个孩子享有受教育的机会，努力让13亿人民享有更好更公平的教育，获得发展自身、奉献社会、造福人民的能力。"我想，这就是所有教育者的朴素理想和不竭动力吧！

第四章

迈向智慧的高峰

眼下，世界风云变幻，社会海潮澎湃，价值取向多元。社会像克里特海岛的米诺斯迷宫一样扑朔迷离，生活像瞬息万变的万花筒一样缤纷杂乱，一个个困惑像诸葛亮摆下的八卦阵一样秘不可测。思维是动作的导向。现代人倘若不尽快学会逆向、侧向、多向思维，而仍旧以简单应付复杂、以稚拙应付圆熟、以径直应付曲折、以平面应付立体，那么，随时都可能晕头转向至不知所措。你手中的那张『旧船票』，也极有可能搭不上『今天的客船』。

来自四渠八道的思维之流，汇聚在校长的大脑黑箱里，分解、筛滤、归类、组合、装配成新的思维流水线——超越传统之弊，超越师承之偏，更超越自我之陋。

打牢三大基础：终身学习的基础，身心健康的基础，交际办事的基础。

抓住三大提升：入门向导的兴趣，一本万利的习惯，骄傲不屈的人格。

优化过程『三商』：智商是飞腾的翅膀，德商是飞腾的航标，情商是飞腾的动力。

坚信一个箴言，即没有一个教不好的学生；

确立一个原则，即人人有才，人无全才，扬长避短，人人成才；

恪守一个信念，即态度决定一切，『说你行，你就行……』

一、小赢于智，大赢于德

聪颖的中国先人在制造"智""慧"二字的时候，便显现出了他们极大的"智慧"——"智"，从日从知，日日求知，便成"智者"；"慧"，手持扫帚在心上打扫，将一切的杂念贪欲，乃至各种思虑，扫到"不思善，不思恶"的境界，扫得愈净，"慧能"便愈高。所以说，定（静）能生慧，动（实践）能长智。简单而通俗地说，"智慧"就是人们在生活实践中迸发出来的聪明才智。

而"德"字同样充满了韵味——左边"彳"偏，表示所组成的字与行走有关，双人则表示和多人有关，可引申为一种公共关系或行为、处所；右边从十从目从心，"一目"（非指肉眼，乃是心之眼）可视宇宙大千万物，"一心"（真心、人之元神）可通晓古今未来，十是一个全数，代表空间和时间，是成功、圆满、肯定之数。十目一心，也就是说十个人眼睛往一处看、心往一处想。人若经常存乎于一心、视之以一目，天地人同心，便有了德。简言之，能使更多的人达成共识（真心之正见）并需要人类共同遵守的一种精神契约和行为规范，便是公共道德。天有仁德，地有厚德，人有慈孝之德。古代"德""得"通用，有德才有得。这

能够把一船船童真少年渡向海的那边，并将其一颗颗蒙昧无知的心灵，雕塑得红亮巧慧，还有什么比这更幸福的呢？
——郑炽钦

教师的一手好字，往往使学生心驰神往到陶醉倾倒。学生从教师那里，学到的不仅仅是有形的字，还有一种无影的美的风范……
——郑炽钦

种得是大得，即身心获得最大利益，但却和世俗名利无关。

英国哲学家洛克将绅士教育理解为"四件事情"，即"德行、智慧、礼仪和学问"，并且认定在这四件事情中，"智慧最为重要"。但在我看来，智慧固然重要，但与其有着紧密联系的德行更加不可忽视。

智慧是"道"，是一种综合能力，是一种悟性、一种境界，是一种解决问题的艺术，具有高度的灵活性、创造性。周国平先生说得好："智慧不是一种才能，而是一种人生觉悟，一种开阔的胸怀和眼光。一个人在社会上也许成功，也许失败，如果他是智慧的，他就不会把这些看得太重要，而能够站在人世间一切成败之上，成为自己命运的主人。"

但"德"就某种方面而言，是一种更为超脱的能力，是面对问题从容不迫的态度，它把人生经验提升到更高层次，将真、善、美有机融为一体，有着丰富而深刻的意蕴。唐代史学家吴兢有言："人之立身，所贵者惟在德行，何必要论富贵？"宋代理学家杨时也说："一德立而百善从之。"

030
育人的核心在育德

教书育人，自古以来就被奉为教师的天职。二者原本浑然一体、密不可分，可千百年来，人们却一直在为"教书"重还是"育人"重的问题争论不休。自韩愈"师者，所以传道授业解惑者也"

之后，中国教育在以教书为重的道路上已走了许多许多年。尤其是在应试教育盛行之后，以"教书"培育高分学子、成就明日栋梁的观念更是甚嚣尘上，"育人"一度被很多人抛在了脑后。

然而，这个世界所需要的，仅仅就是有学问、懂知识的"高材生"吗？如果是这样，那么，清华大学投毒案所引发的惋惜与悲叹又该如何解释？可见，"有才无德是'危险品'"的说法自有道理。或许是看多了"有才无德"所引发的悲剧，因而，从事教育多年，无论社会上"教书为重"的呼声如何响亮，我始终如磐石一般坚守着自己的信念：教书与育人应并驾齐驱，如果一定要分个上下，那么，"育人"更是在"教书"之上。而育人的核心，就是育德。

育人，就是教师以自身的道德行为和魅力，言传身教，引导学生寻找自己生命的意义，实现人生应有的价值追求，塑造自身完美的人格。自这个阐释中我们可以清晰地看出：育人的前提，就是教师自身有着良好的道德行为。只有这样，才能去引导学生、感化学生。这里，就涉及到一个"师德"的问题。

何为师德？师德是一种职业道德，是教师和一切教育工作者在从事教育活动时必须遵守的道德规范和行为准则，以及与之相适应的道德观念、情操和品质。我们所认为的教师的道德素质，是指教师把这些规范、准则逐步内化，使之成为自身从事教育事业所应当遵循的行为规范和必须具备的素质。教师是"人类灵魂的工程师"，担负着教育人、塑造人的职责，因此，其道德素质远比学识素养更为重要。甚至可以说，师德是教师的灵魂，也就是我们通常所说的"师魂"。

在学生心目中，教师天然是社会的规范、道德的化身、人类的楷模，正因为如此，他们才将教师当作了学习的榜样，不仅模拟其言行、举止，更效仿其态度、品行。而学生是谁？那是一张张无瑕的"白纸"，一个个纯真的"天使"，他们在走出校园时，是对这个世界满怀善意，还是一腔仇恨，是变得正直忠实，还是学会奸猾诡诈，在很大程度上来讲，取决于他们从教师身上学到了什么、感受到了什么。我本人非常敬佩的一位教育家李镇西曾经说过："当教师第一次与学生见面，他就开始置身于几十位学生的监督之中，老师哪怕表现出一点点矫饰、圆滑、世故、敷衍塞责、麻木不仁、玩世不恭……都逃不过学生那一双双明净无邪的眼睛，并会在学生纯洁的心灵中蒙上阴影。"对于这一点，天天与学生生活在一起的我，早已有了深深的体会。

如果说，师德高度决定着一名教师对学生所产生的影响力，那么，师风状况就决定着一所学校对学生所产生的影响力。正是由于这个原因，在接手省实之后，我特别重视教师道德的培育。

省实对师德师风的要求很是严格，从大的方面来讲，主要包括三方面的内涵：高境界做人，把教育看成是一项事业，培养人才，同时发展自己；高质量教书，这是师德中最直接、最关键的一种表现；高品位生活，教师的身教重于言教，教师要以身立教、为人师表，在学习、生活的各个方面引领学生。在这种要求的引领之下，省实的教师们以虚心的态度去治学求知，以痴心的状态去教学研究，凭良心去做好工作，凭爱心去感化学生，以雄心去建功立业，以清心去修身养性，表现出了高尚的师德师风、高深的知识水平、超强的教学能力，由此而为学校带来了政府满意、社会认可、师生骄傲、家长自豪的办学成果。也因此，学校被评为了全国、全省师德建设的典型，全国教育系统先进集体，全国文明单位以及全省行风满意单位。

就某种意义而言，教师的素质关乎着整个民族的素质。因此，我始终认为，教育之于教师理应成为一种修行，在培育"花朵"的过程中，我们这些"园丁"也需要不断地修炼自身，修炼高尚的师德，只有如此，才能成为学生的表率，成为学生思想灵魂前行的"导航明灯"。

"一切为了学生，为了学生的一切"，作为一校之长，在我的心中，没有什么比学生更重。一批师德高尚的教师，固然能够对学生产生积极、健康的影响，然而，在培养爱国、爱家、爱校的省实学子的道路上，我们却不敢，也不能把"宝"完全压在教师身上。因此，在培育高尚师德之外，省实一直将德育作为学校工作的重中之重。

2011 年，学校以创建德育示范校为契机，对德育工作经验进行了认真的反思和总结。在先进德育理论的指导下，通过构建德育课程体系、创新德育活动实施形式、建立"立体五全"心育模式、实施综合素质评价制度、开展德育科研课题研究等途径，培育出了一种"价值导构，内生发展"的"导构•内生"型德育创新模式，提炼出了"以人为本，以德树人，激扬生命，引领发展"的德育理念，高分通过了广东省德育示范校评估，成为广东省德育示范学校。

创新课程，营造和谐校园文化。近几年来，通过"在活动中育人""在集体中育人""在文化中育人"等德育课程实施机制，省实力求使学生成为课程实施的主体之一，从道德认知、道德体验、道德情感等多个层面着手促使学生内生外化社会主义核心价值观，由此而打造出了"全员德育""全程德育"的和谐校园文化。"国旗下讲话""少先队建队日""五四青年礼""十八岁成人礼""学生领袖训练营""学生提案论坛""学生宿舍民主生活会"等，都已成为育人效果显著的优质德育课程。

为广东省师德标兵颁奖

提升技能，造就优秀德育队伍。每学年，初高中学生处都会有计划地开展"我的教育故事"大赛、"班主任青蓝工程"、班会课设计大赛、班会课观摩研讨会、班主任工作经验交流会、青年班主任座谈会等活动，以促进班主任在展示与交流中成长。切实有效的培训机制练就了班主任过硬的专业素质，省实先后有多名班主任在国家级大赛中获奖，并先后获得"全国优秀班主任""全国百名高中班主任之星"等荣誉称号。

主题班会，让德育深入人心。我们常年坚持每周至少召开一次主题班会德育课。学校制定每月的班会德育主题，然后由班主任组织开展。德育主题涉及方方面面，包括《中学生行为规范》的学习、"中华传统美德"教育、公民道德教育、安全法制教育、心理教育、"难忘师恩"尊师教育、"爱我中华"爱国教育、"爱我省实"爱校教育等。在此之外，为了提高学生们的参与兴趣、强化德育效果，我们还将主题班会与校园文化活动结合起来，开展了演讲、辩论会、18岁成人宣誓仪式、精神文明月等活动。同时，我们深知，德育活动的形式可以多样，但绝不可以仅仅停留在表面上，而应让学子们有所收获。于是，在开展每一次活动时，我们都会深入发动学生进行大讨论，组织学生写感受材料，并利用周会、板报、广播站、橱窗或其他形式进行"百家争鸣"，让学生在理性思考的过程中，提高自身的道德素质和思想水平。

通过这种学思行相结合的德育模式，省实师生普遍形成了良好的道德观念体系，开始对自我有了自觉、清醒的认识，不仅能够严格要求自己，而且还能主动寻求自我发展，整个学校也逐步形成了良好的氛围。

科研引领，全员德育科学发展。将德育与读书、写作相结合，将体现中华民族优秀道德传统的书籍文献作为开展德育工作的重要资源，是省实开展德育工作的特色所在。我们希望，能够通过读书、交流、写作、践行等一系列举措，使阅读成为师生们的日常生活方式，让师生们能够在阅读中陶冶情操、享受乐趣、吸收营养，找到纯净的精神家园，从而逐步提高全体师生的人格品质和道德修养。

学校以德育课题带动全校师生研读经典、思考人生、书写心得，取得了满意的德育成效。中华民族传统美德教育课题是全国"十五"规划重点项目，2004年10月，学校从中选出子课题"中华民族传统美德教育与师德建设的研究"，并于同年12月成功通过评审立项。在课题开展的过程中，省实以中华民族传统美德教

名气，是人生天秤随时可变的砝码，而事业之树常青，当个人心血倾注了事业之根时，开得一树鲜花，满枝硕果。
——郑炽钦

凡是视德育任务软，软得可有可无，我认为，这不是无知的痴儿，就是十足盲人，至少是深度的近视者。
——郑炽钦

育为主导，积极实施以爱心和尊重为重点的亲情教育、以行为习惯为重点的养成教育、以责任感为重点的公民教育、以环保和简朴为重点的劳动教育和以诚信为重点的自立教育。

课题研究中，学校发动大家多读书、多学习、多交流、多记录，最终，在研究成果的基础之上，学校通过多种方式加以展现，并集结出版了两本文集。一本是《育德树人：广东实验中学德育创新探索》，汇集了64篇学校领导、教师和学生对德育的思考与见解，分为"理念篇""管理篇""导引篇""设计篇""学会篇""感激篇""美德篇""成长篇"等。另一本是《国粹常道：广东实验中学中华民族传统美德教育与师德建设研究探索》，收录了省实师生的69篇作品，包括"美德刍论""美德培育""美德渗透""美德感悟"几方面的内容。通过参与课题活动，撰写反思与感想，师生们的道德意识和自觉性大大提高。

在全员参与、深入研究、学思行结合的研究模式之下，"中华民族传统美德教育与师德建设的研究"取得了丰硕的成果，其结题报告荣获"2007年全国优质教育成果"一等奖，课题获首届广东省中小学德育创新奖二等奖。

在以课题研究引领德育发展的道路上，学校始终保持着谦虚谨慎的态度，一路前行。2010年以来，学校共承担了7项德育省级课题、8项德育校级课题，其中有3项省级课题已高水准结题。

省级课题"在集体中成长——基于团体动力学理论的师生同伴互助成长研究"（负责人：刘中礼），初中部多数教师和全体学生均参与其中，经过近三年的扎实研究，共出版了8本既符合当前中学德育发展方向又具有鲜明省实特色的德育书籍，在学术期刊上发表了相关论文 20 余篇，师生共同编辑印发了 24 期德育报《在集体中成长》。自课题结题以来，成果先后在广东省德育骨干培训班、广东省"百千万"人才培养名师班上进行宣讲，并在韶关浈江区教育局、清远市松岗中学、省实三所分校等地得到推广。

表 4-1 "在集体中成长——基于团体动力学理论的师生同伴互助成长研究"课题出版物一览表（广东人民出版社出版）

序号	书名	出版时间
1	《当我们踏进初中校园》	2012.11
2	《班主任成长妙招》	2013.6
3	《青春正能量》	2013.7
4	《缤纷校园 精彩活动》	2013.8
5	《教育的魔方》	2013.12
6	《集体分享 成长你我》	2014.1
7	《校园能量场——国旗下的讲话》	2014.11
8	《我们的五彩青春季》	2014.11

高中部在省级课题"普通高中学生生涯指导校本课程开发与实施"（负责人：李夏萍）和"高中学生生涯指导途径实践研究"（负责人：曾晞）的引领下，在全省率先创建了有利于促进学生健康发展、正确选择专业领域的高中学生生涯指导校本课程体系和指导机制。

学校的德育论文《价值导构 内生发展——广东实验中学德育模式解析》获得了广东省第三届德育创新奖一等奖，《广东实验中学"自主·多元"型学生社团发展研究工作报告》获第八届广东省普通教育教学成果奖二等奖。

健全的德育机制、和谐的校园文化，保障了学生身心的健康发展和优良品德的养成。在"三高四优"（高境界做人、高质量学习、高品质生活；品德优良、学业优秀、能力优异、举止优雅）育人目标的指引下，省实培养出了一大批高素质的中学生，如荣获"全国优秀少先队员"称号的张依宁、董迅等同学，获得"广东省三好学生""省优秀共青团员"等称号的李琳（高考全省理科总分前十名）、胡羽珺、林艾锜、黄伟庭等一大批同学。他们是省实的骄傲，也是对省实"育人先育德"坚持的最好奖赏。

031
走进社会大课堂

"省实，留给了我太多难忘的回忆，课堂上教师睿智的眼神、操场上同学奔跑的身影，读书声、辩论声、欢笑声……一幕幕，如在眼前。但令我印象最为深刻的，还是在学农活动中经历的那许许多多的第一次，第一次种菜、第一次挑粪、第一次锄草、第一次做饭……虽然只有短短几天，却让我真切地体会到了劳动的艰辛、农民的辛苦、粮食的来之不易，也因此而懂得了坚强、学会了珍惜。可以说，那几天的经历，已经成为了我人生阅历中极为宝贵的财富，永远都难以忘记、难以丢弃。"

几天前，一封毕业生的来信在我沉寂许久的心底勾起了波澜。在学生的人生中留下一笔宝贵的财富，这难道不是每一位校长、每一所学校最深沉的追求吗？而今，我做到了，省实也做到了！短短的几行字，于旁人而言，或许算不得什么，但对我来说，却

> 闪闪的红烛燃烧着生命，照亮了他人的前途，初看起来，似乎于自己很可惜、很浪费，什么也没留下。其实，留下的却很多很多，多到留下了一长串儿永恒！
> ——郑炽钦

> 峰的沉稳，涛的奔放，火的热烈，瀑的果断，又不乏春风的温柔，秋叶的静美……唯有老师，从表及里，堪为千秋风范。
> ——郑炽钦

是莫大的安慰。至少，它清晰地告诉我，自己当初一心坚持的让学生迈出校门、走进社会的决定并没有做错。

2003年7月，我从华南师大附中踏入省实校门，自此，挑起了一校之长的重任。彼时，拥有百余年历史的省实，已经创造了许多辉煌耀眼的成绩，成为了广东省数一数二的名校，然而，不得不说，这所"高龄"的学校，远没有如今的活力与朝气。

"两耳不闻窗外事，一心只读圣贤书。"在书山题海中，学子们纵情遨游，领略着知识世界的美妙，也用一项项斐然的成绩证明着"天之骄子"的卓越。浓郁的学习氛围、刻苦勤奋的学生、卓尔不凡的成就，似乎，一切都很美好，也因此，家长满意、教师满足，省实上下一片和乐。

然而，在"完美"的表象下，我却清晰地看到了隐藏其中的"瑕疵"：在学习之外，学生对于世界、对于生活，几乎一无所知。他们不会做饭、不会洗衣、不辨五谷，离开了父母，根本无法独立；他们不懂得自然的美好、不了解革命的壮烈、不明白生活的艰难，在一个"无菌"的环境中，只是心安理得的享受。我深深地意识到，学校虽然教会了学生学习，却没有教会他们如何去面对世界、如何去适应生活、如何去成为一个更好的自己。而这些，丝毫不弱于分数的重量。

陶行知先生曾经说过："生活即教育，社会即学校，教学做合一。"广阔的世界中蕴含着丰富的教育资源，它们能带给学生的，是校园无法企及的东西。一天一天，"走出去"的念头在我的脑海里越扎越深，我迫切地希望着，能够带领学生从校园走向社会，去体验书本外面那广阔而精彩的世界。终于，伴随着新课程改革对于学生创新能力、实践能力、环境意识等的重视，省实本着开阔学生视野，培养学生的实践能力、独立生活能力，提升学生的科学与人文素养的目标，根据学校的教育规律，从自身实际出发，大胆尝试，创造性地组织开展了一系列丰富多彩的社会实践活动。

研究性学习活动——

研究性学习是指学生基于自身兴趣，在教师的指导下，从自然、社会和自身的生活中有选择地选取并确定研究专题，进而主动地获取知识、应用知识、解决问题的一种自主、合作、探究的学习方式。

在省实，每周有一个固定的课时用于研究性学习，师生们可以集中利用,也可分散利用。在此时间内,学生可以进行课题设计、资料收集与分析、专题讨论、实验研究、专访、实地调查、写研究报告、师生交流意见和进展情况等。当然，研究性学习并不仅仅局限于课堂时间，根据课题需要，学生们还会利用周末、寒暑假等时间开展学习活动。

其实，早在 20 世纪 90 年代末，省实就率先在高中部开展了研究性学习活动。近几年来，我们在进一步认识研究性学习综合性、社会性和实践性特点的基础上，将此活动进一步普及深入：学校成立了研究性学习领导小组，先后聘请了香港著名科学家、中科院院士郑耀棠先生为省实的科学顾问，聘请了羽毛球前世界冠军关渭贞为省实的体育顾问，聘请了暨南大学艺术学院院长张铁林为省实的艺术顾问，杨福家院士、张景中院士等也曾先后到省实开堂讲学；省实还将广州图书馆、中山图书馆、越秀大塘街社区、荔湾东漖街社区等培育成了省实学生的校外研究性学习和服务基地；高中每个年级指定一位具有研究性学习指导经验的老师作为负责人，制定研究性学习方案并指导学生进行研究性学习，中山大学的老师、研究所的科研人员也会对省实学生的科技创新项目积极给予指导；通过一系列的专题讲座，教会学生开展科学研究的基本方法和流程，让学生切身体会做一个完整的课题研究必须经历的各个环节及必须掌握的基本方法，并从中体会研究性学习的快乐。

在这些完善的"保障"之下，近年来，我们相继组织开展了"走进广州大课堂""百万名人是我师""走进新荔湾"等课题研究。

"走进广州大课堂——广东实验中学研究性学习'旅游文化'专题。"本课题由李夏萍副校长主持，要求学生走进广州社会，调查研究广州的历史文明和旅游文明，范围涉及建筑、园林、环保、文物、史迹、美术、戏剧、饮食等各个方面，目的在于培养学生关注社会、关注生活的意识，促使他们学会欣赏人类社会的文明成果，并对人类的生存状况作出发展性的反思。对这次社会调查，学校非常重视，提出了"走进广州大课堂，请教专家名人，研究旅游文化"的主题活动口号，要求学生走出校门，实地参观、调查；访问求教专家名人；到图书馆、上互联网查找材料；把请教的经验、获取的材料在班上交流，实现知识资源共享；在众多的信息中选出能论证自己的选题的有用材料；撰写出研究论文。

学校还聘请了一些对广州旅游文化很有研究的专家、名人作为指导老师，为学生的社会调查作指导和评价。这些专家组成了近60人的阵容鼎盛的导师团，成员有政府官员、相关行业的名人、研究机构的研究人员和大学的教授等杰出的人物，其

一个明智的校长，应将德育当成学校之树的根，把校风当成绿叶，把质量的大面积丰收当成果实，而把自动化管理当成在培育这株大树的不容稍怠的耕耘。

——郑炽钦

要想做一名优秀的教师，务必全面发展。育人上，讲求循循善诱，教育有方；教学上，严谨治学，精心施教；科研上，条理现实，有的放矢。

——郑炽钦

中有广东省原副省长许德立、广州市原市长林树森、钟南山院士、微音先生、清华大学教授郭于华、原广州市政协主席陈开枝等。调查结束后，学生就所研究的问题，请教有关官员和专家，写出了专题文章。此后，这些文章经由广东人民出版社结集出版为一部具有深远文化意义的38万字著作——《走进广州大课堂》。

"百万名人是我师。"本课题是由我校语文特级教师罗易在开展"生本式"多元互助语文活动课实验的基础上所组织的，以学生为主体，以社会为大课堂，以名人为导师，以互动为方法，以学会发展为目的，让所教班级的97位学生利用课余时间阅读名人著作及事迹，并撰写出随笔请教社会名人。学生就自己所研究的问题，与名人进行互动式对话交流，并写成文章。学生走进社会，成功访问了包括政府官员、军人警察、两院院士、大学校长、教授、博士、作家、艺术家、企业家、劳动模范等近200位名人。其中，林若（原广东省委书记）、卢钟鹤（原广东省副省长）、刘斯奋（广东文联主席）、方唐（漫画家）、黄天骥（中山大学博士导师）、钱理群（北京大学教授）、钟南山（中国工程学院院士）等人赫然在列。

通过与名人的交流，每一位学生都在实践中领会到了文化的内涵、人生的哲理，求得了治学的真经，学会了发展自己。最终，学生们在实践中完成了40万字的报告，后经广东人民出版社出版成书，全国中学语文教学研究会会刊《语文教学通讯》曾用整期篇幅把这一成果向全国推广。

至于"走进荔枝湾"课题，则是2006年我们为高一学生所确定的研究项目。此项目以新的荔湾区作为研究对象，从荔湾的工业、商业、建筑、教育、科技文化、美食、民俗等方面展开研究，展现开放改革的新荔湾所取得的巨大成就。

说到这儿，就不得不提及我们在研究性学习方面对于学生的要求：在高中阶段，每个学生必须完成三个课题。对于高一年级的学生，我们会因地制宜，充分利用学校周围的环境资源，设计一个大的研究项目，然后让全体学生围绕它来开展研究活动。"走进新荔湾"，就是其中一个项目。等学生进入高二，则开始在高一学习的基础上，进行定向式的课题研究，课题主要来源于学生、教师、家长及科研单位。学生会以个人或小组为单位选定自己的研究课题，自主地聘请校内外的教师、专家担任指导老师。

时至今日，省实的研究性学习可谓是硕果累累。我们的领导小组会从众多的课题中认真筛选出部分有较高研究价值的课题，积极给予扶持，优秀的成果还会选送参加青少年创新大赛。2007年，省实共有7个项目参加省科技创新大赛，以后的每一年也均会有数个项目选送并获奖。

学农实践活动——

学农是省实社会实践活动的一项重要内容。每年六月份，我们都会组织高一年级全体学生到"广州市中学生劳动技术学校"（以下简称"农校"），开展为期五天的学农实践活动。

在那之前，我们会精心组织、精心准备、精心安排。省实上至校长、书记、学生处主任，下至带队老师，都会认真学习学农的有关要求。

学农开始前，学生处主任会带领下级行政和年级组长去到农校，和农校负责老师商讨学农事宜，在此基础上年级制定详细可行的计划。我们选配了既认真负责又经验丰富的班主任和任课教师担任指导老师，在学生管理、后勤及卫生安全等各方面都做了精心准备，以确保每次学农任务的顺利进行。

出发前，年级组织班主任和其他指导老师开预备会，明确分工，同时就学农的纪律要求、生活安排、作息制度、劳动内容等做具体部署。另外，我们还会面向全体同学进行学农动员，明确意义，加强学农纪律教育，要求同学过好学农五个关："思想关、纪律关、生活关、劳动关、安全关"；召开年级学生干部会议，明确各自的工作职责，加强学生的自我管理；发放"家长通知"，让学生家长明确学农的目的、意义和要求。毕竟，只有大家在思想上重视了，学农活动才能够顺利进行。

很多人不懂，对于这些生活在城市里孩子来说，学农的意义在哪里？就连一些心疼孩子的家长，一开始也提出了反对，但活动过后，孩子们在学农中所表现出来的高度的热情、勇敢的精神、顽强的毅力等，一一平息了所有质疑的声音。

田间除草，对农民来说，或许是最为轻松的劳动，但对从来没有拿过锄头的学生而言，却可以说是一项极为艰巨的任务。一开始，他们根本不懂得如何使用锄头，在农校教师的指导下，渐渐上了手，场面变得热火朝天。可是，没过多久，兴奋劲儿就过去了，越来越多的人觉得手中的锄头是那么沉重，而脚下那些青青的杂草也变得不再可爱。我看着他们，挥动的手臂越来越慢，还在想着这些孩子毕竟娇生惯养，可他们接下去的表现却令我大吃一惊：尽管疲累，却没有一个人轻易放弃，甚至有的同学手上起了血泡，还在坚持劳动，直到完成任务为止。

而在挑粪施肥环节，他们更是令人刮目相看。对于这群特别爱干净的孩子来说，挑粪施肥无疑是一场极大的考验。但同学们不怕臭、不怕脏，两个人一组，扛起用桶装好的粪肥直奔田间，并且一勺一勺舀起为农作物施肥，即便有的同学不小心把粪水溅到衣服上，也毫无怨言。

野炊烹饪，也是学农的一项内容。这一辈的孩子，多是"衣来伸手，饭来张口"，不要说下厨做饭，甚至连收拾碗筷的工作都没有接触过。可是在学农活动中，他们却8人一组，有的劈柴，有的生火，有的淘米，有的做饭，有的切菜，有的炒菜，既分工又合作，忙得不亦乐乎。当然，做出来的，既有鲜美的肉汤、可口的菜肴，也有半熟的饭、烧煳的菜，但学生们却毫不挑剔，每个人都在津津有味地享用着自己的劳动成果。有的学生还说，这餐饭吃得特别香，因为这是第一次自己做出来的饭菜。活动结束后，很多人回到家中，都会主动帮助爸爸妈妈做饭，甚至还有人亲自动手为家人做了一桌饭菜。从许多家长的感谢信中，我深深地体会到了他们"吾家有儿初长成"的欣慰。

"在劳动中，我真切感受到了农民伯伯的辛苦和劳累，也切实体会到了'谁知盘中餐，粒粒皆辛苦'的真谛。今后，我一定再不浪费粮食！"

"原来，农业劳动是这么艰难！直到今天，我才懂得一直以来自己生活的多么幸福，而以前，我却不懂得珍惜。"

"从来没有想过，爱干净的我有一天竟然会去挑粪！原来，很多时候是自己限制了自己，只要努力，没有什么事我们做不到。"

好校长，善"借"：借东风改革创新，借智慧拓展思路，借"镜子"打造特色，借优势形成模式。
——郑炽钦

每一个孩子都是特殊的小精灵，都是生命几万年繁衍进化而来灿烂精彩的结果，尤其需要关怀、尊重和充分理解。
——郑炽钦

"在野炊中，我们8个人一组，分工合作，即便做出来的饭味道确实不好，我们依然吃得非常开心。因为，里面添加了团结、友谊的'佐料'！"

……

五天的学农劳动是短暂的，但留给学生的却太多太多。在这里，他们了解了农业生产的基本常识与现代农业的基本内容，把书本知识与社会实践结合了起来，扩大了知识面；在这里，他们养成了劳动的习惯，掌握了一定的劳动技能，最重要的是懂得了劳动的艰辛、生活的不易；在这里，他们练就了顽强的意志与不怕困难的决心，懂得了纪律，懂得了团结，懂得了友爱，懂得了奉献。

我相信，有过这段经历的莘莘学子将会受益终身，昨天的回忆，将承载起今天的努力，更肩负起明天的责任，所有这些都将成为他们人生中永远值得回忆的华彩乐章！

学生志愿者社区服务活动——

志愿者服务泛指利用自己的时间、技能、资源、爱心为邻居、社区、社会提供无偿援助的行为。在省实，学生志愿者服务是学生社会实践活动的重要内容之一。早在2003年，学校团委就组建了"志愿者协会"，该协会以帮助所有需要帮助的人为宗旨，坚持"立足校园，面向社会"两大服务方向，为残疾人、孤儿、孤寡老人、环保组织等提供志愿服务。时至今日，志愿者服务已经成为省实文明建设的一部分。

省实历来重视志愿服务，积极组织学生志愿者参与社区服务，构造学校与社区的双向服务体系，努力打造社会实践的新亮点、新品牌。

省实志愿者服务的内容主要包括：

公益活动。学校每年都会有计划地组织学生志愿者参加社区所开展的各种公益活动，包括公益劳动、扶贫帮困、法制宣传、科普活动等。我们曾开展"志愿服务在广州图书馆"的活动，组织志愿者到广州图书馆担任义务图书管理员，为广州图书馆整理书籍，引领青少年阅读健康有益的书籍；也曾组织学生志愿者参加在天河宏城广场举行的"三服务一促进"大型咨询活动，获得了社会各界的好评；还曾组织学生参加广州市园林市政局与团省委共同举办的"郁金香种植大赛"。志愿者公益活动的开展，有效地增强了学生们的公民意识和责任感。

宣传教育。学校配合社区的需要，组织学生志愿者通过制作板报、知识讲座、现场讲解等多种方式开展法制、环保、卫生、科技等多方面的宣传活动。在这一过程中，我们和农讲所、大塘义工中心建立了长期合作的关系。学生志愿者们在农讲所担任编外讲解员，开展义务讲解活动，获得了农讲所领导的一致好评。宣传教育活动的开展，增强了学生对社区发展的使命感。

帮贫助困。学校鼓励学生自觉而主动地为社区特殊人群（经济困难人口、残疾人等）服务，在服务中奉献爱心和同情心，增强自我的奉献精神。学校志愿者走进敬老院、孤儿院，积极提供各类服务；联合大塘街义工中心和 YCMA 义工联合会，帮助社区举办残疾儿童运动会，为残疾儿童提供义务帮助。在此之外，为了激励更多的省实学生了解国情和省情、好好学习、报效国家，学校团委还组织开展了"省实学子走进百千贫困家庭志愿服务活动"，高一、高二年级的约110名志愿者，分赴广州市中山四路、东风西路约30户贫困家庭，对他们进行慰问并提供家政服务。

志愿服务。"赠人玫瑰，手留余香"，在为他人送去温暖的同时，学生也收获了很多：在走进社区、融入社会中，增进了与社会的密切联系，增强了公民意识、参与意识、社会责任意识，培养了助人为乐的精神和乐于奉献的积极态度；学会了现代社会人际交往的本领，提高了与人沟通的能力，增强了团结协作的意识；培养了学以致用、服务社会的意识，体验到了奉献的愉悦和人间真情；深入了解了社会生活和社会环境，增强了适应现代社会生活的能力。

社会调查实践活动——

社会调查是锻炼学生实践能力，培养学生社会责任感的有效形式。省实非常重视学生的社会调查实践活动，多次组织学生利用假期进行社会调查。其中，"中华传统美德现状"调查，令我印象深刻。

初二年级为了提升学生对中华传统美德的感悟与认知，对开展中华传统美德的必要性、意义等有更深刻的认识，利用节假日组织学生对中华传统美德进行相关的社会调查。在社会调查中，学生以四人为一组，确定组长，进行分工。他们设计调查问卷，拿着问卷对家庭成员、亲戚朋友、学校同学、学弟学妹、街头行人等进行采访，然后分析调查问卷上的信息和所收集到的数据，撰写出理论和数据相结合的调查报告。

参观考察活动——

中国，是一个地大物博的文明古国，既有巧夺天工的自然景观，也有恢弘灿烂的历史文化遗产。所有这些，都是值得中国人骄傲的资本。而学生长期在生活在学校里，对祖国自然之美、历史之重的了解仅限于书本，这实在令人惋惜。我们希望，能够带领他们走出校门，领略一下大自然的美好风光，让他们在参观考察中，开阔视野、增长见识，同时，更深层次地了解中华民族的灿烂文化，培育他们的爱国情怀和民族自豪感。

基于这个原因，省实历来非常重视学生的参观考察活动。

一方面，在每学期的社会活动实践日，学校都会组织学生走出校门，参观广州市的爱国主义教育基地，例如农讲所、陈家祠、博物馆等，让学生接受爱国主义教育，增强爱国意识；接受广州文化的熏陶，提高文化素养。与之同时，我们积极开展采访革命前辈、寻找烈士足迹的活动，组织学生在清明期间到烈士陵园进行扫墓，组织团员参观黄花岗烈士墓、黄埔军校等爱国主义教育基地，了解革命烈士的英雄事迹，接受革命传统教育。

另一方面，学校积极开展了以祖国山河为对象的参观考察活动。每年的春、秋两季，我们都会组织人与自然的教育实践活动。例如，初一年级在初春时节会开展以"美丽的春天"为主题的系列实践活动，让学生"找春天"→"画春天"→"唱春天"→"写春天"→"说春天"。在活动中，学生的眼、口、手、脑等各种感官都得到了运用，不但把语文、音乐、美术等各学科的教学目标进行了有机整合，也锻炼了学生的观察能力、语文的听说读写能力、艺术感受和表现能力。各种"春游"和"秋游"活动，带给了学生们亲近大自然的机会，激发了他们对自然、对生活的热爱以及保护自然的意识。

除此之外，我们还经常利用寒暑假组织优秀学生进行冬令营、夏令营活动。

例如，学校就曾组织初一、初二级学生进行过为期十天的北京—内蒙古夏令营活动。此次活动是省实优秀学生干部及优秀学生在学年度的一次重要社会实践活动，指导老师 4 人，学生 47 人。活动的内容不仅有参观北京大学、清华大学、中国科技馆、昭君墓、将军衙署、大昭寺、成吉思汗陵园、2008 奥运会主体育场鸟巢（国家体育馆）、水立方（国家游泳馆）、航空博物馆、颐和园、天安门广场、故宫等北京名胜，还有游览希拉穆仁草原、观看敖包、蒙古牧民住处、与蒙古牧民交流、观看歌舞表演、参加篝火晚会、游览鄂尔多斯库布齐沙漠等活动；更有进行拓展培训、观看天安门广场升旗仪式、举行毕营晚会等丰富多彩的形式。

为了达到锻炼效果，在十天的行程中，我们把更多的自主生活空间留给了学生。当他们遇到困难时，作为指导老师，我们在第一时间给予他们一定提示的同时，也会提醒他们冷静思考，自己想办法、去实践、去解决。这次的夏令营生活，树立了学生的团体活动观念，培养了他们的吃苦意识和自主生活能力，极大地丰富了学生的学习生活，为他们增添了美好的回忆。

生活教育活动——

在赋予社会实践广义范畴的基础上，生活教育活动也被列为社会实践的一大内容。生活本身就有着深邃的意义，可以令人深

> 省实的老师们，育人，分不出份内份外；工作，划不清班上班下；时光，分不出黑夜白天；空间，划不清家、校、路上或社会……我真心爱他们！
>
> ——郑炽钦

> 省实的师品，既有辛勤的汗水，更有浓纯的心血；既有学业的点传，更有德行的导航；既有精心的运筹，更有竭力的推进。
>
> ——郑炽钦

思、给人启迪，对学生有着深远的教育意义。让学生走进生活这个大课堂，在实践中认识，在实践中感悟，在实践中提升，是省实提高学生素质的有益做法。

结合语文教学，进行亲情教育活动。语文是一块充满情感的天地，语文教材中那些文质兼备的文学作品，为学生提供了丰富的学习资源。意识到这一点，我们的语文老师便利用这个有利条件开展了各项教育活动。

例如，朱自清的文章《背影》，文字质朴却感人至深，是一篇表现父子情深的经典名篇。在讲述这一课文时，语文老师尽情激发学生对父母的真挚感情，并在课后给学生布置了一份特殊的作业：请同学们回到家里，用自己独特的方式，向父母、亲人表示对他们的理解和感激。一开始，老师们并没有想到这份作业学生会做得那么认真，更没有想到竟会在家长当中引起如此大的反响。直到很多家长给老师写信，深表感谢。学生赖天锃的父亲所写的文章《"饮茶"感想》，情感真挚，令我印象深刻：

"上个周末，晚饭后，儿子泡了一杯茶给我，说：'老爸，您辛苦了。'我心里颇感欣慰。此刻，我出差在外，已三天未见儿子了，但他带给我的幸福感却一直萦绕心头，他泡的茶水的味道也成了天下的至味。我平时为生活、事业在努力，对儿子疏于教导，沟通也很少，想来深感不安与歉意。后经了解，儿子的举动是老师布置的作业。感谢老师的悉心栽培，让儿子成长得这么好，我的今天也是老师教导出来的。饮水思源，衷心祝福您——我们的老师！"

　　参加社会活动，融入生活。学校经常组织学生走进社会，体验劳动生活，让学生形成健康、进取的生活态度。如组织高中同学到企事业单位参加劳动（学工）；联合广州图书馆共同组织学生参与"走进孤儿院，关心下一代"活动和"书香伴我行"读书交流活动；与广州军区95259部队进行军民联欢活动；与木棉花开志愿者行动网络开展"个人行为探索"工作坊，培养学生创新素质；为了帮助连南地区学校困难儿童，省实团委与广东狮子会一起发起了"手拉手、献爱心"捐书助学活动，筹集各类学生学习用书送给连南地区在学困难儿童；在2008年春季南方雪灾以及四川汶川大地震灾害发生时，省实团委第一时间号召学生捐款，奉献爱心。

　　通过参与这些社会活动，学生们对生活有了更为深层的理解。在参加一天卖报纸的活动后，有的同学深有感触地说道："在经历了这些生存和劳动的体验之后，我才知道生存是件很艰难的事，我们该学习的东西实在太多了。"在参加完学校的"义卖"活动后，有的同学在挫折的打击下发表了如下感想："以前从不知道，卖饮料是如此艰难。在人来人往的校道上，我们捧着饮料箱，喊得口干舌燥，换来的却都是拒绝，甚至，还得承受许多质询或者不屑的目光。其中的累，不是语言可以表达清楚的。通过此次实践活动，我明白了现实与理想之间的差异，也懂得了什么是真正的生活。生活中从不乏挫折，而我们不能因为一时的挫折就此消沉下去，而应该将困难当成垫脚石，在逆境中不断锤炼自己，成长为更好、更坚强的自己。"

　　其他主题教育活动，凸显生活教育内涵。心理健康教育及青春期教育综合实践活动，是省实生活教育活动的一项内容。根据中学生生理发育和心理发展的需要，结合我校学生的实际情况，省实在某一年的初二年级开展了以"昨天的我，今天的我，明天的我"为主题的心理健康教育及青春期教育综合实践活动，旨在让学生认识青春、感受青春、把握青春、珍惜青春，逐步形成健全的人格品质和良好的个性心理。

"昨天的我"系列活动，主要目的是让学生通过回顾过去 14 年自己所走过的路，感悟亲情、友情，享受成长的快乐。该系列活动包括两个子活动：一是"重温童真瞬间"手抄报比赛，参赛学生可以挑选自己小时候若干张充满童真的照片，并附上叙述、说明，做成四开大小的手抄报；二是"我的自传"征文比赛，参赛学生可以回顾往事，用自传的方式抒写心路历程。"我手写我心"，在超越时空的回忆里，学生寻找到了真我，探寻到了成长的足迹，也寻觅到了梦想的起源！成希希同学在回顾自己练舞的艰苦经历后写道："爱因斯坦告诉了我：成功 = 勤奋 + 正确的方法 + 少说空话。舞蹈告诉了我，成功 = 信念 + 坚持 + 享受过程！"文心宇同学写道："老师说，我们现在是一张白纸，以前的已经过去，现在这张纸需要我们变美丽、变充实。在别人眼里，我可能又变成了一张白纸。但是，我心里那一张半完成的'画'永远没有丢掉！"这是学生心中最真、最善、最美的呼声！

"今天的我"系列活动，主要目的是让学生通过关注他人的成长经历来观照自身，确立自己的努力方向。该系列活动包括五个子活动：一是"真情面对面"活动，我们与广州市肿瘤医院共同合作开展了"与肿瘤医院白血病孩子真情面对面"活动，与广

在省实的岁月里，我常常听到，校友们对情操高尚、风采高洁的老师念念不忘，留在永恒的记忆里。现实生活告诉我：学生往往首先从风采处着眼，开始对教师喜欢，进而达到崇拜和倾倒。

——郑炽钦

舞蹈的有动有静、动静结合，雕塑的以静示动、以无声示有声的艺术美，也常常被省实教师借鉴过来，化作了无声教育，产生了"此时无声胜有声"的效应。

——郑炽钦

州私立华联学院龙洞校区合作开展了"与私立华联学院川藏班孩子真情面对面"活动；二是"感悟影视作品主人公的成长经历"活动，年级利用每单周周五综合实践课的时间组织学生观看《阿甘正传》《一球成名》《快乐的大脚》《士兵突击》片断，感悟主

到西藏林芝一中交流办学经验

人公的成长经历；三是"聆听他人的成长经历"活动，年级利用每双周周五综合实践课的时间组织学生倾听社会名流、学生家长、老师、学长关于成长经历的报告会；四是"阅读名人的成长经历"活动，年级统一列出励志、成长主题的推荐书目，学生选择一本精读并点评；五是"14岁的我"演讲比赛，主题是对自身成长的认识，各班推选1名参赛选手参加，把对自己的认识转化为铮铮誓言。

在多姿多彩的活动中，"真情面对面"活动是最震撼学生心灵的活动。白血病小孩子天真无邪的眼神，激发了学生们内心深处最纯真的善良，也唤起了他们对生命的思考。吴松仪同学在日记中写道："他们并不拘束，因为年龄相近，聊起天来也不会太难找话题。言语中，其实他们都是一个个朝气蓬勃的生命，具有不愿服输的个性，但偏偏却要面对这样的事实。他们同样希望能成为同龄人中的佼佼者，也希望能获得各种赞赏与光芒，却因为病魔的摧残而受阻挠。我们有着比他们健康的体魄，却因为没有他们的经历，所以不懂珍惜……身边的一切都是一束阳光，每走一

步都不要忘记珍惜生命，且行且珍惜，无悔人生，无愧于己。"

私立华联学院龙洞校区的川藏孩子，全是因为家乡没有书读，也没有生活保障，因此，他们带着渴望有学习机会的愿望，不远万里地来到了广州。他们虽然听不懂汉语、不会说汉话，却在不断地努力，仅用了 11 个月的时间就可以和汉族的孩子一样用普通话沟通，表达自己的情感。他们对知识的渴求，唤起了学生们内心深处最朴实的童真，也唤起了他们对苦与乐的思考。一位名叫海念的同学在思想汇报中写道："当巴士慢慢启动，模糊的视线里，藏族学生们的形象越来越模糊，可我依然清楚地看到：他们怀里紧紧地抱着我们送去的礼物；他们黝黑的脸庞上，挂着不舍的泪珠；他们咧着嘴，露出了最为憨厚的笑容。他们是那样的明媚，就仿佛青藏高原上明媚的太阳，纯真而美好。"

"明天的我"系列活动，主要目的是让学生通过憧憬和描绘自己的未来,确立远大的目标。该系列活动包括"二十年后的我"绘画比赛、征文比赛、形象设计大赛三个子活动，旨在一是让学生用美妙的画笔把自己的未来描绘出来；二是让学生用隽秀的字迹把自己的未来描绘出来；三是让学生发挥想象力，把自己的未来在舞台中呈现出来。该活动成为了"昨天的我，今天的我，明天的我"系列活动的最后升华。对二十年后的"我"，学生们有着不同的人生设计。有的同学说："二十年后的我，也许成为一名光荣的人民教师。站在那三尺讲台上，为那些天真的孩子们讲课。望着那一双双渴望得到知识的大眼睛，我会为自己是一名教师而感到骄傲。"有的同学说："二十年后的我，也许成为一名白衣天使。在手术台前、病房里，以救死扶伤为天职，尽职尽责。那时，我要发明一种新药，让肢体残缺的人重新长出新的肢体；我还要发明一种新型眼药水，让那些没有见过光明的人，看到我们多姿多彩的世界。"有的同学说："二十年后的我，会成为一名知名的宇航家。我会驾驶我国设计制造的宇宙飞船，飞向太空，探索太空的奥秘。"

同学们放飞的一个个梦想，令我惊叹，也令我无比自豪。而让学生的每一个梦想都能快乐飞翔，是我最大的梦想。

走出课堂、走出校门，学生们在社会实践活动中获得了太多太多。他们开始关心国家命运，思考社会生活，一点点增强爱国主义情怀和社会责任感；他们开始认识自然、了解自然，并逐步懂得了自然的美好与脆弱，也明晓了该如何与自然和谐相处、如何去保护自然；他们拓展了知识、增长了见识，养成了不怕吃苦、勇于克服困难的顽强意志，培养了创新精神与实践能力；他们发现了自我、了解了他人，学会了独立与团结并进，学会了尊重与发展齐飞……而这一切，也终将会成为他们人生中一笔宝贵的财富。

032
素质教育，演绎不一样的精彩

《国家中长期教育改革和发展规划纲要（2010—2020 年）》在序言部分提出，目前我国中小学教育依然是"教育观念相对落后，内容方法比较陈旧，中小学生课业负担过重，素质教育推进困难；

学生适应社会和就业创业能力不强，创新型、实用型、复合型人才紧缺""坚持以人为本、全面实施素质教育是教育改革发展的战略主题"。

素质教育，是指一种以提高受教育者诸方面素质为目标的教育模式，它重视人的思想道德素质、能力培养、个性发展、身体健康和心理健康教育。在很多人眼中，这是一个陈旧而又新鲜的矛盾词语。之所以说它"陈旧"，是因为它出现在国家教育政策中且成为基础教育界的流行口号已有 20 余年；而之所以说它"新鲜"，是因为在实施素质教育的过程中，学校和校长容易为现状所桎梏、为市场所牵引、被困难所阻绊，以至于时至今日，素质教育仍没有得到彻底实施。

很多人不明白，既然应试教育已顺利实施了这么多年，为什么偏要改变？中小学必须实施素质教育的理由是什么？在我看来，在中小学中推行素质教育的原因主要有两个：一是中小学阶段教育处于"基础性"地位。基础知识、基本技能、基本素养等积淀的"基础性"，是学生终身发展的坚实基础。二是应试教育存在太多的弊端。应试教育将学生当作被动接受的客体，将与升学相关的学科分数作为唯一的评价标准，不仅压制了学生的自主性和创造力，而且忽视了学生思想素质、能力、个性等的全面发展，严重影响了学生的身心健康。

从事教育多年，我越来越感觉

在学校体育节中收到同学们的福娃礼物

到推行素质教育迫在眉睫。因此，在 2003 年我从华附进入省实时，上任后的"第一把火"就是推行新课程改革，实施素质教育。之所以如此迫切，是因为省实给了我变革的底气：当时，省实已经是重点学校，无论是师源、生源，还是学风、校风，都比较好。加之学校的高考成绩在广东省重点中学中名列前茅，高考升学对于这所学校的孩子而言其实已经不是什么大问题了。我认为，在这种情况之下，学校理应考虑一下为孩子们的一生发展准备点什么。如果学校培养的学生只会考试而没有任何特长，那么对他们今后的发展是极为不利的。所以，我倡导省实的学生必须有一门体育特长、一门艺术特长、一门科技特长。

消息一出，立刻在省实引起了轩然大波，质疑、压力也纷至沓来。

争议的焦点，无非是认为搞了素质教育就会在应试教育的战场上失利。其实，在当时"素质教育"早已不是新鲜事，社会各界的看法也并没有像起初刚了解这一概念时那般抵触。但高考制度仍然在以分数论成败，这也是不争的事实；让孩子参加课外兴趣活动和比赛是"不务正业"的观念，也依然根深蒂固。家长们纷纷质疑，培养体育特长、艺术特长、科技特长，会占用学生们大量文化课学习的时间，如此一来，他们的成绩不会下滑吗？教师们也用怀疑的眼光打量着我，进行体育特长、艺术特长、科技特长的培养，需要各种各样的教学资源与大笔的教学经费，学校能够负担得起吗？一旦搞不好，学校的升学率下滑，声誉也会随之受损。而学生们，一方面跃跃欲试，另一方面也有忧虑，担心自己兼顾不了成绩与特长。

但是，在质疑面前，我却有一种"不撞南墙不回头"的执拗：难道实施新课改、推行素质教育的结果，就必定是成绩的下滑吗？难道素质教育搞好了，就不能实现家长们望子成龙、望女成凤的愿望吗？难道文化课学习与特长培养之间真的难以共存吗？难道学校的声誉只能靠几个升学率、重本率来提高吗？

我想，答案一定是否定的。我始终坚信，高考与特长的培养是两不误的，两者之间并不矛盾，关键是如何让它们相互补充、相互促进。而素质教育，也一定会为省实、为省实学子带来一番新气象。

因着我的这一份执拗与坚信，"素质教育"实践在省实轰轰烈烈地开展了起来。

"身体是革命的本钱。"毛主席的这句话人人皆知，却并不是每个人都能够做到。而我却深刻地明白，只有拥有了好的身体，才能

出席学校体育节
开幕式

够有好的未来。"陈景润如果有健康的身体，'1 + 1'早就被证明了；霍金如果身体健康，人类就可能走进时光隧道了！"我会时不时地这样跟省实的老师和学生们打趣，潜移默化地提高他们的健康意识。所以，在省实开始推行素质教育的时候，我首先强调的就是"提倡每位学生都有一项体育特长"，让他们保持身体健康。

那么，如何才能保障学生们的身体健康呢？我认为要做到三点：

第一是要吃好吃饱。我对学校的伙食质量要求很高，不仅经常去检查食堂的卫生状况，还要求厨

师们定期增添饭菜的种类并变换花样，以满足孩子们的各种饮食喜好。到后来，学生们只要提出来某种食品，食堂就会在第一时间引进，以至于有的孩子宁愿在校吃饭，也不愿回家吃。这种现象，一度成为了省实的美谈。

第二是要睡足睡好。我知道，省实的很多孩子都有强烈的自律意识，对自己的要求特别高，因此，会抓紧每一分、每一秒的时间学习，睡眠不足是常有的事；也有少量学生，因为长久以来形成的习惯，作息特别不规律，以至于经常无精打采。对此，我们省实对住宿生进行了统一要求，所有学生都必须按时睡觉，以保证充足的睡眠时间，这也是省实住宿生管理的一项重要工作。我告诉学生们，想要学习的，可以抓紧白天的时间；由于贪玩导致作息不规律的，必须纠正这一坏习惯。只有有了好的精力，才能干出更多的事情。

第三是充足的运动。这也是"提倡每位学生都有一项体育特长"的由来。运动的目的在于让孩子们锻炼身体、释放压力，所以，即便是跑步、跳绳、仰卧起坐等看似并不那么"高大上"的运动方式，都可以成为孩子们的体育特长。当然，省实也为这门"体育特长"提供了更为广泛的选择余地——篮球、排球、足球、羽毛球、跑步、健美操、武术等，只要感兴趣都能参与。我一直相信，只要孩子们迈开腿、动起来，他们就会自然而然地拥有健康的体魄、充沛的精力。

以往，提起健康，人们往往会将之与身体联系起来，但时代发展至今，健康的概念显然已远远超出了体魄的范围。联合国教科文组织曾提出过一个响亮的口号："健康的一半是心理。"由于高考的压力，加上中学生正处于疾风暴雨的青春期，生理上的改变带来了心理的矛盾与冲突，因此，我发现，那群本该朝气蓬勃的年轻人却似乎比成人还要烦恼、忧郁，极其容易走入心理误区。这是一件多么令人悲痛、惋惜的事情啊！

为了改变这种状况，让活力与欢乐重新回到年轻人身上，"让每一个学生都有一门艺术特长"成为了省实推行素质教育的另一个方向。因为我一直相信，艺术可以使人的情绪宁静、心灵澄澈，同时，也可以给人一个宣泄情绪的出口，而学习艺术也能够由内而外地提升一个人的审美能力。一个人如果拥有了艺术爱好，会受益终生。所以，在省实，我要求学生们每个人都要选修一门美术或者音乐等兴趣课程，力求让他们都具备一定的艺术修养。

虽然我的设想是美好的，但是在实行的过程中难免会有挫折。当时的省实，艺术类社团中只有合唱团名声在外，管乐团也算是小有名气。在没有资金支持、没有艺术教师储备、没有场馆与设施等硬件条件的情况下，我单凭一张嘴怎么能发展学校的艺术！

"怎么办？"我们几个校领导围坐在一起商量，我们知道，外面的很多老师、学生、家长都在观望。

"我负责去找钱、找人、找条件！"许久的沉默之后，我这样说，"这个计划我是一定会推行下去的！"

于是，我首先从教育局领导那里申请了资金支持，之后又不遗余力地从外地、外校及部分国内优秀艺术院校邀请来专家、学者、优秀教师来校讲学，并优中选优为学校招聘来了艺术教师，还发动全校师生集思广益，建立了艺术社团，开发了艺术课程。

渐渐地，恪守着"弘扬先进文化，铸造民族精神，陶冶高尚情操，培养审美情趣，提高学生素质，实现全面发展"的艺术教育宗旨，省实走出了一条具有自身特色的艺术教育之路，在初高中的课内外教学中取得了校内师生及社会各界广泛认可的教育成绩。如今，省实已有 6 个音乐类艺术社团、7 个美术类艺术社团，其中，合唱团是世界级的顶尖团队，舞蹈、弦乐、民乐、管乐也已成为新的世界冠军。

那些曾经认为艺术训练会耽误学生学习的人，在看到我们合唱团绝大部分孩子上了重点大学之后，哑口无言。虽然课外训练会占用一些时间，但只要学习得法，学习效率反而会提高。不仅如此，在与人交往、合作的过程中，孩子们的情商也会变得特别高。这些综合素质的提升，无论是家长、老师，还是孩子们，都能渐渐意识到，其作用绝对不能忽略不计。

作为一校之长，我既要脚踏实地，去关心孩子们的健康，同时，又要仰望星空，去关注世界形势与社会的发展趋势，以免学校在日新月异的社会中落伍。渐渐地，我发现，在知识经济席卷全球的 21 世纪，原来的"知识决定未来"的说法已经有了新的诠释，那便是"科技领跑未来"。时代发展到今天，科技已经成为了推动社会经济发展的根本动力，而科技创新能力也成为了学生将来能否在社会上立足的有力武器。在这种情形之下，我开始着力在省实实施科技教育，有意培养学生们对科技的兴趣。

相比于艺术教育，在开展科技教育方面，省实有很多先天优势——学校拥有钟南山等 12 名院士及 30 多名科学家等一批在科技领域取得了突出成绩的校友，聘请他们担任省实的科技教育顾问。他们不仅能够给学生们开讲座、开展小团体培训及进

> 幽默在人生过程中具有相当的价值……幽默感的有无强弱能决定一个人事业成功的程度。
>
> ——赫伯·特鲁

> 教育和谐的表象：师生思维的双边活动、情感（含品德风范、性格气质）的双层交流，信息（含知识、能力）的双向传递，目标（含各育目标）的双方突破。
>
> ——郑炽钦

在学校科技节上
与学生们交流

行顶尖项目的辅导，还能够让这群孩子们"站在巨人的肩膀上"看到更多更美的风景，在师哥师姐们的指引下进一步提升科学钻研的兴趣和水平。

但我并不是希望孩子们都为了成为科学家而努力，而是希望他们能够具备一定的科技素养，将来在社会上立足时，比同龄人更有底气。当然，一个不争的事实是，只有学生们的科技素养提高了，整个国家的国民科技素质才会提高。

教育理念的提出不是最难的，难的是践行。从2003年全面推行素质教育至今，省实经历了一个艰难而漫长的过程。因为我本身是一个比较大胆、激进的人，所以，在提出某些观点和想法的时候，其他一些人会感到荒谬，并表示质疑。而我通常都会心平气和地向其他校领导和老师们分析、解释，最重要的是要让他们一步步地看到取得的成效，只有这样，他们才会逐步认同我的想法，并开始全身心地、充满激情地投入。

经过几年时间，省实的老师们已经基本统一了思想认识，开始自觉地实施素质教育。也因此，省实的素质教育氛围这几年来可以说越来越浓郁，成果也越来越丰厚。

如今的省实，艺术之花，蜚声中外；体育竞技，全国领先；科技教育，硕果累累。具体成绩，将会在后续的文字当中详细加以阐述。

现在，我终于可以很有底气地说，已经对学生、对家长、对教师、对所有关心我们省实的人有了一个交代——省实是全国体育赛事中获冠军最多、科技赛事中成绩最好、音乐艺术赛事中获金奖最多的中学之一。不仅如此,开展素质教育的几年来,省实的高考成绩非但没有下降,而且稳步提高,高考重点率、高分人数、各科平均分,稳居广州市、广东省前列,每年均获广州普通高中毕业班工作一等奖。

2013 年高考,黄少麟同学以优异成绩进入广东省理科前 10 名,列广州市理科总分第一;理科总分 640 分以上共有 82 人,文科总分 620 分以上有 50 人;文理本科率达 98.86%,文理重本率达 70.37%,有 14 个班的本科率达到了 100%。其中,有 12 位同学凭艺术特长,分别获得北京大学、浙江大学、中山大学等高校加分资格(最高加 60 分)。

2014 年高考,储岸均、李琳两位同学进入广东省理科总分前 10 名(我校成为广州地区唯一有学生进入全省前 10 名的学校),全校共有 15 位同学文理总分进入广东省前 100 名;蒋模婷同学获得广州市文科总分第一名;储岸均同学获得广州市理科总分第一名;储岸均、李琳、梁月冰同学囊括广州市理科总分前三名;储岸均、李越儿同学囊括广州市语文单科前两名;周昭翀同学勇夺广州市文综第一名;文理本科率 98.89%,文理重本率 78.9%。

2015 年高考,肖静、梅邑凯同学进入广东省理科总分前 10 名,我校成为广州地区进入全省前 10 名人数最多的学校;有 13 位同学文理总分进入广东省前 100 名;易晓颖同学勇夺广州市语文单科第一名,万卓霆同学勇夺广州市理科综合第一名,李昱彤同学勇夺广州市文科数学单科第一名；文理本科率99.14%，文理重本率88.11%，高考升学率再创新高。

在成绩耀眼光芒的笼罩下，素质教育在省实算是真正扎下了根，"一切向分数看齐"的理念一去不返。在省实取得了丰硕的成绩之后，许多人前来向我讨教成功的秘诀，每次，我都会告诉他们，素质教育并不是开设几个琴棋书画班，或者搞几个体验生活的活动那么简单，也不是不要分数、不考试、不留作业那么极端，而是更多地扪心自问：能不能促进孩子的全面发展。如果不能从孩子的角度出发，无论什么名堂的"教育"都会变质。

一分耕耘，一分收获。经过一段时间素质教育的开展，省实在"教育强国梦·2013中国中等教育品牌大型公益评选活动"中被评为"中国最佳素质教育示范学校"。同年，鉴于学校在可持续发展教育方面所做出的突出贡献，中国联合国教科文组织全国委员会授予省实"教育促进可持续发展创新奖"，授予我本人"教育促进可持续发展开拓者奖"。我想，省实的素质教育之路一定会越走越坚实，越走越畅快。

为学生的一生着想，应该让他们多多动脑、动口、动手，练就听、读、说、写、做的能力，把"行"的指南针掌握在自己手里。
——郑炽钦

校园优雅宁静，花红柳绿，优美清新，一定会令师生赏心悦身；教室里窗明几净，湿润敞亮，空气流畅，也一定会使师生神爽情怡。
——郑炽钦

033

培养具有幸福感的莘莘少年

前段时间，电影《栀子花开》大火，在该片导演何炅回到母校北京外国语大学宣传时，北外的学子们不仅奉上了用9国语言清唱的电影主题曲《栀子花开》，在演唱结束时还集体高呼"何老师，欢迎回家"，用满满的热情表达了对这位北外人发自心底的欢迎。

当日，何炅满含热泪，激动地说："家，就是无论走多远，都会回来的地方。"这句话打动了现场的每一位北外师生，同时也深深地打动了不经意看到这段视频的我。那一刻，我自然而然地想到了遍布于世界各地的省实人，每一次他们回到省实，我都发自内心地想给他们以"回家"的感觉。温馨、甜蜜、美好、欢乐……我希望，校园能够在学生的脑海深处留下最美妙的记忆，不论是在校生，还是毕业生。

2014 年 11 月 23 日，是省实吉祥喜庆的好日子，是师生校友幸福欢聚的好日子，这一天，省实举办了立教 142 周年、建校 90 周年庆祝大会。高中校区内，上至耄耋老人，下至青春学子，来自全球各地的近万名老少校友相携返校为母校祝寿，共同庆祝省实九秩华诞，校园内处处洋溢着热情欢乐的气息。此次校庆的主题，我们就定为了那个颇为温馨的词——"回家"。

题词刻石

在这个把酒言欢的日子，我精心为省实送上了两件礼物：一是专门为校庆谱写的曲子《省实颂》，二是为立于学校高中部院士广场的巨石上题词"登"字。"登"是"攀登"之意，代表着省实学生要攀登科学和人文高峰，也寓意着省实的不断创新发展。

由我作词、马汉阳作曲、省实合唱团演唱的《省实颂》，歌词如下：

（一）

巍巍省实，校徽闪亮。

今日莘莘学子，明天国家栋梁。

矢志求知，奋发图强。

怀爱荷担持艺，追逐中国梦想。

副歌：

梦想，梦想，今日追逐梦想，明日伟大复兴。

梦想，梦想，中华复兴梦想，世界和平梦想。

（二）

巍巍省实，校徽闪亮。

以往莘莘学子，现在国家栋梁。

振兴中华，奋发图强。

立业成家奉献，追逐中国梦想。

副歌：

梦想，梦想，今日追逐梦想，明日伟大复兴。

梦想，梦想，中华复兴梦想，世界和平梦想。

（三）

巍巍省实，校徽闪亮。

今日辛勤园丁，明天教坛榜样。

慎思躬行，奋发图强。

立德立功立言，追逐中国梦想。

副歌：

梦想，梦想，今日追逐梦想，明日伟大复兴。

梦想，梦想，中华复兴梦想，世界和平梦想。

（四）

巍巍省实，校徽闪亮。

以往辛勤园丁，现在余音绕梁。

艰苦创业，奋发图强。

目耕舌耕笔耕，追逐中国梦想。

副歌：

梦想，梦想，今日追逐梦想，明日伟大复兴。

梦想，梦想，中华复兴梦想，世界和平梦想。

欢呼、大笑、握手、拥抱、合照……那日的省实校园里定格了校友、师生们欢聚的各种幸福瞬间。

阿里巴巴CEO陆兆禧、小米科技总裁林斌两位上世纪80年代的省实校友，特意回到母校与师生们分享当年的学习和创业心得。"没有省实的培养，第一只小米手机就做不出来。"林斌感慨地说，"超越时代的眼光和追求卓越的精神，是省实90年沉淀下来最宝贵的财产"。陆兆禧则说，省实是一个氛围很严格但管理很开放的学校，"培养了我很好的思维习惯"。

73岁的省实1959届毕业生张妙玲，率领一家三代4位"省实人"一同为母校祝寿。"当时省实叫华师附中，在全市对外只招 6 个班，竞争非常激烈，能考上省实那是非常值得自豪的事！"回忆过往，张妙玲的眼睛里写满追忆与自豪，在她印象中，省实的学生十分活跃，而且很有社会担当。学校在上世纪 50 年代就已实行辅导员制度——高中生做初中生的辅导员。作为辅导员之一，她还曾带领 200 多位少先队员到银河公社劳动。

校庆当天，穿着一身省实校服回校的 90 届毕业生冯智辉显得格外醒目。"这套校服是我特意向儿子借的，他正在省实念高一呢！"冯智辉的脸上满是自豪，"穿上省实校服多光荣啊！我就想重新做回省实的学生。"在他的眼中，省实最大的特点是"自由"。"省实的教学很尊重学生的个性需求，当年我们十几个同学组成生物兴趣小组，做了几个实验方案，老师看了以后就把实验室的钥匙给了我们，让我们自主研究。"

那一日还有许许多多令我难以忘怀的情景，我无法一一细数，唯记得眼前那一张张灿烂的笑脸，耳边那一声声亲昵的称呼。那天，我在心里笑了好久，抑制不住地嘴角上扬。就好像看见自己的孩子取得了好成绩，或者自己朝思暮想的亲人们再次得以团聚一样，我真是兴奋。

与以往不同的是，此次校庆，省实还专门创设了全球网络直播平台，为未能赶回母校的校友们和一直关注省实发展的社会各界人士直播校庆。与之同时，分布在世界每一个角落的"SSer"（省实人）也都为母校发来了诚挚的祝福。

"回不去的人都在五湖四海张望着，但是并不孤寂，因为省实的教育渗透在思想里、血液里，每个人都是一个发光的小宇宙，照亮黑暗。"

"匆匆十载，岁月流逝，唯一不变的是您的孜孜教导，永感心内！祝母校越办越好，永铸辉煌！"

"祝省实90岁生日快乐！一日省实人，一生省实魂！无论我们身在何方，省实种子都会生根发芽创造辉煌"

……

尤为值得一提的是，60多年前入校的省实1955届校友、中国工程院院士钟南山专门给母校寄回了一段深情告白的视频："在我心里，省实就是第二位母亲。"他表示，"省实不光要求我学习好，还教会了我身体好、会做人"。振奋人心的视频、情意绵绵的明信片、情真意切的短信从四面八方飘来，带着校友们对母校的一片深爱之情，回家！

作为几名校友代表中最为年轻的发言者，发现M1病毒的颜光美课题组成员之一、论文第一作者的林园在校庆开幕式上说："在学校时，老师就对我们说过，他日你们扬名立万，或者家财万贯，母校以你为荣；你平平凡凡地做一个好人，母校依旧以你为荣。"

林园这番感人至深的话语深深打动了我。长久以来，省实学子中间一直流传着这样一句话："今天我以省实为荣，明天省实以我为荣。"在他人眼中，或许"荣"字意味的是物质的富裕与外表的光鲜，但其实我们更看重的，是精神的丰满与内在的完善。省实就是要培养具有幸福感的莘莘少年。

很多在外的游子都反映，省实人身上有着难以磨灭的印记：

对知识有着无尽的渴望，却能够在"玩"中获得真知；品质高尚，彼此之间有着强烈的凝聚力；心胸开阔，志向远方。

许多人疑惑，省实究竟是一所怎样的学校？为何她能培养出如此多优秀、卓越的学子呢？她成功的奥妙究竟在哪里？将这几个问题随便抛给一个毕业后走向高校、继而走向工作岗位的"SSer"（省实人），都一定会从他们口中听到一个词语——自由。

是的，省实最值得骄傲的一点，就是给予了学生足够的自由。在这里，学生们既可以尽情挥洒青春与个性，又可以酣畅施展才干与智慧，而省实则为他们提供了一方极为缤纷而广阔的舞台——社团。

省实合唱团，从广州走向世界。

合唱团是省实成立最早的社团，至今已有60余年的历史。在漫长的发展过程中，她始终是省实的骄傲。

2014年，我校合唱团参加第八届世界合唱节，在460支参赛队伍中脱颖而出，荣获1项金奖冠军、3项金奖，合唱团成员手捧奖杯，注视着五星红旗在颁奖典礼上冉冉升起，这一幕，成为了省实人永远铭记的经典。说起来，这已经是省实合唱团第六次站在世界合唱比赛的最高颁奖台上领取冠军奖杯。至于在其他国家级、省级比赛中所获得的荣誉，更是数不胜数。例如，参加第二、三、四届全国中小学生艺术展演活动，均获一等奖；参加广州市中小学生合唱节，创造了"十二连冠"的骄人纪录。在省实坚定的怀抱中，合唱团从在广州小有名气到走向世界，最终通过歌声将省实人的精神唱响在了世界舞台，成为了在世界合唱团中排名第三的劲旅。

光辉灿烂的荣誉固然令人欣喜，但我之所以说是省实的骄傲，关键还在于其成员顽强拼搏、力争超越的精神。每次大赛之后，合唱团都会承袭省实人"将过往归零"的精神，把一切的成绩与荣誉都抛在脑后，重新开始，团员也不断进行"大换血"。每当准备新的比赛时，学校从不会给团队定下必须取得第几名的目标，可孩子们却每次都拼尽全力。就在 2014 年比赛的前一天，他们还高强度的集训了 13 个小时。所有人都疲惫不堪，可没有一个孩子跟老师抱怨过。深夜集训结束后，大家也并没有着急离去，而是聚在一起，讨论着可以改进的地方。看着他们认真、专注的面庞，那一刻，我油然生发了一种感觉：他们不是学生，而是真正的歌者。

省实天文社，脚踏实地去仰望星空。

成立于 2004 年的天文社，是省实规模最大的社团，人数每年均保持在 200 多人。自成立以来，曾多次组织社员进行观星活动、对外交流活动、各级竞赛活动，并多次经办省赛、国赛，培养了许多天文爱好者，也给学校热爱天文的同学提供了一个交流的平台，为广东省中学天文教育、天文社团活动起到了带头、示范作用，为国家输送了许多天文界的"幼苗"。天文社社员多次在国际天文学竞赛中摘金夺银，为国争光。

十多年来，在活动、比赛的历练中，天文社早已从兴趣社团逐步成长为专业团队。依靠老社员的传承，从教授理论课、组织实践活动，到参加全国大赛，天文社的所有活动都是由社员独立完成的。甚至，社员们的学习材料，也是他们自己编写的。2014 年，为了能够更系统地传授天文知识和备战比赛，社员骨干们决定编

追求教师的爱，使自己成为教师心目中的好孩子、好学生，是学生尤其年龄小的学生在学校中一切思想行为攀登的主峰。

——郑炽钦

在我的心中，真、善、美是人生的最高境界，而省实的老师们，的的确确是真的传人，善的守护神，美的精灵——真善美的化身……

——郑炽钦

写一本天文社的"课本"。从制订教学大纲、分类知识点，到整合、编写练习题，再到最后出版，所有的环节，都是由 15 名社员独立完成的。我为这群有想法、有能力又肯踏实做事的孩子而感到骄傲。

省实无线电测向队，从"零"跑到冠军。

与天文社同年起步的无线电测向队，可以说是省实发展最为迅猛的社团之一，也是学校当之无愧的"金牌大户"。在一切为零的基础之上，无线电测向队仅用了四年时间就成为了省实的品牌社团之一，连续六年取得全国锦标赛冠军数、奖牌数第一，培养国家健将 14 名，曾获得亚太地区锦标赛 20 金 15 银 10 铜，欧亚锦标赛 1 金 1 银 1 铜，世锦赛第五、第六名，全国冠军 111 人次、亚军 126 人次，全国一等奖近 400 人次等多项好成绩，是全亚洲取得成绩最好最多的中学测向队。在 2015 年 9 月的第十届亚太地区无线电测向锦标赛中，该队又获得了 10 金 8 银 4 铜的好成绩，其中，有 4 位同学的成绩达到了国家级运动健将的标准。至今，无线电测向队已经培养出了 14 名国家级运动健将。在为自己赢得"中国无线电测向国家青年队""全国优秀无线电测向队""广州市特色项目"等称号的同时，无线电测向队还为省实争得了"中国无线电测向国家培训基地""全国无线电测向优秀基层单位""全国首批科技体育传统校""全国测向优秀组织单位""广州市科技体育突出贡献单位"等诸多殊荣。

对于外人来说，荣誉或许是无线电测向队最为闪耀的光环，但之于其队员而言，这个项目本身对于体力、毅力、协作能力等的考验与提升，才是其最为吸引人的地方。协会通过提供各种各

样的无线电测向培训、竞赛机会，锻炼队员们的竞赛和团队协作
能力，提高学生的竞技水平。令我特别欣慰的是，许多孩子在加
入无线电测向队后，面对困难不再害怕和逃避，而是会一直坚持，
直到克服困难为止。荣誉毕竟停留于过去，而在训练中所造就的
品格和能力，却会伴随他们一生。我想，这才是无线电测向队最
大的意义所在。

模拟联合国社，开心学习收获多。

省实模联创办于 2006 年，在过去的 10 年中，从一支只有十
几人的参会游击队发展为了现在在册精英社员百余人的传奇锋
队，成为省实最大的人文社科类社团。作为广州市第一批成立的
模联社团，在各大会议都获得了优异的成绩。在 2008 年，省实
模联人杨潇就在当年举办的北京大学国际中学生模拟联合国大会
上斩获了"最佳代表"的荣誉，成为第一个获得"最佳代表"的
省实人。此后，省实学子纷纷在 2009 年北京大学国际中学生模
拟联合国大会、2009 年至 2013 年的复旦大学国际中学生模拟联
合国大会上有不俗的表现，而省实也曾荣获复旦模联的"最佳组
织奖"。传奇锋队不仅在国内大展风采，在国外的会议上也收获
良多。2009 年，时任省实模联秘书长马上前往美国纽约参加由联
合国总部主办的 UNA-USA MUNCONFERENCE 并获得"荣誉提
名"奖项；2012 年之后，传奇锋队每年均走出国门、走向世界，
参加了哈佛大学模联联合国大会、常春藤联盟模拟联合国大会、
荷兰海牙世界模拟联合国大会、新加坡南洋理工大学模拟联合国
大会等一系列国际赛事。

以"筑起校园与社会之桥梁，发展青年之公民教育，培养青

年学生之公民意识，提供践行社会责任之平台"为宗旨的模拟联合国社团，奉行"勇于创新、坚持不懈、追求卓越、践行社会责任、致力世界和平"的精神，完全契合了省实"培养具有责任感、正义感的学子"的目标。在我看来，在活动与会议中成长为具有社会责任感、公民意识、思辨精神以及领袖气质的新时代学生领袖，就是模拟联合国之于学生的最大意义。

学生电视台，挖掘自身的无限潜能。

学生电视台的成立，旨在培养学生的综合能力及新闻、专题等节目的制作能力，并利用校园电视台设备，创建多媒体资源中心。

学生电视台可以让师生与社会之间建立起一个互动式的视像网络教学平台。它不但能够激发学生在科技、音乐、美术及设计等方面潜在的创造力，还可以让学生在掌握使用多媒体电脑以及"摄、录、编、播"等综合器材技术的同时，结合社会及校园时事制作电视节目、结合课程需要制作视频资料及学习素材等，以此来促进学生学习的积极性，并培养其思维结构的多元化；而教师亦可在教学的过程中灵活运用这一平台创造实用的教学素材，帮助学生实现对知识的理解和内化。

省实是省内最早成立学生电视台的中学之一，现已有校园网、内部有线电视网，能够满足各办公室或教室内的终端计算机直接收看学生电视台的现场直播、教育频道的节目，内部视频服务器已录制保存的节目和校园电视台播放设备所播放的音像资料等，必要时还可实现对互联网上的节目进行点播。

模型（海模、空模、车模）社团，微型模拟中的"扬帆远航"。

凡事做到"亲自"、"较真"、"有心"，事情要"三思"，才会办起事来宗宗有根，说起话来句句有理。
——郑炽钦

在我看来，一位好校长，务必把眼睛盯在教育教学上。因为育人要育心，育心要知心，知心要关心，关心要真心……
——郑炽钦

模型社致力于宣传和普及航海、造船及无线电等科学技术知识，丰富校园的文化生活，并通过提供各种各样的竞赛机会和举办丰富多彩的活动，培养学生们的动手能力、团队协作管理能力和运用所学知识解决实际问题的能力，提高学生的竞技水平，让每一个参与的学生都能得到全面发展，为其未来的"远航"奠定扎实的基础。

车辆模型、航空模型、航海模型，是省实模型队发展的三个优势项目。我们通过组建学生社团，为学生搭建发展的平台，开设了与模型竞赛相结合的竞赛训练课程，并研发了一系列配套校本课程，用于指导学生，提高学生的训练和竞赛水平。

2015 年，申锐同学同时获得了全国青少年车辆模型锦标赛 1/10 内燃机越野车竞速赛、电动越野车竞速赛、全国车辆模型公开赛（厦门站）1/10 电动房车竞速赛等多个国家级、省级和市级一等奖；李昊、向乐天、郑达洋等同学参加的全国青少年模拟飞行大赛，也取得了 4 人次二等奖、3 人次三等奖的好成绩；在第 18 届航海模型遥控帆船世界锦标赛、全国青少年航海模型锦标赛等国家赛事上，省实学子也表现优异，获得多个一二三等奖。

青桐文学社、舞蹈团、机器人社、乒乓球队、蒙太奇电影社、咏春拳社、志愿者协会……如今的省实，已经拥有文化类、学术类、表演类、公益实践类、出版传媒类、科技经济类等总计 66 个社团，全校 3000 多名学生每个人都参与其中。无论是滔滔不绝的学术家，还是沉浸于历史长河中的文化派，抑或是埋首于实验室中的科技党，在省实，都可以找到展示自己风采的舞台、获得创造精彩青春的机会。

2007 年，省实戏剧团参加全国比赛，荣获最高奖——国星奖，2008 年由教育部文化部选送到维也纳金色大厅参加中国文化周表演；2012 年，管乐团参加维也纳国际音乐节比赛，荣获管乐合奏冠军（唯一的金奖）；2013 年，在全国第四届中小学生艺术展演活动中，交响乐团荣获器乐类一等奖及优秀创作奖；2014 年，在第二届"荷花少年"全国（中学）校园舞蹈比赛中，荣获金奖、最佳编导奖、优秀指导教师奖及"优秀组织奖"。

一边是艺术团队的全面开花，另一边则是体育队伍的你追我赶。省实现拥有羽毛球队、无线电测向队、乒乓球队、游泳队、网球队、健美操队、篮球队、田径队、武术队等九支高水平运动队。羽毛球队在广东省、全国和世界中学生羽毛球锦标赛中成绩显赫，曾三次代表中国参加世界中学生羽毛球锦标赛，勇夺 12 枚金牌中的 10 枚，成为世界上获奖数量最多、获奖奖项最全、获奖等级最高的中学生羽毛球队。乒乓球队参加 2014 全国中学生乒乓球锦标赛，一举夺得高中男子双打冠军和总分第二名的好成绩。网球队参加 2015 中国中学生网球锦标赛，荣获 1 项团体冠军、2 项团体亚军、2 项双打冠军、2 项单打冠军、1 项双打亚军。2012 年，游泳队参加广东省体育传统项目学校游泳锦标赛，勇夺 18 项比赛中的 11 项冠军，获得甲组团体总分第一名。2013 年，高中游泳队参加全国少儿游泳分区赛，勇夺 7 项第一名、5 项第二名、3 项第三名。突出的体育成绩，使省实被评为全国羽毛球传统项目学校和全国科技体育传统校（首批），以及羽毛球、游泳、田径三个项目的广东省传统项目学校。

　　如火如荼的社团发展，为省实的学子带来了很大的改变。我亲眼看着学生们在社团的历练中，学会了自主，学会了合作，学会了交流，学会了创新，变得有胆量、有智慧、有个性、有能力，在拥有幸福感、责任感、正义感、危机感的人生道路上一路前行。

　　经过多年的打拼，省实社团已经逐渐形成了具有鲜明特色的"自主多元"型学生社团模式。如今，正在由规模扩充阶段走向内涵发展阶段。社团的建设成就走在了全省乃至全国中学社团建设的前列。但或许是习惯了居安思危，在社团发展如日中天的时候，我却时常在想，今后省实的社团将会走向何方呢？

　　对于这个问题，我和我的同仁们曾进行过一系列的讨论。团委书记王军也谈过自己的想法：将社团联合会从团委里独立出来，向新高度发展。未来，还会在学生会、团委和社联的基础上开办"学生领袖训练营"，让省实的学子变成真正的未来领袖。

　　对此，我深表赞同。我想，以后或许可以将省实的社团与校本课程挂钩，让学生更深入地"以玩促学、以学促玩"。此外，学校也会为学生们大开绿灯，让他们有机会"走出去"，与其他学校交流，学习别人的优点。现在，省实的学生们已经将广东省高校联盟拉到了学校体系之中，承担起了串联高中和大学社团的任务。这动力从哪里来？"我们只是把别人'吹水'的时间都用在了'玩'上！"这是省实高二学生、社团联合会成员郭嘉仪掷地有声的话语。我想，孩子们既然能够说出这样的话来，就表明他有着充足的底气。

当学生们的眼睛不只盯着课本，而是通过望远镜来遥望太空，或是在球场上一往无前、酣畅淋漓之时，我深深地感受到，分数并不是评定学生是否优秀的唯一依据，让每一个学生都能获得最好的发展，才是学校赠予学生最美的礼物。

正是基于这种想法，在社团之外，省实自 21 世纪伊始，开始举办读书节、社团文化节、艺术节、体育节和科技节五大节日活动，现已成为了学校的传统。这五大传统活动均具有"历时长、项目多、参与广"的特点，共同构成了省实生机勃勃、独具魅力的校园文化，深受同学们喜爱。

社团文化节：我耀我风采

2015 年 9 月 23 日，在丹桂飘香的季节，珠江水畔、龙溪道旁，省实各路社团齐聚校园，再度共襄社团文化节盛典。

这一年的社团文化节以"灯火相传"为主题，分为"炫光"舞台展演、"虹光"社团展示及"流光"夜空展播三部分，寓意着省实学子们的青春之火永不熄灭，省实的灿烂文化生生不息。

在学校摇滚乐团 The Zoo Band 热烈欢快的开场音乐声中，大屏幕上播放了由社团联合会精心拍摄的历届社团节回顾。我则在现场手持重锤砸开金蛋，彩炮应声而响，宣布"传承·创新·共赢"——"灯火相传"广东实验中学第十二届社团文化节正式开幕。

开幕式上，街舞、B-box、戏剧等数个表演类社团同台演出，节目饱含创意，或嘻哈炫酷，或深情演绎。作为舞台背景的巨型屏幕炫焕多彩，与演员的演出相互呼应，精彩纷呈。与之同时，

60 余个社团摊位环绕舞台，各路社团各出奇招，设计出了各具特色的游戏。在这绚丽的节日里，学生们尽情表达着自己的心声。有好奇心者你我同思考，有爱心者共温暖他人，有良好爱好者予人欢乐。与往年一样，省实的社团文化节受到了校内外各界人士的广泛好评。

与之不同的是，2015 年省实还特别增加了一个环节——学校微电影《中学时代——我们的省实》的展演。

《中学时代》是一部具有浓郁校园青春怀旧气息的、反映省实校园文化的微电影。影片以初二转入省实的学生林家智的视角娓娓道来，讲述了他与同学方明、小丽之间的友情以及在省实所获得的个性成长。青春的懵懂、成长的烦恼、追梦的激情等青春记忆在影片中一一展现；德高技精的优秀教师、扬名国际的特色团队、五彩缤纷的校园活动、求实创新的校园文化等，也均在电影里得到淋漓诠释。除了在校园播放外，我们还将影片发至网络，以供全世界的省实校友和关注省实的社会各界人士观看，腾讯、爱奇艺、第一视频、爆米花、迅雷（响巢）、酷 6 等网站均有转载，影片收到了大家的热情回馈。

"社团文化节"是省实长久以来最为热闹的节日。自 2005 年起，就成为了展示省实社团文化的一大亮点及每年迎新的固定项目。每年 9 月开学的第一周，社团联合会就会向新生发放小册子，内含所有社团的介绍；第二周，各个社团开始设计招新摊位；第三周，正式招新；第四周，进行社团的展演。如此一来，刚入学的新生们，就不会对各个社团产生陌生感，在有了初步的认识之后，他们就可以大胆地向各个社团毛遂自荐，从而满怀

> 科学是将帅，实践是士兵，理论脱离实践是最大的不幸。
>
> ——达·芬奇
>
> 知识、智慧、谋略是构成校长心中法略的金三脚架，而系统论、信息论、控制论及创新学已悄然成为校长有效管理的三根支柱。
>
> ——郑炽钦

在学校社团节开幕式上为醒狮点睛

欣喜地加入其中。

迄今为止,学校已经成功举办了11届社团文化节,并且每届都因其创新的形式、高涨的学生人气而备受媒体关注。在第7届"社团文化节"中,《广州日报》以《省实推出社员证,学生收集印章忙》为题进行了专题报道;在第8届"社团文化节"中,学校以"省实粤来粤精彩"作为主题,来传播岭南非物质文化遗产,激发师生对本土优秀文化传统的热爱,被多家媒体争相报道;《南方日报》和《羊城晚报》也曾分别以《省实社团节热闹开场,非遗教育"嫁接"社团活动》《高中生也敢拍电影?看省实如何将学生社团和选修课结合起来》为题,对学校的社团活动进行了报道。

近年来,省实社团文化节越来越贴近岭南传统文化,也越来越新奇。我自己就是社团文化节的忠实粉丝。2011年的社团文化节,我在开场前为醒狮点睛;2012年的社团文化节,我决定将"南狮文化"引入课堂。今后,我们的社团文化节只会越办越大、越办越热闹。

体育节:跳跃的青春

每年10月底或11月初,省实都会如约举行体育节。这既是一个"运动"的节日,更是一个"狂欢"的节日。以高中校区为例,各班集体创作,在体育节田径运动会开幕当天展示自主设计的班服、班旗和入场式表演。从2013年开始,省实学生会又推出了"布服来战·班服大赛",将各班自己设计的班服进行公开评比。

2014 年的"布服来战·班服大赛"更是在微信平台上如火如荼地展开，从 10 月 21 日至 29 日，省实学生会公众号每天依次推送全校各个班级的班服图文信息，最终由微信点赞量和嘉宾评委共同评出获奖者。

读书节：与经典同行

琅琅书声伴校园。3 月的"读书节"为省实增添了一抹典雅的书卷气息。专家讲座、校园书展、"小书签、大智慧"书签设计制作比赛、"名言名句"书法大赛、汉字拼写大赛、成语大赛、英语记忆力大赛、演讲赛、辩论赛……丰富多彩的项目，令读书节成为了每年省实师生最为期待的活动之一。而各种品味书香、涵心养性的活动，营造出了一种积极向上、清新高雅、健康文明的校园文化氛围，在潜移默化中陶冶了师生的情操，增强了师生们的人文底蕴。同时，也引领省实学子走上了一条"爱读书、读好书"的学习之路。

科技节：我创造，我快乐

科技教育重在培养学生的科学精神与素养，提高学生的实践能力和创新能力。对此方面，我们一直都非常重视。除列入课表的 20 余门科技类校本课程外，省实每年 4 月还会举行盛大的科技节。科技节为期一月，包含院士讲坛、鸡蛋撞地球、OM 大赛、多米诺骨牌大赛、纸火箭比赛、纸结构承重、英语配音大赛、科技集市等活动，可谓异彩纷呈。

每年科技节的保留节目都是"鸡蛋撞地球"。同学们各出奇招，有的将鸡蛋绑上"降落伞",有的将鸡蛋煮熟,有的给鸡蛋包上"新衣裳"，通过各种方式试图让鸡蛋从五层楼的高度落到主席台的水泥地上时仍然完好无损。

丰富多彩又其乐无穷的节目，为学子们留下了美妙的青春记忆。已毕业许久的学生大龙，仍然清晰地记得高三那年科技节的情景，"我所在的生物小组搞了三个展示项目，成就感十足！一大桶姜撞奶半小时内就被抢购一空，实验失败的蓝色妖姬让同学们都知道了街边花童的骗术，还有让人更珍惜生命的小白鼠毒气实验……毕业10余年了，现在想起来当时的情形，一切都还历历在目"。

艺术节：歌声满校园

艺术节是省实学生展现艺术才情的大舞台。每年这个时候，学校均会分年级举办合唱、器乐、舞蹈、戏剧、绘画、书法、海报设计、摄影等多项比赛，让学生们在紧张的学习之余，放松身心。赛前，我们会出资邀请校外专业机构前来为同学们搭建绚丽舞台。赛后，学校则会将优秀的作品在校园宣传橱柜窗展示，或选送参加学校跨年文艺晚会演出。

"高雅艺术进校园"也是艺术节不可或缺的重要部分。每届艺术节，学校都会邀请校外专业艺术团体，如广州芭蕾舞团、广东民族乐团、广东省话剧院、广州粤剧团等，进校专场演出，便于学生们接触高雅艺术。2012年，学校还邀请了世界知名的瑞典Nicolai室内合唱团到校表演。Nicolai合唱团特地用中文演唱了《康定情歌》，赢得了学生们的热烈掌声。

人生是一条漫长而艰难的路，每个人在行走的过程中都会面临许多坎坷与挫折，但我希望，在省实的这段时光，能成为学生生命中轻松美妙的记忆。所以，我一直主张，省实的学生不要做只会读书的"小老头"，我们不但要学得起劲，也要玩得出色。只有兼具学习动力和可持续发展能力的学子，才能成为未来的人才。五彩缤纷的社团和丰富多彩的节日活动，在省实学子的记忆中留下了明媚灿烂的一笔。我所期望的学子，不是仅仅懂得玩耍而具有幸福感，更承担着"责任"之重。

034
省实学子要责任感、正义感与危机感并重

在教育中行走多年，我渐渐发现了这样一种现象：现在的孩子聪明的多了，但懂事的少了；吃得好了，但不懂珍惜了；接受的教育多了，但愈加脆弱了。一些十四五岁孩子的生活自理能力还处于十岁甚至更小年龄的状态，他们往往缺乏判断和选择的能力，离开一直依赖的父母就寸步难行。独立、责任、孝心，对他们而言，似乎只是存在于词典上的一个词语，至于其中的深刻内涵，或许从未走进他们心里。问题出在哪里？

洛杉矶临床心理师温迪·默吉尔认为："现在很多大学新生是如此脆弱，究其原因是父母出于好意，在其童年时替他们消化掉了很多忧虑，结果他们长大后不知如何面对挫折。"

在中国的应试教育体制下，很多家长都信奉"不要让孩子输在起跑线上"，热衷于让孩子参加各种课外培训班，认为只要孩子学习好就万事大吉，却忽视了帮助孩子构建一个充实而平和的内心世界，以及给孩子一个明确的精神成长方向。

做人教育的欠缺，削弱了完善人格的养成。中国传统的君子之教，培养人知书达理、温文尔雅的教育空间也被挤压得无立足之地。

其实，我一直都认为，真正的教育并不写在书本里，也不只是知识的积累，更不在形形色色的培训班里，而是存在于生活的细微点滴之中。

鲁迅先生曾在《狂人日记》一文中急切地呼吁"救救孩子"。时隔百年后的今天，我们又需要为孩子们的一生发展和成长做些什么呢？

2013 年春晚中，由秦海璐、孙涛、方清平、王茜华表演的小品《你摊上事儿了》曾经火极一时。其中"你摊上事儿了，你摊上大事了"这句台词也火遍了大江南北，成为了大家开玩笑时的口头禅。

在省实的岁月中，我确实也曾摊上过几件大事。其中一件，就是由"救救孩子"而引发。自 2011 年开始，每年的 5 月 4 日我们都会在初二年级的学生中举办青年礼，其中有"跪父母，接家书"的仪式。这场仪式的初衷是为了庆贺学生们跨过 13 岁的门槛，迈入了青年时期，同时，也提醒他们是时候承担起对家庭、对社会的责任，原本是一件极有意义、皆大欢喜的事，可谁知却因为"跪拜"这一形式，在社会上引起了轩然大波。很多人认为，跪是一种失败、诚服、屈辱甚至偷生的象征，是对学生的不尊重，不应当成为传承中华文化和礼仪的载体。

其实，早在策划这一活动的时候，我们学校内部就有过广泛的讨论。有些师生认为，这一仪式欠妥当，难免会引起社会上

人生的路，是怕心灵没有灯塔，眼前没有目标的火花，尚不成熟的中学生更是如此。
——郑炽钦

一个人的生命是有限的，校长的任期更是有限的，但学校的长远发展是无限的，作为一名负责任的校长，务必把学校引向正确的发展方向。
——郑炽钦

的一场口水仗；也有师生认为，这是古老的表达孝道的方式，出发点无疑是好的，也会起到一定的积极作用，因而不必在乎外界的眼光。

对此，我也迟疑了很长时间。后来，经过班子成员的交流，我们一致认为，跪是中国的最高礼节，通过这种形式，最容易让学生们留下深刻的人生印象。而只要将活动组织好，达到应有的效果，自然就会得到外界的理解。

于是，我们开始给一些教师、学生和家长做工作，告诉他们跪拜是中国传统的礼节，通过下跪，儿女能够向父母表达自己的尊敬和感恩。在明确了这一点后，大部分师生和家长都赞成了这种做法。

因为这场青年礼在省实尚属首次，在全国也是首创，所以，我们没有现成的经验可以借鉴，只能凭着一腔热情反复讨论、策划。

首先，我们发动家长们提前给孩子写好一封信，来表达他们对儿女的殷切期望。

其次，我们的教师反复给学生们做思想工作，告诉他们下跪在中国是最高的礼节，自古就有跪天跪地跪父母的传统。在青年礼上，让他们跪接家书，便是想通过这样一种仪式，表达其对父母的感激之情。

与之同时，我们反复向教师和学生们传递这样的信息：如果有学生不理解我们的做法，我们尊重他们，也允许他们以弯腰鞠躬的形式向父母表达感激。

青年礼当天，初二年级全体600多名学生进行了宣誓，所有学生父母都被邀请到了现场。家长和孩子首先面对面站立，随着主持人的一声令下，数百名学生"扑通"一声，或双膝跪下，或单膝下跪，弯腰鞠躬，再一一双手接过父母亲手撰写的家书。在这个过程中，很多家长都湿润了眼眶，有的家长与孩子相拥，学生们也忍不住流下泪来。

我对那天的种种情形始终记忆犹新，其中有一幕，尤其令我感动：一位身着黑衣的爸爸之前一脸严肃状，但在女儿跪下的一刹那，却泪流满面。他说，他很感动，今天才发现女儿长大了，懂事了，平时对女儿的关心太少，很是惭愧。一旁的女儿也是眼眶红红，说，以前爸爸从来没说过这样的话，她感到很震惊。

事后，有的家长表示，子女孝心一定要有，但家长还是可以和孩子保持一个相对平等的地位，希望孩子能从小养成独立的人格，而不必采取如此庄重的仪式。

也有家长赞成学校的做法，认为下跪是一种很庄重的礼仪，可以表达很多内涵。学生们也认为，从小到大父母为自己付出了很多，希望通过这样的仪式表达对长者的感激。

无论大家的想法如何，但有一点不可否认：通过这样一场仪式，家长们深深地感受到了孩子们的成长，而学生们也慢慢地懂得了家长的良苦用心。我想，有这些就已经足够了。我们不是在作秀，我骄傲于省实不畏人言的魄力，让我们能够在"满足"的大道上一路前行下去，能够培养出一批批责任感、正义感与危机感并重的省实学子。

一位省督学在谈到省实时说："省实给我留下了最深刻的印象：省实的学生很阳光，走起路来精神抖擞；省实的学生很自信，脸上满满地写着'舍我其谁'；省实的学生最爱省实，以身为'省实人'而无比自豪。"做有幸福感、责任感、正义感、危机感的省实学子，就是做一个无愧于自己、无愧于家人、无愧于人民、无愧于国家的顶天立地、坦坦荡荡的人。这是我们对每一个省实学子的期望，也应该成为我们每一个教师的追求。"路漫漫其修远兮"，虽然我们付出了一些，也收获了一些，但教育是一项永无止境的事业，未来仍需我们"上下求索"。

二、教育走向国际化

巴颜喀拉山上流下的涓涓细流穿过深谷，涌过金沙江，进而冲破大巴山的峰头，浩浩荡荡，奔泻入海，终成汪洋之势。江河如此，文化教育亦然。即便拥有再独特神圣的源头，再悠久深厚的历史，也只有汇入世界文化教育的激流，才能永葆青春，再造奇迹。

事实上，无论我们承不承认、愿不愿意，全球化的浪潮都早已汹涌澎湃地滚滚而来，成为了世界逐步走向相互依存的交织网络的历史趋势，而经济的全球化决定了教育必须走向国际化。我国的《国家中长期教育改革和发展规划纲要（2010—2020 年）》中明确提出了要"开展多层次、宽领域的教育交流与合作，提高我国教育国际化水平"。这是我国改革和发展教育事业，早日实现教育现代化的具有战略意义的一个重要举措。

对于"教育国际化"的概念，学者们从不同的角度给予了不同的诠释。其中有代表性的主要是以下四种：一是从各种各样的具体活动出发来描述。这些活动主要包括课程的改革、人员的国际交流、技术援助、合作研究等。二是从培育发展学生、教师和其他雇员的新技能、态度和知识的角度来界定。它侧重的是人而不是学校活动或组织管理方面的问题。三是从学校形成国际性的精神气质的角度界定。它侧重的是在那些注重和支持跨文化的、国际的观点的学校中，形成并发展国际的精神气质与文化氛围。四是从过程的角度界定。它把国际化看作是将国际的维度或观念融入到学校的各主要功能之中的过程。各种各样的学术活动、组织策略等都是这一过程的组成部分。如果由我为其下一个定义，那就是用国际视野来把握和发展教育。诚然，教育国际化不单单是一种教育理想，更是一种正在全球范围内展开的教育实践活动。

我深知，像省实这般拥有深厚文化底蕴的百年老校，唯有走向国际化，才能让校园永葆青春，才能培养出具有国际视野和世界情怀的一代新人。

035
从"中国骄傲"谈起

2009 年，在庆祝中华人民共和国成立 60 周年之际，在由中国社会经济文化交流协会、赤子杂志社共同举办的"新中国成立 60 周年《中国骄傲》最具使命感人物"评选活动中，我有幸被评为"中国骄傲·最具使命感人物"。

这一评选活动，分为解放前和解放后两大部分，前者共评出

教学和教育的技巧和艺术就在于，要使每一个儿童的力量和可能性发挥出来，使他享受到脑力劳动中的成功的乐趣。
——苏霍姆林斯基

育人艺术，归根结底是一种以生动的感情表达为纽带，以丰富的精神交流为虹桥，致力于人的全部和谐发展的艺术，是塑造、净化学生灵魂的艺术。
——郑炽钦

与世界冠军们
在世界冠军林
前合影

毛泽民、毛泽覃、王若飞、白求恩、邓中夏、叶挺、刘胡兰、李大钊、张学良等49人（含一个集体）；后者共评出袁隆平、杨利伟、柳传志、张瑞敏、马云、王传福、钟南山、吴敬琏等34人。

能够获此殊荣，于我而言是莫大的荣幸。主办方对我肩负教育使命、创建特色教育、推进素质教育方面给予了充分肯定和高度评价。但我深知，荣誉授予我，但骄傲却属于省实。若没有省实给我提供的这一平台，没有省实师生的齐心协力，没有省实在改革、建设和发展中所取得的突出成绩，我又怎能获得如此沉甸甸的荣誉呢！

多年来，省实从未停止过对素质教育和全面实施新课程的探索，从12年前开设创新人才实验班伊始，到开办南山班；从新课改中不断研发的系统而科学的各类校本课程，到2014年启动"格致课程"；从一枝独秀的"省实合唱团"，到几十个异彩纷呈的学生社团；从省实学子获得的第一项国际金奖，到屡屡在国际舞台上大放异彩，省实在培养具有国际视野、世界眼光的国际化人才的道路上一路高歌猛进。

风雨兼程探索路，改革创新著华章。于是，在异国的舞台上，我与孩子们一次又一次聆听着《义勇军进行曲》的激昂旋律，一次又一次地注视着五星红旗冉冉升起，每一次，内心均升腾着一种无以言表的激动，汹涌澎湃，豪情满怀，我深知，这种情感叫做骄傲，沉甸甸、热滚滚的中国骄傲！

中国骄傲，这种专属于中华儿女的伟大情愫，不知沸腾了多少热血，激荡了多少心声。然而，在和平阳光普照的今天，这种情感却变得越来越弥足珍贵了。为此，我常常和学生们说，和我的同仁们说，也和朋友家人们说：如果有可能，我希望更多的人能够到天安门广场观看一次升旗仪式——

广场上一片肃静，一列整齐的队伍迈着铿锵有力、规整划一的步伐从天安门城楼里走出，四名战士手擎鲜艳的五星红旗走在队伍的最前面。随着一声清脆的口令，四名战士整齐地走上升旗台，娴熟而有节奏地将五星红旗挂到旗杆上。接下来，他们护卫在旗杆的四周，立正站好。一名佩戴勋章的战士走了出来，站在了旗杆的电钮旁边。直至五星红旗冉冉升起，现场都会保持肃穆，但所有人的心中都会油然而生一种自豪感，脑海里会浮现出祖国壮丽的山河、辉煌的成就，胸中会激荡起一股豪情，甚至还会情不自禁地默念："五星红旗，我为你骄傲"……

这场景，如美梦一般令人陶醉，人们迟迟不肯散去，甚至永生不能忘记。我想说：这就是一个梦，一个中国梦！

曾有记者我问，如何理解"中国梦"。我笑了笑，半开玩笑地说道："中国梦"，就是中国人的梦想。几十年来，我们中国人有着一个共同的梦想，一代又一代的中国人前赴后继地为之拼搏，那就是习总书记所表述的——"实现中华民族的伟大复兴"；与此同时，我们每一个中国人也都有着关于个人的梦想，那就是过上"幸福而美好的生活"。

事实上，无论是共同的梦想，还是个人的梦想，都与教育息息相关，都需要以普及、公平、科学、优质的教育为其发展做好必要的准备。教育，关乎"国计"和"民生"，且位居各项"民生"之首。"责任重于泰山，事业任重道远"，作为一名教育工作者，我深感责任重大，使命光荣。作为一校之长，党和国家在赋予我权力的同时，更赋予了我神圣的责任，让我不敢懈怠、不能放弃。我发自内心地愿意与全体省实师生员工一道，同心同德、脚踏实地、开拓创新、奋力耕耘，为每一个孩子实现美好的人生而奋斗，为培养高素质的社会主义接班人而奋斗，为中华民族的伟大复兴而倾尽一己之力。

这些年来，在各级主管部门的领导和支持下，我和我的同仁们一道始终在探索着素质教育的践行途径，致力于让每一个学生都能拥有这份"中国骄傲"的情怀，同时具备创造"中国骄傲"的能力。目前，我们已经比较成熟地走上了"以体育、艺术教育和科技教育为特色，促进人的全面发展，大力培养创新人才"的特色化发展道路。并会一如既往地贯彻科学发展观，将素质教育、特色教育和教育改革贯彻到底。

每当学生们参加国际大赛，我总会尽量抽出时间随团出访。我十分愿意参与这样的活动，作为学生们的一个老朋

在世界冠军林进行植树活动

友而非仅仅作为一名校长的身份，给他们鼓劲儿、加油。在完成竞赛任务的同时，我会和学生们一起与各国的师生进行交流，并到这些国家的学校和课堂进行观摩。在这个过程中，我们感受到了欧美等发达国家在基础教育领域的诸多优越之

代表学校接待
世界冠军来访

处，他们在理念、制度和方法等方面有很多地方是值得我们学习和借鉴。通过对比，我们也感受到中国基础教育的明显优势。中国骄傲，不是盲目的冲动，而是理智的践行。于是，我们不断地借鉴欧美等发达国家的教育制度和模式，取长补短，并根据省实的传统、现状和目标，培养学生服务祖国、走向国际所需的视野、知识、语言和其他各种能力，逐步走出了一条切合实际的、符合本校发展特色的创新发展道路。

　　每当省实的孩子们获得奖项、取得名次时，我都会被这种"中国骄傲"所感奋，有时甚至情不自禁地热泪纵横。一方面，我和这些孩子们一样，怀有共同的"中国心"和"中国梦"。这无疑是一次最具感染力的爱国教育——真切地体会到，我们每个人的身上都流淌着炎黄子孙的血液，我们的语言、思想和情感都承载着中华民族的闪亮文化，我们为自己的民族和祖国备感骄傲自豪。我们比以往任何时候都更清楚地意识到：我是中国人，我是炎黄子孙。

　　另一方面，省实学子们在国际赛场上表现出来的高素质、高

水平，以及团结互助、奋勇拼搏、爱国爱校等品质，让我看到了未来"中国梦"的追逐者和实现者，看到了中华民族复兴的希望，我为这些可爱而优秀的孩子们感到自豪和欣慰，他们让我感佩、让我激动！

当然，在感动、自豪之余，我还有一种压力，源于学校进一步发展的需要，源于千千万万家庭对更优质的教育的需求。作为一所国家级示范性高中、广东省最老牌的实验中学，省实可谓是基础教育的领头羊和开拓者，可以说，我与省实共同走过的日子，是一段无比骄傲的时光，期间有太多激动人心的时刻，成为我人生中最为宝贵的记忆——

2010年10月18日，中国参加奥运会的首金得主许海峰、冬奥名将叶乔波、排球名将赵蕊蕊、体操奥运冠军黄旭和体操名将莫慧兰五位具有代表性的世界冠军同聚省实体育馆，共同参加省实举办的"冠军伴我行，环保在身边"广东实验中学冠军林活动启动仪式。这次活动虽然是以宣传"环保"理念为目的，却因在省实的成功举办而令省实的师生们倍感光彩和荣耀。

这是继2008年4月众多世界冠军联合在北京奥林匹克森林公园种下第一片冠军林后，我国境内世界冠军联合种下的第二片冠军林。启动仪式上，我有幸和许海峰一同为世界冠军林揭幕，赵蕊蕊则带领全体学生宣誓，世界冠军们与省实师生一同参与植树活动。

正因为有了世界冠军的加入，省实高中校区内的这片"冠军林"被赋予了更为深远的意义，它激励着省实学子们勇攀高峰、再创辉煌，鼓舞着省实教师们乐育精英、桃李天下，同时，也让我的内心浮想联翩，对于省实的未来充满无尽的期盼。

同年 11 月 8 日，我有幸成为了亚运会广州市区的第 115 棒火炬手，这与上一次作为北京残奥会深圳站火炬手已相隔两年之久。在我高擎火炬接跑的同时，周围聚满了我的朋友、同事、学生及其家长们，他们高喊着"郑校长加油"，这喊声中有同仁们的厚望，也有学生们的信赖，还有家长们的渴盼，更有社会各界的期待，让我倍感神圣的使命感。我一直认为，每位学生都拥有一面金牌，做老师的，要时刻记住让它放出光芒。民族的历史、国家的辉煌、广东的魅力、广州的风采，甚至到省实的牌子，都是一种传递，我手中高擎的，又何尝不是一代又一代人之间的荣誉、梦想与责任的接力棒。想至此，我的肩上似乎又增添了几份重量。

2008 年，担任奥运会火炬手

我深知，省实的愿景，不仅仅是培养更多的世界冠军及冠军团队，更在于通过进一步深化课程改革、教学改革和评价改革，让全体学生有更多的个性化发展机会，为学生的学习、实践、创新和成长提供更丰富的资源和更宽广的平台。但与之同时，我更深知，省实所承载的一份份"中国骄傲"，会令它在各种改革、实践、创新、发展的道路上一直前行。

036
国际视野与世界情怀

办学使命，是学校对教育的理解，它决定着一所学校长远发展的方向与特色，是学校教育实践活动的灵魂。可以说，有什么样的办学使命，就有什么样的教育活动。

在多年的办学实践中，我深刻地体会到，近年来，虽然我国国际教育的规模和水平不断提高，但高水平国际化人才缺口仍然很大。主要原因在于对国际教育的认知存在误区，即认为国际教育就是出国留学。事实上，国际教育具有更加丰富的内涵，除留学外，还包括教育资源配置、合作办学、学分互认等，真正的国际教育是国际双向的，在教育资源的交流和共享中产生思想及文化的碰撞、融合、创新，进而达到培养高素质国际人才的目标。因此，我始终认为，省实的办学使命应当是培养具有国际视野与世界情怀的一代新人。

众所周知，广东省的中外合作办学在全国一直处于领先地位，省实作为广东省名校中的翘楚，自当不甘人后。多年来，我们一直致力于加强与欧美等发达国家教育机构的交流与合作，通过参观访问、学术交流、建立友好合作关系、开展留学生项目与国际交换生项目、开设国际课程班等多种方式，努力为学生提供更多更好的接受国际教育的机会。

其一，缔结友好合作学校，加强国际教育交流。2000 年以来，省实与欧洲、美洲、亚洲、大洋洲等洲的多个国家进行了教育文化交流活动。先后与英国大西洋学院、牛津圣克莱尔学院、加拿大伦敦国际学院等多所学校建立了紧密合作关系，与新加坡的海星中学、丹绒加东中学、圣婴中学、新科技中学和圣公会中学结为姐妹学校。

其二，开展留学生项目，学子入读国外名校。省实是美国纽约大学、日本早稻田大学、日本立命馆大学、法国鲁昂高等工程师学院以及新加坡管理学院等多所国际名校的生源基地，目前有数十位同学就读于这些学校。此外，学校每年都有数位学生获得学校的"新加坡高二奖学金项目"，入读新加坡国立大学和新加坡南洋理工大学。

其三，开展国际交换生项目，"送出迎进"促交流。省实有多个国际交换生项目，每年有数十位学生可获得前往美国、法国、意大利、丹麦、德国等国家学习一年的机会。国际交换生项目还包括学校每年接收两位来自欧美国家的中学生，这些金发碧眼的"洋省实人"，除了与中国学生一起上学科课程外，还享受省实为他们量身定做的多门中国文化课程。

其四，创办国际艺术预科，融合中外艺术教育之长。2011年，荷兰阿尔特兹艺术大学协助省实设立的广东实验中学艺术与设计国际预科中心正式挂牌。该中心是由国内中学自主创办的最高端的艺术留学预科中心，面向校内外高二结业及以上学历的学生开办，其成立无疑是省实开展教育国际化的进一步探索。2014年9月，借鉴运行三年多建立起来的口碑和经验，中心又新开设了留美预科面授课程。

艺术与设计国际预科中心引进以欧美数百年艺术文化历史传统精髓为核心的艺术教育理念与模式，实行全英文教学，不仅培养了学生们的创造性的艺术思维，同时也让更多的学子能够提前适应国外的教育模式和方法，从而养成自主学习的良好习惯，进一步提高他们在荷兰、美国、英国、加拿大等世界一流艺术院校接受艺术教育的能力。

学校为该中心配备了具有丰富实践经验的中外著名艺术家和设计师作为任课教师，开设了"创意、批判性思维训练""绘画技巧""材料探索""色彩理论""视觉传达""设计软件学习"等不同艺术与设计门类的基础学习课程；并以基础课和工作室的形式开展小班化、个性化的教学，量身为每位学生推荐和申请合适的海外院校，确保其接受最合适的艺术本科教育；与之同时，还建立了完善的帮助学子们在国内即可顺利完成预科课程（雅思课程、专业课程及实践课程）、国外大学申请、留学签证等一系列求学途径的全套服务体系。美国的帕森斯设计学院、罗德岛设计学院、艺术中心设计学院、视觉艺术学院、加州艺术学院、芝加哥艺术学院、萨凡纳艺术设计学院，英国的伯恩茅斯艺术大学、创意艺术大学、伦敦艺术大学，荷兰的阿尔特兹艺术大学、埃因霍芬设计学院、海牙皇家艺术学院、利特维尔设计学院、乌特列支艺术学院，加拿大的艾米莉卡尔艺术设计大学、安大略艺术设计学院、新斯科舍艺术设计大学、阿尔伯塔艺术设计学院，意大利的佛罗伦萨珠宝设计学院、欧洲设计学院，德国的宝石协会等都是艺术中心直接面向的院校和机构。

艺术与设计国际预科中心的成立，意味着省实成绩优秀的艺术生将有资格获得阿尔特兹艺术大学优先录取的资格，同时也向荷、美、英、加等国家的顶尖艺术院校输送了大批省实优秀学子。该中心现已连续多年实现了 80% 以上毕业生考上世界知名院校和全体毕业生 100% 升学率的傲人成绩，还培育出了被世界八大知名艺术院校录取、被媒体誉为"广州最牛艺术学霸"的省实 2014 届优秀毕业生苏晓彤等一大批艺术学霸。

被英国伯恩茅斯艺术大学（AUCB）插画专业录取的预科中心优秀毕业生周子琪这样说道："预科课程中让我印象最为深刻的是性格各异的老师们。英语口语写作老师 Rocco 幽默开朗，安排的课程有效又有趣；阅读和听力老师 Jenny 耐心负责，英语学习之外的事情也可以请教她；专业课老师 Matthijs 的专业是产品设计，专业知识非常扎实；Pieter 老师的知识面很广，会给你的创意开拓各种各样的思路。Ro 讲求实际和效率，雷厉风行。"

另一位获意大利欧洲设计学院（IED）室内设计专业录取的预科中心学子张蓉则坦言："非常偶然的，我参加了预科班的面试。是 Wouter 评价我的一个词，让我相信这会是个了解我、契合我思想的地方，我把那词看作赞美——Crazy。半年过去了，我的思绪从未如此自由而有朝气。在预科班，我们没有课本，而是从与老师的交谈中接受全新的概念与思想，而这个过程，完全是主动的；我们没有太多机会坐下来沉思，因为灵感与创意不会自己向人走来，而停留在脑海里的只能永远烂在那里。学艺术设计是件很实际的事情，脱离了教科书与考试，个人的能力会变得很苍白，作品变成了你唯一的语言。预科班的老师，就是教你如何熟练运用这门语言的人。参加预科班，对于我来说是一个机遇，我相信它能帮助我在设计这条路上走得更远，更好。"

其五，创办"省实国际课程班"，教育教学接轨美国。为实现学校国际化的办学目标，为学生提供多元化发展的渠道，省实与深圳市讯得达教育发展有限公司合作，于 2013 年 2 月引进了美国高中课程体系，开设了省实国际课程班（以下简称"省实国际"），并于当年 9 月正式开学。

对学生的实践能力和综合素质培养十分看重的省实国际，秉持"能力培养，个性发展，国际视野，中国情怀"的教育理念，遵循"引进美国一流高中的优质教育资源和教学理念，与美国一流大学接轨，最终培养出学贯中西、在全球竞争和文化交流中得心应手的国际化精英人才"的教育目标，有机融合了省实优质教育资源和美国 AP 课程，在保持学校学科教学优势及科技教育、艺术教育、体育、环境教育、社团活动、综合实践活动等特色的基础上，对接海外精英高等教育体系对学术经历、个人能力、公民修养方面的要求，为有意出国深造的学生提供了优质的教育资源及留学平台。

省实国际不仅悉心为学生提供一流的教学环境、专属的教学区域和生活区域，而且由省实经验丰富的老师担任班主任，由具有丰富教学经验的外籍教师和海归教师任教，任课教师及课程规划均通过美国大学理事会认证，中国文化、艺术、体育等课程则由省实的一线一流教师主讲。我们负责严格把控师资质量、教学质量等每一个中间环节，向学生提供个性化的全程学习指导

我一直认为，创造是一个宽松的舆论环境，一个良好的研究氛围，一个灵活的教学空间，十分有利于教师形成独特的教学风格，克服"高度统一"和"千人一面"的现象。

——郑炽钦

要想成为一名学者型的教师，既要懂得如何"教"，又要懂得如何"研"，还要懂得如何"写"。教是研的前提和基础，研是教的总结和提高，而写则是教和研的概括和升华。

——郑炽钦

以及留学规划辅导，为学生提供全方位、高水准的教育平台和充分的发展空间。

省实国际开设两年多来，有一大批学生参加了托福、雅思等多项考试，均取得了优异的成绩。作为省实国际的有机组成部分，省实国际组织的学生们还赴从化流溪河国家森林公园，开展了生态科学考察社会实践活动，对学生们获得研究方法、提高自主创新能力具有重要意义。

其六，开展学分互换认证，最大程度与国际接轨。2011 年 5 月 16 日，经过美国凯麦斯基金会授权，省实南海学校获得了"美国教育成绩认证和转换"资格。这就意味着，省实的中学生在国内考试中所取得的学分成绩，不仅能够被美国承认，还可以在不参加美国 SAT 高考的情况下申请全美国的中学和大学。曾有专家这样评价：一所中学在国际化办学领域走出如此实质性的一步，这在国内尚属首例。

根据双方签订的协议，省实南海学校拥有了多项与国际接轨的项目，包括学校学生成绩单为全美所有高中和大学接受，为学生出国深造提供帮助和方便；学校具备为全美高中和大学招收资格，为有意出国留学的毕业生开辟更为广阔的道路；学校还可代表基金会参与各项学术交流、国际教育咨询以及国际教育培训活动；甚至还可以开设美国历史、美国文学以及美国基础经济学等课程，促进学校课程设置改革。诸多国际化的项目，均给予了学校极大的自主权。

在这众多项目中，最为核心的当属学分认证和转换。这种认证有点像大学的 GPA（学分绩点）转换，整合美国的资源与中国教育接轨，适应中国的大纲。这种认证在国际较为通行，但在中国尚属首次。根据协议，美国加州教育委员会和凯麦斯基金会将在省实培养、训练专业的学术评估员，并进行科目编排，中学生平时的期中、期末各科考试转换成美国人能认可的成绩，美国方面每年派人对省实老师打出的成绩进行审核。

此前，中国高中生申请美国大学，需要两项关键指标：高中学术成绩表现和被俗称为"美国高考"的 SAT 考试。而签订协议之后，省实及其附属的 3 所中学的学生们在毕业时，既可参加国内高考，也可申请留美，并只需要参加托福、GRE 等标准化考试，而不需要额外的考试成绩。

由于中美教育制度不同，两国中学课程设置存在一定差异，解决衔接和转换是问题的关键所在。于是，在操作层面，美国提出科目要求，中国的老师对课程进行分解。比如，中国的数理化难度之高世界出名，对于数学一科，中国教师会将其具体分解为代数、解析几何、微积分，"不同年级的学生学到什么程度，就打适应美国教育体系的学分"。至于美国课程中没有的政治课，美国将尊重中国国情，则将学分转化为性质类似的美国公民课学分。

当然，这些举动当时都还处于"第一个吃螃蟹"的阶段，很多具体的细节都是在反复的探索中得以敲定。省实之所以如此"敢为人先"，就是因为我们深知，必须出现一只"领头羊"，才能够最终引领全国性的标准制订，从而让更多的中国学生受到更加优质的教育。

其七，开展出国前培训会，拓展社会理解。自 2011 年以来，省实每年均会在 5 月份承办"CEAIE-AFS 学生出国前培训会",吸引了大批来自省内外交流生及其家长前来取经。"项目介绍""经验分享""生存大挑战""文化大碰撞""智慧大搜索""角色大转换"等多项生动有趣的活动,以及学生分享会、家长培训会、活动总结大会等,令学生们和家长们对 AFS 项目有了更加深入的了解,对其后一年的国外学习生活充满了期待和信心。

在国际交流项目
AFS 培训会上
致辞

　　AFS 组织成立于 1947 年,是一个国际的、志愿的、非政府的、非营利性的组织,以增进世界各民族之间的理解和文化交流为宗旨。目前,已有 50 多个国家和地区加入该组织。中国 AFS 国际文化交流项目是在中国教育部的直接指导和监督下,由中国教育国际交流协会负责执行的中学生跨文化交流项目,参与对象主要是中学生及中学教师,以和当地中学交流为主要方式。

　　作为广东省最早参与 AFS 项目的学校之一,几年来,省实已经派出几十名优秀学生前往美国、法国、意大利、丹麦、德国、芬兰等欧美发达国家进行文化交流。这些"文化小使者"在接待国家表现优秀,深受当地学校和社会的欢迎。其中绝大多数学生在回国后又以优异成绩考入国外名牌大学。如,陈思孜同学被美国斯坦福大学录取,刘邓扬同学被美国达特茅斯大学以全额奖学金的形式录取,杨伊人同学被美国西北大学录取,田竞蒙同学被美国华盛顿大学录取等。

　　为了更好地促进学校师生与世界各国的文化交流,省实从 2008 年开始接待 AFS 来华学生。学校除了为他们安排合适的接待家庭之外，还为他们量身开发了针对性强、灵活多样的课程体系。该课程体系包括汉语、中国地理、中国历史、武术、艺术以及数学等科目，并安排优秀的专业教师执教，以帮助他们在短短的一年中能够对中国文化有更深入、更广泛的了解。

鉴于省实对中国 AFS 项目的突出贡献，2011 年中国教育国际交流协会特授予学校"CEAIE-AFS 国际文化交流项目学校"称号及奖牌。诸多项目的承接及举办，让省实学子们有机会见识到世界更多的精彩，为他们未来走向世界、创造更为精彩的人生铺平了道路。

美国学者托马斯·弗里德曼说"世界是平的"，但世界的文化是多元的。为此，我们说，"国际视野"决不仅仅限于对外部世界的了解以及知识的积累，它更是一种态度、观念和思维方式及行为规则。只有"国际视野"，则很可能迷失自我，唯有与"世界情怀"相拥，才是教育国际化的真正未来。

三、"科、体、艺",让教育如此美丽

美国《新闻周刊》曾在世界范围内对学校做过一次大规模的调查,最后评选出了 10 所最好的学校。这些学校之所以被认定为世界教育的成功典范,并非因为其在各方面都非常强大或者综合实力超越一般,而在于它们独树一帜、标新立异、在某一方面取得了重要成功,凭借着鲜明的特色赢得了教育的成功。

然而,当我们将目光移向国内:多年以来,应试教育、功利主义造成了我国中小学"千校一面"的不良局面,教育模式的僵化致使人才培养方式的单一化和功利化,进而导致了素质教育目标的落空。个性是创造的基础,是世界多姿多彩的本源,千千万万无个性的学校,造成的是我国基础教育人才标准单一化、人才素质畸形化、人才思想贫乏化的窘困局面。

因此,中小学面临着一个如何挣破功利之网、找到素质教育的个性化实践之途的紧迫任务。若要完成这个任务,校长不仅需要拥有正确的教育理念,还必须有巨大的勇气和矢志不移的决心。正是基于这一点,我们审时度势、大胆实验,确立了"实验性、创新性、示范性"的办学特色和"以艺术教育、体育和科技教育

师与生的精神交流如条条畅通无阻的河,学生往往极乐于把心灵交给这条清澈的河洗涤;在闪烁着情感色彩的教育教学活动中,学生往往如坐春风、如沐春雨……
——郑炽钦

教育科学一旦远离了教育艺术,就像无人赏识的一株病木;教育艺术一旦摆脱了教育科学,就像花里胡哨的空架子一文不值。
——郑炽钦

为突破口，培养和谐发展的人"的特色办学模式，明确标示了学校继续发展的目标与途径。多年来，通过大胆规划、理性实践、不断深入，成功探索出了一条实现特色教育蓝图的快行道，开辟出了一个有效实施特色教育的广阔天地，为全省乃至全国的中小学提供了可供参考借鉴的模式。

037
走特色教育之路

特色，是一个事物或一种事物区别于其他事物的风格、形式，是该事物所特有的一种属性。办学特色，则是指学校在长期的发展历程中所形成的、比较持久稳定的、明显有别于其他学校的独特的办学风格、独到的办学理念，以及在人才培养、科学研究、校园文化等方面的特色。

俗话说："世界上没有两片相同的绿叶，也没有两个相同的人。"同样的道理，一所学校与其他学校的区分与鉴别，就在于其特色。我始终认为，特色是学校的生存之本，走特色教育之路是深化教育改革、打造品牌学校、促进学生全面而有个性发展的切实需要。

众所周知，长期以来统一的教育内容和教育方式以及外在的标准化控制是造成我国中小学思维僵化、固步自封、创新意识和创新能力丧失的主要根源。学校特色发展需要足够的自主权，需要学校自主拟定发展目标，生发开拓进取的动机和斗志。因此，学校特色建设要以国家和教育主管部门给学校让出发展个性和创新的空间为前提。

我国自 20 世纪 90 年代末开始实行三级课程以来，不断加大对学校赋权的力度。新课程更是给予了学校更多个性化发展的空间。综合实践活动、校本课程、校本教师培训等，学校拥有了更多的自主定位、开发、实施和管理的权力。省实特色教育项目的发展，就是充分利用新课程赋予的课程开发权力，以研究性学习、校本课程、学生社团和各种大型的校内外活动为国家必修课程的有益补充，为学生提供丰富多彩的艺术、体育和科技教育学习和活动机会。如今，"课程·社团·竞赛·科研"四位一体的特色项目教育机制已经在省实逐步发育成熟，并开出了一朵朵芬芳四溢的特色之花。

对于学生，我们的育人目标是在德、智、体、美、劳全面发展的基础上，还要有特长。对于学校，我们也同样努力做到全面发展与特色发展相结合。比如，就学科教学来说，所有学科都达到一定的标准——这是基础，部分学科异军突起超出标准——这

率领学校合唱团
第三次夺得合唱
世界冠军

迎接学校民乐
团师生韩国比
赛载誉归来

是特色。在这一方面，作为一所国家示范性高中，省实将所有学科知识教学和各类教育目标（德、智、体、美、劳）都达到"优秀"定位为基础性任务，将艺术、体育和科技教育的培养目标达到"优异"定位为发展性任务。

美好的蓝图需要通过具体而可行的措施方能实现。为此，我们在发展艺术、体育、科技特色教育项目上，做到了"六个兼顾"。

其一，既重传统，又重拓展。

学校特色的形塑，既要善用传统，又要勇于拓展。传统，就是历史存在着的教风、学风、校风，以及办学模式和办学效果。为此，走进省实漫长而光辉的发展历程，在众多的教育教学成就和优秀的教育教学传统中，经过深思熟虑，我们选择了艺术和体育这两项既能体现学校传统，又能深化素质教育的项目，作为最先确定下来的特色项目。在艺术方面，早在20世纪50年代，学校就成立了以合唱团、管乐团为核心的学生艺术社团；在体育方面，羽毛球、田径、游泳等都是省实的传统运动项目，拥有悠久的文化和历史。

既基于传统，又要有开放的胸怀，不为传统所限，这就是我们的态度。近年来，随着校本课程和研究性学习的日常化和创新性实施，一批有志于科学教育的省实青年教师积极探索培养创新性科技人才的课程内容和教学方式，创造性地将教学、实验、社团、活动和竞赛相结合，开发出了一系列科技教育校本课程，经营出了好几个高水平的科技教育基地，并发动学生组建了一系列科技教育社团，成功申报了多个国家级和省级科研课题，同时发展出了多个广州市特色科技教育项目，所带学生在多项省市、国家甚至国际性的科技创新大赛中斩获金奖……面对扑面而来的成绩，作为一校之长，我与我的同仁们紧锣密鼓地协商，一致同意将科技教育确定为省实第三项特色教育项目的办学方针，并且开始通过目标引领、多方支持、加强评价等方式，将科技教育从自发引上自觉的发展道路。

其二，既重硬件，又重软件。

发展特色教育项目，既需要学校投入大量的资金来提供场地、器材、设备、活动经费，又需要学校从数量和内涵两方面扩大教师队伍。可以说，人力、物力缺一不可。

在场地和设施建设方面，我们既高度重视、多方筹措，又量力而行、逐步推进。如在艺术教育方面，学校陆续配备了综合版画室、绘画室、美术资料室、鉴赏室、工艺室、合唱室、民乐室、管乐室、舞蹈和戏剧室等十余间艺术教育专用室，2008年下学期又分别投资施工建设了"陶艺室"和"弦乐团排练厅"（目前广东省内唯一的一个中学室内乐团专业排练厅）。

在体育设施建设上，学校初高中校区都拥有正规的田径运动场、室内羽毛球馆和乒乓球馆、室内游泳馆、健身房、网球场、篮球场。在科技教育方面，我们原本就拥有按学科课程标准要求配置的、符合省规定标准的数十间实验室和专用室，为了满足科技教育发展的需要，2005年以来又开辟出了环境教育公共实验室、科技创新实验室、天文教育室、机器人制作工作室等多间专用教室。

除了配备专用教室外，我们还投入了大量的资金为各室增添"家具"、实验用品、乐器、服装道具等。例如，为环境教育公共实验室配备了价值60万元的专门仪器、3间公共实验室和1间YMP网络机房。在天文教育方面，我们更是为天文教育室投入了超80万元资金，打造出了国内最高水平的中学生天文探究实验室。

俗话说，最精湛的师资是教育的最高装备。多年来，我们不断引进艺术、体育和科技教育的优秀毕业生和骨干教师，进而成功开辟出了雕塑、戏剧、网球、健美操等一系列艺术、体育类选修课程。在科技教育方面，我们同样大力引进有科技创新教育成果的外省骨干教师。请进来，我们收获了融融的春风；走出去，我们寻获的是珍贵的清泉。为此，我们不遗余力地为教师们提供丰富的外出学习、培训的机会，可以说，省实艺术、体育和科技教师基本上每人每年都有一次以上走出去研讨、培训的机会和一次以上带队参赛的机会。只要教师们能够拿出作品、勇于参赛，学校都会大力支持。

其三，既重课程，又重竞赛。

发展特色教育项目，课程是基础，竞赛是拓展。没有课程，竞赛就是无源之水、无本之木；没有竞赛，课程难以造就高素质学生。

通过加强艺术、体育和科技教育来培养和谐发展的创新型人才，需要同时转变所有课程的教学方式。我们主要通过上公开课、请省市教研员和校内名师进行听评课、全科组教师听课并参与研讨的形式，来推进启发式教学、探究式教学在课堂教学中的切实普及，确保学生在课堂教学中能够充分发挥自主性和能动性，从而实现以课堂教学为主阵地提高学生的思维能力和创新能力的目标。

与舞蹈团世界冠军代表合影

除了转变课堂教学方式以外，我们还通过提供品种丰富的课程，来促进学生多方面兴趣爱好的发展。学校长年开设合唱、管乐、弦乐、民乐、戏剧、舞蹈、素描、国画、雕塑、扎染、摄影、书法等10多门艺术类校本课程，并开设了羽毛球、网球、乒乓球、足球、篮球、武术、游泳、体育舞蹈等多项体育选修课程。

事实上，学校先后开设的科技类课程有30多门，其中中瑞合作"环境小硕士"国际课程研修班、科技创新、天文探究、野外生态环境实地调查监测与防治、水质探究、数字化图像设计、程序设计、单片程序编写与简易机器人制作等课程深受学生的欢迎。"科学大讲堂"已成为省实科学教育的品牌项目，我们每学期邀请一批社会各部门的专家、学者来校做专题报告，开阔学生视野，激发学生学科学、爱科学的情感。

对于竞赛，省实的师生们有着多维度的认识。众所周知，取得好的竞赛成绩是宣传学校办学成果、树立学校品牌的重要手段之一。除了这一理所当然的目的外，我们之所以鼎力支持教师和学生参加各级各类的竞赛，还因为它们能够给师生提供高平台的锻炼展示机会，能够通过"听、说、看"来开阔师生的知识面和视域，也能够通过交流给省实带来更多的与国内外相关单位合作的机会。竞赛，不仅是发现创新型特色人才的机会，而且还能通过榜样示范、以点带面地促进艺术、体育、科技教育在全校的普及。

其四，既重精英，又重普及。

有的学校将特色建设始终定位于对个别或部分学生的培养上，将他们精心打造成支撑学校特色的"门面"，如各种"奥赛班""实验班""特长班"等。但我始终认为，这种特色教育，有悖于特色化的本意。省实在发展特色教育项目的过程中，始终坚持"既重精英，又重普及"的原则，在普及的基础上为涌现出来的"尖子"进一步提供深入学习、研究和创新的机会。

我们主要通过课程、社团和活动来达到普及的目的。除了以上提到的丰富多彩的必修和选修课程外，我们还从课程之中生发出来的几十个艺术、体育和科技类学生社团，它们构成了学生日常活动的主阵地。我们的社团具有学生自主经营管理、重视校内宣传和校外交流等特点。除了社团开展的活动外，省实还有大型的全校性艺术、体育和科技活动。艺术节、科技节、体育节已成为学校的三大盛会，具有"历时长、活动多、全员参与"三大特点。

其五，既重分权，又重管理。

在发展特色教育项目的过程中，我们采取了"既重分权，又重管理"的策略。赋予教师充分

在星海音乐厅与全球柴可夫斯基银奖得主、捷克著名大提琴演奏家——丹尼尔·维斯及师生代表合影

的校本课程开发、社团组织、校内活动、校外参赛和科研等多方面的自主开发权和参与权；为教师们提供了自主创新的空间，激发了他们不断进取的动力。省实的科技特色教育就是在放手让教师们自主开拓的前提下蓬勃发展起来的。同时，放权不等于放任，我们领导层面通过"以目标为引导，以评价为杠杆"，不定期对各个项目从师资、课程、教学、设备、科研、竞赛等多方面进行检查评估，衡量项目的可发展性和教师的综合素质，通过诊断及时为各个项目确定下一步发展目标。比如，学校在2004年为无线电测向立项，提出要"高起点、高标准、高要求"。在该项目获得全国冠军之后，我们又及时地提出了"三年全面发展、四年达到国内较高水平，五年走出国门"的目标。正是在这一拟定目标的推动下，省实的无线电测向冲出国门，在2008年第十四届无线电测向世界锦标赛上，获得团体第八名的优异成绩。

其六，既重实践，又重科研。

没有科研的引领，实践容易陷入低水平重复；没有实践为基础，科研容易走向闭门造车。省实的特色教育项目除了大力开展以上各项教育教学实践活动外，还注重领导、教师和学生一起参与科研——

近年来，"以艺术教育为特色实施素质教育"课题研究成果荣获广东省第六届普通教育教学成果奖一等奖（2007年）。体育和艺术类拥有两个省级子课题"广州市实施体育与健康新课程标准的现状调查研究""学校体育与健康课程对学生体质健康的影响"以及四个校级课题。后来,学校相继进行了一系列科技类课题，有"中学环境与可持续发展教育课程的构建与整合研究"（联合

> "宽严皆误，进退两难"的尴尬处境，恐怕是许多班主任遇到的难题。我认为，教育时机的把握十分重要，就像烧菜的"火候"或军事上的"战机"，往往稍纵即逝，而把握时机则可以收到事半功倍的实效。
> ——郑炽钦

> 在我看来，班主任工作的"核心"是促进每一个学生都能够健康成长，这就要求班主任务必善于发现学生的优势，找到学生的增长点。"管"是必要的，"理"比"管"也许更重要。
> ——郑炽钦

国教科文组织中国委员会可持续发展教育项目国家级研究课题）"中学环境与可持续发展教育模式研究"（中国可持续发展教育项目"十一五"国家级课题）"区域科普资源共享平台建设"（广东省自然科学基金立项课题）"无线电测向运动发展课程的构建与实施研究"（广东省教育科学"十一五"规划一般课题）"思维共同体建构模式与课程整合案例研究"（广东省教育科学"十一五"规划重大课题），以及三个市级课题和五个校级课题……

一所拥有鲜明教育特色的学校，才是一所有个性和内涵的学校。全体省实人上下齐心，共同努力，"艺、科、体"教育特色日渐鲜明，享誉全国，甚至国际。

将特色作为素质教育的突破口和着力点，我们所培养的绝对不是畸形发展的人才，而是品学兼优、才艺兼备的和谐发展的高素质人才。在省实，学科教学与特色教育相得益彰，而不是相互割裂。我们的学生不仅有个性化的兴趣特长，而且在学科学习中也如鱼得水。大力实施艺术、科技和体育特色教育，不仅没有影响学生的学科知识学习，反而令他们在学习上更有激情、更有斗志，使他们更加渴望在知识的海洋中吸取营养，为自己的个性化特长发展提供坚实和丰厚的文化底蕴。从另一个角度来看，省实之所以能够在艺术、科技和体育特色教育中取得如此辉煌的成绩，是因为我们的学生以扎实的多学科知识为基础，以高尚的品德修养为内力，以高雅的行为举止为依托。

全国教育科学"十二五"规划教育部重点课题"非物质文化遗产校园传承研究"课题组的黄俭秘书长曾给我发来短信报喜，祝贺我校民乐团为国争光，被国务院官网、新华社专题报道。

在联合国成立 70 周年庆之际，我校李子良副校长带队省实民乐团，应邀参加了第三届"文化中国"中华非物质文化遗产在联合国总部的展演。展演期间，民乐团演奏了《丰年祭》《织出彩虹万里长》等传统曲目，受到了一致好评。特别值得一提的是，由中国作曲家、华南师范大学音乐学院郭和初教授根据省实民乐团的编制和联合国演出时长的限定，以广东音乐《月光光》《步步高》为素材，为此次展演精心编配的管弦乐作品《小蛮腰遐想》，巧妙地将"小蛮腰"三个字的粤语发音、广东音乐《步步高》的音乐动机与广府民谣《月光光》的音调融为一体，将传统广府文化与当代羊城建筑作了有机串联，既写景又抒情。同时，对该曲的结构和配器重新加以思考，写出了一个全新的"省实版"的《小蛮腰遐想》。

作为全国群众体育先进个人代表受到习近平总书记亲切接见

在民乐团陈丹黎老师的指挥下，当第一个音符响起，一副岭南水乡的朦胧柔美序幕就在联合国总部徐徐拉开。数把高胡，像述说着岭南故事的说书人，从古南越国的宫殿辉煌延展，直到花城广场的人来人往、灯火繁华；琵琶声起，宛如大珠小珠落玉盘；十几把阮，婉约地奏出了一副岭南美女在珠江边上轻唱浅吟的优美画面；一支独特的唢呐，高亢的声线迂回辗转，声声动人，将云山、珠水的柔美情怀和广东人民勇敢开拓的精神表现得淋漓尽致。当最后一个音符结束时，全场起立掌声雷动，为广东音乐的精彩和美妙鼓掌。

作为唯一受到邀请的国内民乐团，省实民乐团的这次表演，同时也是广东民乐首次在联合国总部进行的演奏。这决不是偶然，而是省实教育的自然表达。前文也曾提到过，一直以来，我们十分注重学生的传统文化修养教育和艺术素质教育，省实的艺术教育成果多次获得国际、国家、省、市级奖励，早已形成了以"弘扬先进文化，铸造民族精神，陶冶高尚情操，培养审美情趣，提高学生素质，实现全面发展"为宗旨、具有省实特色的艺术教育机制。我们的合唱团、民乐团多次获得国际、国家、省、市级奖励。学校被评为中央教育科学研究所教育信息研究中心、中国特色教育项目评审小组评为"中国特色教育项目学校"……

"问渠那得清如许，为有源头活水来。"省实在艺术、体育和科技教育上取得的可喜的成绩，皆源于学校特色教育项目建设走的是一条扎扎实实、稳步推进，在日常的平凡教育教学工作中铸就辉煌的发展道路。诚然，办学特色形成学校文化，学校文化包含特色文化。例如，我们以艺术教育为办学特色，审美的情趣就纳入了校园文化中；以体育教育为办学特色，健康向上、不断登攀的精神就成为了学校文化的一部分；以科技教育为办学特色，学校文化中就充满了创新精神。因此，当教育特色成为了学校文化的组成部分时，才拥有了永恒的生

在学校体育节上点燃火炬

命力并产生深远的影响。诚然，教育特色只是学校办学的抓手，不是目的，为了以此作为素质教育的突破口和着力点，才能真正形成学校的特色文化，推动着学校教育多样化、特色化、优质化发展。

038
让科技教育绽放异彩

现代社会需要什么样的人才？怎样造就适应社会发展的优秀人才？这是当今世界各国普遍关注的问题。从过去主要依赖自然资源和物质力量，到现代社会以智力资源占有和配置、知识的生产、分配和使用为最重要因素，人才对于当今时代人类发展和国与国之间的竞争具有越来越关键的意义。习近平总书记在 2014 年 6 月 9 日召开的中国科学院第十七次院士大会上指出："实现中华民族伟大复兴，人才越多越好，本事越大越好。知识就是力量，人才就是未来。我国要在科技创新方面走在世界前列，必须在创新实践中发现人才、在创新活动中培育人才、在创新事业中凝聚人才，必须大力培养造就规模宏大、结构合理、素质优良的创新型科技人才。"

科技的发展靠人才，而人才的培养靠教育。作为一名基础教育战线的校长，我深切地意识到了在这个国际竞争日益激烈的世界中，学校肩上所担负的对于国家的责任：我们要竭尽所能，努力造就具有社会责任感、科学精神和创造能力的优秀人才，为中华民族参与世界竞争打牢人才之基；而作为一名教育工作者，我同时也体会到了在这个日新月异的社会中，自己肩上所背负的对于学生的责任：在传道、授业之外，我们要培育青年学生求真务实的科学精神，提升他们探究发现的创造能力，以确保他们能够适应"处处皆科技"的未来生活。正因如此，多年以来，省实人仰望星空、脚踏实地，始终将科技教育放在学校发展的重中之重，不仅系统构建了"全面发展，科学见长"的拔尖创新人才培养课程体系，而且创办了"广东省创新人才培养实验班""钟南山科学人才培养班"，培养了一支优秀的双师型科技教师队伍，打造了科技创新、信息科学、机器人、发明创造、无线电、环境教育等多个享誉国内外的知名科技教育品牌，为国内外众多著名高等学府输送了一批又一批出类拔萃的科技创意、科技创新、科技发明的预备人才。

尤其是"十一五"以来，我们积极响应国家关于"全面推进素质教育，大力培养创新人才"的号召，树立了"在全面加强科技教育的基础上，选择性培养一批具有较强科学素养的创新型预备人才"的科技教育目标。具体而言，可以分解为这样三个维度。

其一，"知识目标"，即理解科学的性质、概念、原则和过程，理解全球经济和社会系统的相互依存关系。

其二，"技能目标"，包括实践的技能，即能够运用科学知识和科学工具来解决问题，掌握科学研究的基本方法；创新的技能，即发现问题、提出问题的能力，用创新的方法解决问题的能力；交往和表达的技能，即能够以口头和书面两种形式表达对科学知识的理解，以及个人的研究心得与成果；自主学习的能力，即中

"足球"是一个多么令人兴奋和激动的名词，中学生喜爱这项体育运动，哪怕是一个"迷"，这也是完全可以理解的。问题是我们如何正确引导他们，这是一种教育技能，也是一种教育艺术。

——郑炽钦

如果说，"自主"与"发展"是现代学校选择发展目标和策略的两个基本角度。那么，理论思考基础上的"务实性诊断"一定是"自主"和"发展"的核心环节和坚实的落脚点。

——郑炽钦

学教育是为学生的终身发展奠基的基础教育，要注重培养学生自主学习科学知识的能力，使学生进入社会后能够拥有终身学习和可持续发展的能力与习惯。

其三，"情感、态度和价值观目标"，即热爱科学，具有强烈的科学学习和科学探究兴趣；尊重科学，具有求真务实的科学精神；勇于创新，具有较强的创新意识；对人与自然、人与社会的关系有着正确的理解，具有运用科学知识造福人类、保护自然的道德品质；具有良好的合作精神。

代表学校聘请徐大懋院士为科技教育顾问

曙光在前，灯塔引路。正是源于多维度目标的指引，我们在重视培养学生的人格和人文素养的前提下，大力培养学生的科学素养；在面向全体的前提下，选择性培养一批拔尖科学创新型预备人才；在满足国家发展的人才需要的前提下，促进学生的个性化发展和可持续发展，逐步形成了"教师团队、课程体系、教育基地、学生社团、科技创新"五位一体的立体式科技教育网络。其中，教师团队和学生社团是"人"的资源，教育基地是"物"的资源，课程体系和科技创新则是在这两类资源基础上搭建出来的"学·研"大厦。而科技教育网络的顶端，就是学生科学素养、科技能力的发展，以及学校科技教育特色的形成。

师资培养：梯度建设，科研引领

我国著名教育家顾明远先生说过，办好一所学校必须具备三个条件：一是必要的设备，二是一套较好的教材，三是一支优秀的教师队伍。对于校长而言，必要的设备配置是政府的事情，我们需合理的去争取；教材由专家编写，我们需针对性地提出自己的建议；而培养造就优秀的教师群体却是我们每一个校长不可推卸的责任。

我亦深知，科技教育的关键是科技教师。因此，在实施科技教育的过程之中，十分注重科技教师的培养。为了鼓励青年教师从事科技教育，我们通过5项措施保证科技教育持续发展：一是对于指导学生竞赛取得成绩的教师给予物质奖励；二是在评先、评优方面给予业绩优秀的科技教师以优先权；三是设立科技班主任，专门负责科技活动的开展，享受班主任待遇；四是设立科技教育主教练，对学科科技教育负责，享受科组长待遇；五是成立学校科技教育工作小组，校长亲自任组长，有专门的副校长和教学处副主任负责学校科技教育。科学合理的管理和奖励机制保证了学校科技教师队伍的稳定和工作的积极性，科技教育取得了快速发展，优秀科技教师不断涌现，目前有8位老师获得省级以上优秀科技教师称号。

为第65届德国纽伦堡国际发明展中国区选拔赛暨第9届中国青少年创造力大赛颁奖

诚然，科技教师队伍建设，人才引进只是第一步，关键还要靠人才引进后的培训、锻炼与发展；既要充分挖掘本校教师的潜力，又要广泛援引校外专家的力量。如今的省实，拥有一支高水平的科技教育教师队伍，包括18名科技教育专职辅导员和140余位兼职科技教师，他

们长期活跃于国内外科技教育、创新教育、环境教育的学术舞台上，通过学术报告、经验分享、案例、课例等形式，与志同道合的同行们交流思想，这是省实科技教育走向成熟的重要标志之一。

省实还建立了"科技教育主教练制"的科技教师培养与评价制度，以激发和激励广大教师投身科技教育，形成教师梯队；建立以学科、科技项目主教练为核心的竞赛训练辅导组，从而进一步形成教育合力，保证省实科技竞赛的良性发展。

尽管如此，中学的科技教育教师资源，在数量、水平和结构上都不可避免地还会存有一定的局限性。为此，我们充分利用校外的高校、研究所等社会机构的人力资源，建立了一个包括 60 多位校外专家、教授在内的兼职教师资源网。其中包括：中国科学院工作分院、中山大学、华南理工大学等高校的专家教授。校外专家不仅承担着开设专题讲座的任务，还与校内教师一起辅导学生开展科技创新项目的研究。

"十一五"期间，我们积极响应国家"科研兴教，科研兴校"的发展战略，在科技教育方面，我们共承担了 2 项国家级课题，6 项广东省自然科学基金及科技攻关项目科研课题，3 项广东省教育科学规划课题，14 项广东省教育厅、广州市教育局、广州市科技局的科技计划项目，共获得资金支持近 200 万。

2011 年，当时分管科技教育的全汉炎副校长带领部分科技教师，成功申报了省中小学教学研究"十二五"规划重点课题"中学科技教育资源包的开发与研究"。正是在该课题的推动下，我们开发出了功能强大、资源丰富的"广东实验中学科技教育资源网站"，以促进校内外科技教育的资源共享及交流合作。

课程结构：梯度开发，培育精品

培根曾说："读史使人明智，读诗使人聪慧，演算使人精密，哲理使人深刻，道德使人高尚，逻辑修辞使人善辩。总之，'知识能塑造人的性格'。"

在这里，培根正是深刻感悟到了不同课程对人的潜能有着不同方向的开发，产生了"种瓜得瓜，种豆得豆"的神奇效应。

那么，课程究竟是什么？

在我看来，课程就是教育的心脏，它的每一次跳动或变化，都对教育内涵和育人导向产生出了重大的影响。

正因如此，为了实现"面向全体，兼顾个体"的培养目标，我们构建了由基础型课程、兴趣型课程和特长型课程三种类型的课程所组成的"阶梯式"科技教育课程体系。

基础型课程——全员必修，其作用在于使每一个学生牢固掌握高中阶段必备的文科和理科知识，具有一定程度上的人文素养和科学素养。

兴趣型课程——自由选修，面向全体学生开设主题丰富、形式多样的科学和技术类校本课程，供学生们自由选修、走班上课。又分为教学型课程和活动型课程：前者指每周三的第6、7节课，后者则指"科技节、读书节、社团节"等丰富多彩的大型校园文化活动以及学生社团活动。

特长型课程——择优选择，在基础型课程和兴趣型课程的基础上，指导教师挑选出在特定领域比较优秀的学生，予以进一步的重点培养，帮助他们将兴趣发展为特长。

　　我们对这三类课程的发展定位是：实现"基础型课程优质化，兴趣型课程多样化，特长型课程品牌化"。

　　于是，在大力发展科技特色的理念指引下，通过滚动发展，我们的教师已经培育出了"科学大讲堂""科技创新""天文探究""科学考察与自然笔记""环境小硕士""机器人制作""生活中的物理""基因工程的基本原理与操作""计算机软件与硬件""电子控制技术在生活中的应用""航海模型改装与操控"等近20门科技类精品课程。其中，科技创新、创造发明、天文探究、环境教育、信息科技、机器人制作、模型制作等已成为硕果累累、享誉全国的品牌教育项目。

　　在兴趣型课程中，每年一届的"科技节"也已成为学校全体学生共享的科技盛宴，科普宣传与推广、科技论坛、科技实践活动、科技展示活动等是每年科技节的必备内容。借助常年滚动发展的特长型课程，我们的科技辅导教师充分利用周末闲暇时间积极开辟第二讲堂，不定期地组织学生参观微生物研究所等科研单位；还借助广东省中山图书馆的"岭南讲坛"

认真聆听霍益萍教授等专家关于广东实验中学拔尖创新人才培养情况的反馈

和"中山讲坛"，以"科学大讲堂"为平台，每周邀请一位校外专家学者来学校做专题报告，不仅增长了学生的见识，也培养了他们的科学精神和创新思维。

　　近年来，初中部还实施了"科学实践项目"，在鼓励同学们人人参与、人人动手的同时，

进一步推动着学科教学工作的改革与创新。

教育基地：立足校内，援引校外

教育基地是学校开展科技教育的重要物质基础。我们一方面逐步建设科技教育专用室和科技教育综合基地；另一方面，充分利用校外大学和研究所的实验室。

在省实，科技教育专用室和科技教育综合基地是学生学习科技知识、开展科技实践和科技创新的"梦工厂"，是校园内学生在行政班教室之外的另一方学习天地。区别于教室中以讲授为主的学科知识学习途径，在这里，学生所开展的学习活动主要是动手操作、动脑设计、实验探究、研发创新。

我们原已有按学科课程标准配置的、符合省规定标准的数十间实验室和专用教室，2005年以来又先后建设了科技创新实验室、环境教育公共实验室、天文探究室、机器人制作工作室、模型教育专用室等多间专用教室，并为这些专用教室专门配备了丰富且专业的仪器和设备。

立足校内、援引校外，我们充分利用校外大学和研究所丰富的实验室资源，与中国科学院广东分院、清华大学研究院、中山大学等高等院校和研究所建立了共同培养的长期合作关系，不定期带领学生前往大学和研究所的实验室，在教授们的指导下，开展实验探究。

与此同时，我们的部分科技教育项目还争取到了国外大学的支持。例如，我们与英国布莱德福德大学远程观星项目组达

在第66届德国纽伦堡发明展中国区选拔赛上致辞

成共识，将英国在西班牙建设的一个有每年 330 天左右时间可进行远程观测的大口径天文望远镜，提供给省实师生进行远程观测；英国斯坦福大学太阳中心主动邀请省实参与全球太空气象研究，提供给我们技术支持和设备，指导我们学生进行数据分析，使一大批学生掌握了科学研究的技巧和方法等。这些项目的争取，无疑大大拓宽了省实师生们的科技视野。

经过几年的发展，这些项目已经成为学校的科技类优势项目。我们利用学生课闲时间进行训练，以学生本身兴趣为出发点，为其选定符合其特点的项目，从而进行有针对性的辅导。这样就保证了学生们始终对模型运动保有持续的兴趣与热爱，在这个过程中得到的学习，同时也是学生在竞赛中取得成绩的前提之一。

学生社团：合作交流，自主发展

人文主义学者蒙田认为："人类的最大任务就是学会成为自己的主人。"可曾想，这个任务，竟在我们的学校里率先完成了。只要你对科技感兴趣，只要你爱发明，并且愿意展现、勇于实践，就会在省实找到最合适的舞台——省实的学生科技社团以"培养'科技成绩突出、学习成绩优秀'的全面发展的省实学生"为目标，结合各类竞赛培养与创新人才培养，始终遵循"学生为主导、老师为辅导、竞赛为成果"的思路，每学年均会开展一系列以竞赛理论课程为训练内容的校本课程，以提高学生的理论学习水平。

我们的科技工程社团主要是以培养学生的科学探究精神为目标，通过校本选修课的学习和创造发明活动的开展，充分发挥学生主动研究的兴趣，开展科学课题研究。与此同时，通过开设主体性的创新课程，让学生融会贯通、学以致用，积累更多的学科理论知识，充分发挥他们能动作用和奇思妙想，进而产生更多"自我设计—自主创新—自我完成"的创意作品。

科技工程社团设计的课程与活动，不仅更好地发挥了学生的各种聪明才智，让学生找到了真正的自我，而且感受到了"如何利用课本知识去探究科学知识"，从而让他们提高了学生的学习能力。事实证明，参与该项活动的学生在思想素质和综合素质方面都获得了很大的提高，科技发明活动成为学生做学习领跑者和拔高全面综合能力的一个重要平台。

省实科技节是我们培养青少年学生创新能力与检验学生综合学习能力、展示自我能力的一个活动平台，也是全面展现素质教育成果的一个重要的窗口。我们的科技节每年都会开设不同的主题，围绕"创新、发展、进步""精彩省实、精彩科技节"等，开展了丰富多彩的初高中科技节游园活动，凸显了省实"教师—课程—学生""教师—社团—学生""教师—基地—学生""教师—专家—学生"四种创新科技教育模式。这种方式极大地鼓舞了同学们"参与科技，融入学习"的热情，让他们在活动中去探索学习，发现学习的兴趣，进而成就每一位省实学生的科技梦想。

精彩的科技节活动，既是老师和同学们智慧的结晶，也是省实坚持素质教育的体现。科技节的成功与创新活动形式，进一步凸显了省实学生的科学素养和人文情怀，锻炼了学生的动手能力和创新思维。

教育成果：学生成才，学校成名

春播，夏种，秋收，冬藏。经过"十一五"期间的战略引领

在我看来，育人，就得育健全的人，完整的人，和谐的人，决不能只盯着知识灌输，只盯着短期能不能考上名牌大学，一定要着眼于学生的终身发展。

——郑炽钦

办学一定要把学校放在历史发展中去认识，大到中外教育发展史与发展趋向，小到本校来龙去脉史。如是，既从过去的传统中吸收养分，更从未来的发展中获得激情。

——郑炽钦

和重点建设，省实的科技教育结出了累累硕果。现而今，省实已发展成为全国知名的科技教育示范校、首批全国科技教育创新十佳学校、全国天文教育特色学校、全国首批国际生态学校、全国首批中小学环境教育社会实践基地、全国水科技教育示范学校、全国节能减排示范学校、中国青少年太阳能教育基地、全国信息学奥林匹克竞赛特色学校、广州市科技教育特色学校、首批广东省科技教育特色学校、广东省天文教育特色学校等。

　　参与学科竞赛，是检验学校和学子们成绩的一种有效的手段，而数学、物理等理工科目的学科竞赛，更是检验其科技创新能力的重要标准。鉴于参与竞赛需要耗费学生们大量的时间和精力，我们本着学校全力支持、学生完全自愿、教练严格选拔的原则，积极组织学生参加全国高中数学联赛、丘成桐中学数学奖、中国女子数学奥林匹克、美国数学竞赛等重大中学数学赛事以及全国中学生物理竞赛、泛三角物理奥林匹克暨中华名校邀请赛等多项赛事。在这一过程中，教练的水平、学生们的成绩都取得了不小的进步。

　　拿破仑说过："一个国家只有数学蓬勃的发展，才能展现它国力的强大。数学的发展和至善与国家昌盛密切相关。"显而易见，数学的重要性不言而喻。因而，我们注重对数学拔尖人才的培养。数学项目组的指导教师们不辞辛苦订购书籍、搜集资料，一方面加强对学生主体意识的培养，优化学法与教法，提升学子们的自学能力；另一方面则注重加强对学生们的情感教育，分类指导，提升非智力因素的作用，努力使他们做到胜不骄、败不馁，不以取胜为目的，但要敢于取胜。

对于物理竞赛，经过多年的探索实践，我们逐步摸索出了抓好苗子、打好基础、专家指导的培养步骤，并结合多样化的物理课外活动，激发学生学习物理的主动性和兴趣，活跃物理学习风气。

真正有学问的人就像麦穗一样：只要它们是空的，它们就茁壮挺立，昂首睥睨；但当它们臻于成熟、麦粒鼓胀时，它们便谦逊地低垂着头，不露锋芒。在竞争中取胜，一半必须靠扎实的知识功底，另一半则离不开良好的心理素质和运气。

因此，无论是数学竞赛，还是物理竞赛，无论是省赛、全国联赛，还是冬令营、集训队，省实的学子们都能够在保持良好心态的同时不断创造佳绩，一次次过关斩将，多次取得全国各类竞赛的一等奖，而获奖学生也大多被清华、香港科技大学等国际、国内知名大学录取。在学生成功的同时，其背后默默付出的谢春、王正涛、艾永中、龙联丰等多名老师也获得"优秀教练"荣誉称号。

通过教练和学生持之以恒的努力，学校的各项竞赛更是再度取得了突破性进展。在2014年9月的全国中学生物理竞赛初赛中，万卓霆同学以全省第一名的成绩获得第31届全国中学生物理竞赛复赛（省级赛区）一等奖，并随后经过复赛理论和实验的考核，最终进入广东省队。这无疑是省实物理竞赛的历史性突破。

各类学科竞赛不断勇创佳绩的同时，也全面带动了省实各项赛事的参赛热情。2015年7月21日至26日，第十六届全国中小学电脑制作活动学生作品面试夏令营在安徽合肥成功举办。省实学子胡润宇一路过关斩将，最终以精湛的技术、沉着的应对和精彩的表现通过了技术测试与作品答辩，其作品《基于Twofish-

256加密算法的安全存储加密工具(USB Crypt)》获得全国电脑制作活动高中组计算机程序设计一等奖。

自2007年参加全国青少年科技创新大赛以来，省实共获得全国金奖13项、银奖12项、铜奖10项，22名同学获得保送全国重点大学的资格，是全国获奖最多的学校之一。近年来，学校在天文教育方面，共获得国际奖项金牌3枚、银牌14枚、铜牌4枚及多项单项奖，获得40多项全国一等奖。在环境教育领域，共获得26项国际大奖和180多项国家级奖项。参加信息学竞赛，共获得国际奖项10金3银，国家级奖项100多项，另有10余人获得重点大学保送资格。参加机器人比赛，共获得世界金奖11枚，全国金奖12枚、银奖21枚。2015年，我校申报的"承办中国青少年创造力大赛活动""高中生创造力培养课程"依托于"天文探究基地"的"天文奥赛培训""高中生创造力培养课程""基于安卓APP系统开发的科技项目制作课程开发"等五项青少年科技教育项目获得广州市教育局立项，并获得36.66万元的项目经费，这不仅有效地补充我校的科技教育经费，同时通过项目开展也将更有效地促进我校科技教育特色的建设。

德国时间2015年11月1日，在第67届纽伦堡国际发明展活动现场，作为本次发明展青少年项目评委主席、省实代表队领队的我有幸踏上红地毯，登上了这一国际颁奖台，并向来自德国和我国台湾、广西的参赛师生颁发了纽伦堡国际发明展"广东实

代表学校接受广州市青少年科技创新大赛突出贡献奖

验中学校长创新奖"证书和奖牌，这也是该项赛事中唯一用中学校长命名的奖项。

2012—2015 年，我们曾多次带队分别参加了第 64 届、65 届、66 届、67 届德国纽伦堡国际发明展（历史最悠久的全国顶级发明展之一），且始终保持着中国创新代表团中的最好成绩。在这个拥有 66 年历史、被誉为世界三大顶级发明展之一的科技盛会上，其奖项具有很高的含金量——不管是成人还是孩子，是专家抑或爱好者，均严格以一套规则评分，12 位评委将轮番与选手面对面答辩。

就是在这里，我们曾经创造过多项"第一"和"唯一"：赛事唯一用中学校长命名的奖项、唯一一支拥有独立展示区的代表队……据统计，自 2012 年首次参加此国际赛事至今，省实代表队共获 9 金、12 银、10 铜，刷新了世界最好成绩。尤其在第 67 届发明展中，更是以揽获 4 金 4 银 2 铜的成绩成为了本届展览会上荣获最多金牌和奖牌的青少年代表队，几位自称"省实创客"的孩子们也在本次赛事中满载荣誉而归。

站在颁奖台上的我是如此激动，孩子们的发明让我感到惊喜。年纪最小的李响同学发明了便携式高效救援钢手铲，可用于抢险救灾时徒手挖掘，又可用于农业生产的耙泥、松土及收取农作物等；高世博等三位同学发明的车载防远光灯装置，能有效减少交通事故的发生；邓轩等三位同学发明了一套鞋子保温测试系统，既能让制鞋商更科学地造鞋，又能指导消费者调整穿鞋方案……我欣喜于孩子们对生活的热爱和细致的观察，更对一直以来我们能够不断加大对科技的投入感到值得。

> 现实生活中不可能保持一块洁白无疵的净土。要是想认真完成一项必要的事业，为人既要灵活，又要有一副铁石心肠。
> ——泰戈尔

更值得一提的是，省实在2013年就成功引入了创造力培养项目，德国纽伦堡国际发明展项目中国赛区选拔赛自当年起，未来十年都落户省实，这也助力着省实的科技特色教育不断地走向国际舞台，向国际化发展。

霏霏细雨，纷纷甘霖，浇绿了明日栋梁的新芽。花团锦簇的省实校园里，科技之花万紫千红、生机勃勃，创新的信念成就了省实今日的满园清韵。

039
揭秘"南山班"

"大家知道，一条5×5×200毫米的木条有多重吗？1.33克。听起来似乎不关你事？那同学们应该关心健康问题，大家知道我们学校的PM2.5×100浓度最高的地方在哪里吗？没错，就在崇实楼三楼最北边，有一个神奇的地方，叫做模型室。

就在模型室这个空气格外'清新'的地方，我们度过了两个月与砂轮和木屑为友、与502胶水为伴的日子。我们反复试验，最终用了仅仅7克的木条，承载起了90斤的重量。

不仅如此，在大众普遍理解科技创新即为工科男扎堆的活动时，我们编排舞蹈、设计海报、剪辑音乐、拍微电影……但是，我们凌晨三四点钟到达北京，七点多就开始比赛，40个小时没有合过眼，比赛用的大提琴却被粗心的托运人员摔成两半……

所以，其实比赛所包含的一切，远比最后这几个光辉的奖牌与奖杯丰富许多、真实许多，我们曾对一次又一次失败失去耐性，我们对种种意外无奈至沉默甚至哭泣，也曾经因为能够来参加比赛而开心地兴奋不已。

现在，我们站在台上，就像刚做了一个迷幻而又真实的梦，就像上个星期四晚上 7 点 15 分，我们学校操场上绚丽的黄昏。其实，无论发生什么，回头再看一眼火烧云，就会明白，胜负已经没那么重要——重要的是，我们在同一个校园里，看着同样一个绚丽而又真实的黄昏，并带着我们的信仰，虔诚地走下去。

最后感谢班主任梁万峰和陈镜辉老师，感谢我们的指导教师胡正勇、邓国华、幸斌、陈国雄、石乐义、周嘉、朱伯东、王剑、卓培工老师，感谢对我们科普剧进行指导的潘叶琴老师，更重要的是有默默给予支持的学校领导们做我们的坚强后盾，感谢你们给予我们这个"梦一场"的机会。也祝愿所有的同学找到自己的信仰，并珍惜一起追逐信仰的那群人。"

这饱含深情的话语是省实 2014 级"南山班"黄韵霖同学的获奖感言。5 月 8—10 日，2015 年国际青少年创新设计大赛中国区复赛于在北京举行，省实"南山班"学子与来自东北师范大学附属中学、山东省实验中学、西北师范大学附属中学、南京市外国语学校、成都市第七中学等国内重点中学在内的全国一百多支团队同台竞技。他们克服了飞机延误疲劳、比赛道具托运损坏等一系列不利因素，始终保持着乐观的心态，积极应对，奋勇拼搏，最终不负众望，表现出色，再创佳绩——共斩获 4 项金奖、1 项专项奖，并获得了优秀组织奖，为省实，乃至广东省的科技教育增添了光彩。

此次优异成绩的取得，是省实"南山班"创新培养方式结出的又一硕果。此时，我欣慰地看着孩子们取得的成绩，长舒一口气，初创时所遇到的种种艰辛与质疑，均化作喜悦的热泪，是那么的甜美。这一刻，记忆再一次将我拉回到了五年前——

为南山班开班致辞

2010 年的早秋，广州城白天的闷热还未褪去，傍晚时分就下起了秋的第一场雨，天空中晚霞和空气中的微凉让人真切感受到秋天的来临。我打了一把伞走出办公室，走进了绵绵雨润泽下的校园，满脑满心却全是白天关于科技教育会议的思考。尽管培养"三有"人才的目标得到了很好的落实，但始终感觉还是缺少了点什么。

于是，我将自己置身于学校发展的时空，从教育使命的高度出发，从哲学思辨的角度启程，全方位、多角度地审视着学校的办学思想、发展目标、管理模式和生存状态。在经历了一场场水滴石穿似的渐悟，和一次次电光石火般的顿悟之后，我终于找到了问题所在——科技教育缺乏课程载体，应当把培养学生的科技创新能力纳入到课程体系之中！

谁能引领省实来完成这一伟大使命呢？在省实众多的优秀校友中，我想到了抗击非典的英雄、中国工程院院士——钟南山。"不如我们就办一个'南山班'吧，叫起来很亲切。"当我把自己的这一想法告诉了钟南山院士时，没想到我们俩竟然一拍即合，他对此表示出了极大的赞同。尽管事务繁忙，钟南山院士仍然主动承担起了这个创新特色班的总导师一职。

在广州的中学里，以人名命名的班级并不多，以校友的名字命名的更是少之又少。因此，省实"南山班"的设想一经推出后，便获得了大家的一致认同。

62 年前，钟南山还是华师附中（即现在的省实）的一名高中生。学校浓郁的学习氛围锻造了他独立思考的能力，同时培养了其宝贵的质疑精神，敢于面对任何权威说不，而这种独立思考能力正是创新思维的前提。

当今，钟南山已经是中国工程院院士，以他的名字命名的省实"南山班"义不容辞地担起了培养创新人才的使命。

其实，在此之前，省实已经有了创新人才实验班，汇聚了粤西地区输送过来的尖子生，旨在培养一群有创新动力、创新思维、创新实践能力的学生。"南山班"的开办，让省实的拔尖人才培养工程更为浩大。

2012 年，省实"南山班"经过两年的精心筹备正式招生。招生简章刚一发出，报名表便如雪片般纷纷飞来。

时至今日，我反复回味着钟南山院士在第一届省实"南山班"开学典礼上的那番话语，倍感分量之重。他说，他对"南山班"的成功很有信心，但成功的标准不是考上清华、北大的人数，也不是培养了多少状元。"南山班"要培养的是具有独立思考能力、能成为科学人才潜力的学生，他们要敢于向权威说"不"，敢于对自己的错误说"不"。

他还指出，这个班能够走多远，在短时期内是看不出来的，要等 10 年、20 年甚至更久。但他希望这个班级能够成为中国诺

> 不仅是反思自己，抑或反思他人，也不论是理性思辨，抑或物象审视，我认为，都带着超越现实的豁然。
> ——郑炽钦

> 管头管脚的教育，加班加点的教学，都只能管住一时一地，不能持久。
> ——郑炽钦

贝尔奖获得者的摇篮，能够成为两院院士的摇篮。

这番情真意笃的话语，真真切切地道出了省实"南山班"的办学宗旨以及培养人才的特别之处。

此时，我只想将钟南山院士给予"南山班"学子的话摘录在这里——

创新需要五个"力"

首先是助力。这也是"南山班"学生首先要具备的素质。

其次是能力。即创新的基本功，包括语文、数学等学科知识、艺术素养。从生理上来说，在语言、跳舞、音乐、踢球等，不同的领域有所探索，能开发大脑。

第三要有号召力。在中学，号召力意味着合群，也意味着尊重事实，在人群中讲真话。

第四要有抗挫力。在创新过程中，90%的试验都会失败，因此学生需要不断地磨炼自己。

第五要有体力。我现在78岁了，仍然能跑能跳，敢跟年轻人比赛爬楼梯，这主要归功于我中小学时代养成的良好的体育锻炼习惯。

那之后，在省实，"00"成为了一个个特别的代码，同时也是"南山班"的代号，这让"南山班"的学子们很是引以为豪。我们为这个班级的学生开辟了专用教室，小班化教学，提供了"国家课程＋校本课程＋拓展课程"的三维课程，让最好的老师上课、大学导师一对一辅导，这些特殊的待遇都令他们自感很"高大上"。

但是，特殊待遇并非人人都能吃得消。"刚上数学课的时候，老师讲的题目超难，我敢说一半同学都想哭……""南山班"的学子陈悦这样说道。

创新人才，绝不是书呆子，科学实践是少不了的。为此，我们专门打通了各种拜师的通道。我常对这群孩子们说："你们的武功高过李小龙，才艺胜过都教授，长得也帅过李敏镐！但也要诚心拜师学艺。"事实上，他们没有辜负我们的期盼，在正式跟班做学徒的过程中，"南山班"学生大开眼界。系统的科学实验培养了他们严谨的态度、坚忍不拔的精神、不怕失败的意志以及超强的动手能力。

南山班采取"请进来，走出去"的培养方式，与省内外高校及研究所合作共建创新平台，让学生利用课外、节假日到中科院广州分院、中山大学、华南理工大学等著名高校和科研院所的实验室、加工中心开展专题研究，创新的培养方式充分调动起了学生的能动性和自主性，因而取得了明显成效。

与校友钟南山院士、省教育厅朱超华副厅长等出席广发基金"南山班"专项经费捐赠仪式

为了与国际化教育接轨，满足学生多元化发展的需求，我们在2013年引进了国际课程，这无疑使省实的课程更加多元化。2014年，我们还推出了校本特色课程"格致课程"。它以科技课程为主体，以艺术课程和情义课程为两翼，在汲取"南山班"课程实施经验的基础上，对

国家课程做进一步的整合，以便向除"南山班"以外的更多学生提供更为丰富的、适合学生个性化发展的校本课程。"格致课程"也将进一步拓宽，加强省实"南山班"与高校、研究所的合作关系。

2014 年 3 月，省实的"格致课程"通过了广州市特色课程重点立项。这个以培养"全面发展，科学见长"的拔尖创新人才为目标的特色科技课程，已在当年入学的高一实验班中实施。对象包括 2 个"钟南山科学人才培养班"、2 个面向全省招生班以及 4 个面向广州生源开设的"创新人才培养实验班"。

"格致课程"是省实在百年格致文化的润泽下，大力推进科技教育和全面实施新课程的过程中，从学校创建的文理兼修、类别多样、特色鲜明的校本课程体系中孕育出来的。它的诞生，标志着省实在科技教育的探索中更进了一步。

由于发展良好、态势喜人，2014 年，我们决定将"南山班"扩招一个班，在全省招 60 人。条件没有变，宗旨没有变，钟南山院士还是来到开学典礼上为学生加油鼓劲。他还是那句话：南山班是为有科学研究和科技创新潜能的同学而设立的。

跟前两届学生不同的是，这次省实为"南山班"学生编写了《科学品德》教材，因为在我看来，科技需要合作探究的精神，几乎所有的科研都需要集体去突破，团队协作精神格外重要。"一个人不管干什么，首先要学会做人，这也是教育学生最基本的责任。"这句话一直在我的脑海中回荡。

虽然省实在科技教育的道路上取得了一定的成绩，但是不得不说，这项事业还需要很长一段时间的努力，其未来需要不断创新。唯有创新，才能让教师更好地履行"传道、授业、解惑"的职责，培育出更多"心中怀爱、肩上荷担、腹中藏墨、手上持艺、目中有人、脸上盈笑"的优秀人才。

教育家苏霍姆林斯基说过："在人的心灵深处，总有一种根深蒂固的需要，就是希望自己是一个发现者、研究者、探索者。"这样的需要，因为种种原因，很多孩子一开始并没有意识到，但他们的探索欲已经被唤起。在孩子们的前方，会找到探索者的幸福，更远的路，更高的山峰在等待着他们去征服。对于我们来说，"南山班"是个符号，但钟南山精神永远不是符号，它是我们以创新赢得未来的精神源泉。

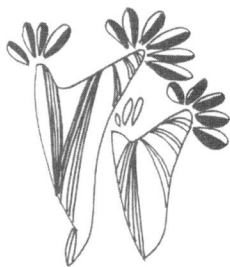

第五章

聆听真实的足音

人的一生，肩负着各种各样的身份，为人子女或父母，为人领导或下属。而一所学校，在其发展历程之中，也演绎着各式各类的角色，或为低一级学子们渴盼的理想之所，或为亲临其中学子们的泛舟之海，抑或为五洲四洋学子们魂牵梦绕的精神皈依。

我是多么的幸运啊，在喜获各种身份之余还能够乐为人师；我又是何其庆幸啊，身处省实这样一所积淀深厚的著名中学，并有幸引领着它走过一段光辉灿烂的时光。

每每回首所走过的那六十余年蹉跎光阴，便心潮荡漾，有过高潮迭起，也有过回环波澜，但而今都已归于平静。再度回首，所涉之事、所交之人及所施之法，倏忽间便可在眼前一一呈现。我笑言，虽已届退休年龄，但退休不褪色，依然有余热，何况身体尚且康健，头脑尚还敏捷，我是离不开教育战线的，退休以后肯定还是会从事跟教育相关的工作，关注省实，并在省人大代表的任期内继续为教育建言献策。

这些均是我能力所及，但能力所不及的，便是对自己，或是说对为人师者的三十余载岁月，抑或者是对主政省实的十二年时光做出一个较为全面、客观的评价。因此，只能借用领导、专家之口，教师、学生之笔，媒体朋友之文字，来获得一些更为全面的认知。

一、专家溢美之词

2015 年 11 月 24 日这天，省实隆重举行新旧校长的换届大会，感谢我的同仁们的操劳，让我能够在此次会议中为自己的教育里程暂且画上一个较为圆满的句号。我用一连串的数字总结了自己的执校经历——

修来一条路（省实路），迈开两条腿（素质教育、特色教育），办三所分校（省实附属天河学校、附属顺德学校、附属南海学校），造四大特色（体育、艺术、科技、高考中考），办合唱团、管乐团、弦乐团、舞蹈团、民乐团五大艺术团体及羽毛球、乒乓球、网球、游泳、无线电测向、模型六个运动团队，获得全国文明单位、全国教育系统先进集体、全国素质教育特色示范学校、全国师德建设先进集体、全国十大名校、全国科技创新示范学校、广东省先进集体七个重大荣誉，夺得八个各类全国、省市第一，希望省实稳定持续发展长长久久，不强求"十全十美"，一生一世爱省实。

文字虽然简短，却很好地概括了我在省实的十二载春秋。这

作为人师，我们可以对自己的家人马虎一些，随便一些，但对于每一个学生，决不能马虎随便，因为他们是我们特殊的、感情比较复杂的亲人……
——郑炽钦

咱们是人师，人师就跟医生看病一个理，总应该对症下药，不管发烧的感冒的，全部开门手术，那不成庸医了吗？
——郑炽钦

十二年，恍如昨日，真真如流水般一晃而过。我在总结之时，生动鲜活的情景像幻灯片一般在我脑海中一一闪现。其中最得意之作，当属和同仁们反复推究并发展壮大的特色教育。

与全国人大代表、广东省教育厅厅长罗伟其合影

尚记得 2014 年 11 月 23 日，正值省实立校 142 周年、建校 90 周年之际，各界领导、专家、校友及关注省实的社会人士齐聚省实，共襄盛典庆华诞。其间，广东省教育厅副厅长朱超华同志代表省教育厅在致辞中提到：省实在郑炽钦校长的领导下，已经成为广东基础教育的一个窗口、一个品牌、一面旗帜，也是素质教育和特色教育的一个典范、一个样板。

而在此前及之后，广东省教育厅厅长罗伟其同志也曾多次应邀到访省实，或指导访问，或传达党和国家的教育方针。他曾对省实给予了这样的评价："省实教育创造的体育、艺术、科技乃至高考和学校文化特色，可以说是基础教育的郑炽钦模式，在广东在全国都有很好的影响。"这是对省实体育、艺术、科技三大特色教育的极大肯定，也是对我所做工作的莫大鼓舞。

三大特色教育获得了领导们的充分肯定，令我倍感欣慰。与之同时，在各级领导的关怀和指导之下，省实也逐步将目光进一步转向了更多领域。

2015 年 9 月 11 日，广东省委常委、政法委书记林少春同志莅临省实初中部，调研共青团工作和青少年普法教育工作，并与教师、少先队员和共青团员代表座谈，详细了解了学校的相关工作情况及学生的成长历程。林书记充分肯定了省实所取得的丰硕办学成果，并希望省实在体育、艺术、科技三大特色项目基础上，在"法治教育"方面创出新特色。

几日后，广东省副省长兼公安厅厅长李春生同志莅临省实高中部指导工作，对省实的办学成果和办学特色表示赞赏，并肯定了我校在"六五"期间创造性地开展了各项普法工作，形成了很多好的经验和做法，取得了很好的普法成效。李副省长寄语省实，"希望学校将来不仅在教育、教学、在学生的培养等各个方面继续走在全省、全国前列，而且在普法工作方面也能走在全省、全国前列。"

悠悠岁月匆流水，终仅化为几行文字。校长交接日中，广东省教育厅副厅长魏中林同志在代表教育厅的讲话中说："十二年来，郑校长团结带领学校历届领导班子和全校教职工，探索形成了'以人为本、以德树人、以质立校'的办学理念和'实验性、创新性、示范性'的办学特色，谋划推动形成了'一校五区'的发展格局，显著扩大了优质教育资源，造就了一支师德高尚、爱生乐教、业务精湛、勇于创新的高素质教师队伍，铸就了科技教育、体育和艺术教育三大成绩辉煌、蜚声中外的特色教育品牌，为高校输送了一批又一批理想信念坚定、知识基础扎实、能力素质全面的德智体美全面发展的好苗子。学校荣获全国文明单位、全国精神文明建设工作先进单位、全国教育系统先进集体、全国师德建设先进集体、广东省先进集体、广东省文明单位等数十项荣誉称号，成为全省中学教育改革发展的一面旗帜，得到广东教育界的普遍认可，得到高水平大学的普遍认可，得到广大师生和家长的普遍认可。这些成绩既要归功于全体省实人辛勤耕耘、扎实工作，归功于学校领导班子团结合作、开拓进取，也要归功于郑炽钦校长呕心沥血、殚精竭虑，圆满完成了组织上交给的任务，为省实的发展做出了卓越的贡献。"

在我看来，领导对我的评价实在过高，我只不过是做了一个校长所应做的本分；而对于省实的成绩，我始终认为，这只是其发展里程中的某一个阶段而已。至于省实的将来，我相信，定能够在新任全汉炎校长的引领下，大施拳脚、大放凯歌、大展宏图！

创新的挑战者尽管都梦想拥吻成功，却因各种原因而与成功失之交臂，有的也许踪影未见。但是，我们该走出以一时论英雄的怪圈。
——郑炽钦

天下之事，皆贵于新；世上之人，尽立于特。新与特乃立身之本。
——郑炽钦

二、媒体过誉之论

040
总编眼中的名校长

他，目阔四野，心细比发，精于整合之术，长于创新之道，乐于"致广大而尽精微"；人生融朴实、洒脱于一体，既有行云流水之气韵，又有超凡旷达之情怀。"教育是根植于爱的"，在平淡的育人岁月中，波澜不惊始终是其人生底色。

他，以敏锐的视角、超前的思维，笃定"素质教育就是一个德、智、体、美全面发展的事情"，因而把目标管理、项目管理、层次管理、程序管理融而统之，追求现代化教育管理的综合效应，使圣园科、艺、体三大特色教育纵横驰骋、一路凯歌。

他，聚人为本，管心为上；探得秘门，寻得幽路。"以人为本"的主旋律，奏响了民主和谐教育的华美乐章——管理上，"与人为善"，让"干"与"群"民主和谐；教学上，"学生以教师为尊，教师以学生为友，学校以师生发展为使命"，让"教"与"学"和谐共振。

他，行动上纳谏，管理上纳才，方法上纳新——"以人为本，以德树人；实验创新，科研兴校；依法办学，管理强校；以身立教，以质立校"之治校韬略，不仅深如凿井、鲜似晨风，而且凸显了"实验性、创新性、示范性"之精妙。

荣获全国五一劳动奖章

他，塑造人格，启迪心智，从来如春风拂面悄悄熏陶，似细雨润物点点濡染，目的是"让每一个学生都抬起头来走路"，让圣园上演有声有色、永不落幕的连续剧——科技教育硕果累累，学科竞赛亮点纷呈，艺术之花璀璨夺目……

　　　　　　　　　　——晨光（德育报社执行总编）

041
一位"老顽童"式的老朋友

在我的心目中，郑校长是一位和蔼可亲的"家长"，也是一位风趣幽默的"老顽童"，是媒体记者的老朋友。

不摆款，办公室常备糖果。首先，郑校长不摆款，没有架子，每次到省实采访，我总会先到郑校办公室去串门，跟他闲聊几句。我们谈的内容总是不一样，可以是工作，也可以是生活。郑校长的办公室里有好多糖果，总会像给孩子派糖一样分给媒体记者吃，所以每次我们的采访都会进行得很轻松。

说话不讲大道理很通俗。对郑校长的采访，发现他不爱讲大道理，比较喜欢用一些通俗易懂的语言来表达。比如很高大上的"以人为本"，在他看来就是学生要身体好、吃好和睡好。

"如果身体都不好，怎么能够承受繁重的课业任务？陈景润如果有健康的身体，'1＋1'早就证明了；霍金如果身体健康，人类可能就走进时光隧道了！但是，光吃好睡足还不足以让身体强健，坚持体育锻炼必不可少。所以学校必须开展各种各样的体育运动来提高学生的身体素质。"这就是大家一直在追问"为什么省实的艺术、体育教育可以做得那么好"的答案，但郑校却解释得这么简单。

"老顽童"开得起玩笑。之所以还说郑校长是"老顽童"，是因为他爱开玩笑，也开得起玩笑。每次学校开会，他一上台就会掌声雷动，他冷不丁说出的笑话让人捧腹大笑。他的形象常常被学生拿来"创作"，印在文化衫上穿着，或者做成徽章戴在胸前。最近，VOG省实之声杂志社还发了个"来给炽钦宝宝留言吧"的专栏，里面说"郑校的人格魅力杠杠的，网红没得说"。还夸郑校长在退休前站好最后一班岗，给体育馆修空调、投资百万的省实大电影……可见郑校长对学生的好，绝对不是虚的。

带领省实科技教育腾飞。这些年，我们看着省实的科技教育发展突飞猛进，其实这跟郑校长的实干有很大关系。他对学生如何"与时俱进"的理解就是要成为拔尖创新人才，于是，这几年省实的科技教育快马加鞭，开设"南山班"、争取到中国青少年创造力大赛连续十年落户省实的主办权等，这些都是在为省实奠定培养拔尖创新人才的根基。

省实最出名的，当然是每年拿奖无数的省实合唱团，这些年郑校长都会亲自带团出去，现场为队员加油鼓劲，孩子们拿奖也是拿到手软，不过，这样的荣誉多多益善。合唱团指挥谢明晶将合唱团的成就归因于这十年来省实的素质教育，这背后正是郑校为学生艺术培养创造的条件、空间和氛围。

——陈晓璇（羊城晚报记者）

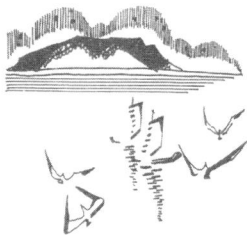

在人才栽培的园圃里，育奇花特葩以飨世人，向来是一个古老而崭新的课题，引得古今多少园丁为之竭心尽智呀！

——郑炽钦

追求奇特，培育奇特，构建奇特。它神秘而明朗，朦胧而清晰，复杂而单纯——犹如薄雾轻罩的一座座秀峰，隐约可见，俏丽撩人。

——郑炽钦

三、教师真挚之言

很不一样的郑校

郑校本是个普通人，但是和我想象的很不一样。

身为一校之长，可以威严，可以庄重，他却风趣幽默，始终不失赤子之心。穿上汉服摆POSE、见面寒暄唤昵称、出人意料"恶作剧"……当我们都以为冗杂繁重的校务会令他拒人于千里之外时，他却坦诚地展现着童心童趣，竟把工作之余的相处变成了无拘无束的快乐时光。

身为政治名师，可以理性，可以严谨，他却妙语连珠，经常推出原创作品。且不说他在集会时引发笑声与掌声的类比联想脱口秀，也不说他为省实师生撰写的各类寄语、对联，单是逢年过节发出的祝福短信就足以展现他在诗文方面的造诣了，迄今我的手机里还珍藏着某年元旦他以我的姓名作为藏头拟写的七律诗呢。

一想，郑校好像不是个普通人，他的"不一样"正是他让人亲近和敬仰的地方。

在现实生活的压力下，他保持着自己的真性情；在功利教育的逼仄下，他带领我们师生改变自己的心智模式。十二年来，因为他"以人为本"思想理念的影响，学生们争做"三高四优"的省实人，每天进步一点点，努力在集体中成长为更好的自己；老师们争当承传笃进的摆渡人，不断对照教育的初衷，逐步在实践中渗透教育的人道主义关怀。

他用丰富的人生阅历教给我们看世界的方式，用睿智的哲学情怀影响我们教育的高度，用清醒的时事推断指引我们前进的方向。

这样想来，我终于明白：郑校实在不是一个普通人！

——**楚云**（广东省特级教师、省实语文高级教师）

大成若缺

最近精读《道德经》，当我在思考如何用一个词语来形容我们的郑炽钦校长在我心目中的形象，"大成若缺"这个词语率先进入我的脑海。一开始我觉得这有点不敬，郑校长的功绩不管用什么词来赞誉都不过分，怎么能"若缺"呢？于是我再三感受这个词语的意味，却越发觉得，这个词用对了！

在南海学校竣工典礼上讲话

"大成若缺，其用不弊。"作家王蒙《老子的帮助》的解释为：越是完美的业绩，越是显得有缺陷，然而它的运转和影响是不会衰败的。

郑校长之于省实，其业绩堪称"大成"！

我把这个"大成"简括为"成大教育、成大格局、成大创新"。

所谓大教育，指的是郑校长的发展观、人才观。他极为重视中、高考，总是鼓励学生战胜考试；但其眼光却并不局限于此，而是超越了"德智体"这样的传统人才观。他鼓励学生争做"三高四优"省实人，他提出学生不但要德智体全面发展，还要在"精气神"方面登峰造极，这种精气神，当然不是道家的修炼，而是指学生的理想信念，品格气质！郑校长鼓励各类特长的学生脱颖而出，省实不是只有"学霸"才有舞台，舞霸、歌霸、球霸、创客，每一位学生都能有自己的舞台来发现自我价值，从而在省实积累足够的"精气神"，从而自信的走向社会大舞台。我有时候会想，省实每年毕业一千多学生，这十来年就是近两万，十年二十年后，他们当中一定会涌现出在各个领域卓有成效的校友。其实，现在我们已经有近十年内毕业的校友崭露头角，成为攻坚克难的博士后、商场搏击的 CEO 等。

所谓大格局，一指空间上，省实从当年四十亩"深闺"中的"小家碧玉"发展到现在一校两区四分校，在短短时间，把握契机，跨越前进，大大扩大了生存和发展空间！由此，省实的师生数量也成倍增长。二指心态上，如今的省实人更加自信，对社会的责任感更强，"SSer"（省实人的简称）成为每个省实人骄傲的自称，"省实绿"（省实校服的简称）成为羊城街头一景，也是省实人外出求学深造的行囊必备品！

大创新，是校长的治校理念，注重"创新"。限于篇幅，我无法细数校长创新的方方面面，我要说，郑校长强调创新，不是人云亦云，至少在十年前，他已经在省实大力提倡、开展创新精

> "互联网 +"已成为现代化生活的一部分，"互联网 +"也是一种新兴教育的好方式、好平台。我们的德育工作应当充分利用它，给学生们以正确的引导。
> ——郑炽钦

> 在我看来，中学时代的精神底色对学生的未来发展十分重要。因此，我们一定要想方设法帮助学生打好中学时代的底色，去他们的"精神世界殖民"。
> ——郑炽钦

神！校长"创新"的最大贡献，在于他搭建了一个绝佳的教育平台，让广大师生投入到"全民创新"的自觉中，从而成就了省实，成就了广大师生。

何以激发师生的创新精神？省实人口耳相传的秘诀是——省实的自由！这是郑校长带给省实人宝贵的精神财富。而也许是因为"自由"，所以某些社会人士会对学校的校风和纪律有些微词，可能这是"大成若缺"的若缺，郑校长当然很清楚这点。但相比有的学校为了考分而不惜走向军事化管理，郑校长更注意呵护省实人的"自由"，这份自由精神，对考分也许帮助不多，但对于鼓励创新，激励成长，是最难得的土壤！

大成若缺，其用不弊！郑校长虽然退休，但他在省实开创的教育理念、管理机制等一定会得到继承和发扬！

昨天观看校长与学校合唱团出国参赛视频，看到学生们和他们的"郑大大"在赛场外肆无忌惮的开玩笑，做鬼脸，我想起另一个成语送给校长，作为文章的结尾——大智若愚！

祝郑校长能在新的领域继续为广东教育，为省实发展做出新的贡献！

——**黄涛**（省实副校长、中学数学高级教师）

记我的校长郑炽钦先生

炽钦校长是一位有远见有魄力的领导，是一位平易近人的长者、朋友。

初识炽钦校长是 2007 年冬。那一年我大学卒业，正为工作之事发愁，临近年底还未签约，此时一友人告知我省实正在招聘陶艺雕塑教师，并对此学校大加赞美，他说："此校校长非常之有魄力，尊重人才，大力提倡艺术教育。"起初我并没有太在意，因为学了五年的雕塑专业不甘心因此荒废而去做哄孩子的营生，后迫于安身立命便南下一试，结果不虚此行，与友人描述一致，并亲见炽钦校长，虽初识但觉不同一般校长，给人以气场强大之感……我似吃了一剂定心丸，因为从这人身上我似乎看到了希望。

正式入职是次年7月，在欢迎新入职老师的晚宴上，我进来稍晚，四处张望不见空位，结果被炽钦校长叫到身边就座，作为刚毕业的学生新入职的教员我真有几分拘谨，不过他很会聊天逗趣，我知道："幽默的人是有智慧的。"晚宴期间炽钦校长让我最记忆深刻的一句话就是："王明，帮我们校友七院士塑像怎么样啊？……"听到此话之后我内心非常振奋，初出校园即可小试所学，真的不容易。我顿时忆起友人当时对这里的赞美……

炽钦校长是一位非常有战略意识的领导，他立足打造优质特色校园文化之高度，规划出省实校园一道最重要风景——院士广场，这道风景早已深入人心。此事让我有了充分的成就感，这对一个初入社会的年轻人来讲非常重要，此事也让我看见希望——一个中学教师也可以做自己的事业。炽钦校长尊重人才，敢于任用年轻人，在省实各个学科领域都如此，我只是其中一例而已啦！

炽钦校长的战略意识还体现在，他大力且坚定不移的提倡践行素质教育，主要体现在三大特色方面——艺术教育、体育教育、科技教育，效果之显著，国内外闻名，无需王某赘言。炽钦校长热爱教育事业，并了解人的身心发展原理及教育之规律。艺术教育是针对心灵的（我们的大思想家教育家北大校长蔡公元培就曾提倡"美育代替宗教"），体育教育是针对于体魄的，对于一个生命而言有什么比身心健康更重要的呢，否则创新也便无从谈起。一个团队领导者的能力是非常重要的，领导者必须有大能量和高瞻远瞩的战略意识，俗话讲："大将若无能，可累死三军矣。"一个优秀的领导者会像摩西一样，领导人们看到希望、走向光明。炽钦校长具备之，他的成就是卓越的，是可以载入教育之史册的。

校长是一个平易近人的人，活泼可爱，常有慧语脱口而出，他到哪里，哪里就有欢乐，这是能量的体现，也是影响力的体现。他待人平等，无论领导、老师，抑或清洁工人，都一视同仁，每逢佳节他都回校园，这儿转转那儿转转，见到保安和工人就发红包以示吉利。我常与校园里的工人聊家常，从他们口里得知："校长对我们很好的，从来不摆架子不大吼大叫的……"这是一个普通工人的陈述。对了，他还经常关心王某的婚恋问题，总要帮我介绍女朋友……

我是相信缘分的，我与炽钦校长是有缘的，共事八载，也是王某的福气。期间，他见证了我的成长，我也见证了炽钦校长的成就。

炽钦校长，吉祥如意。

——**王明**（省实艺术教师）

郑校长的战略意识

三十多年的教育坚守，坚定不移的教育信念，永不止步的教育探索，始终向前的教育创新，胸怀世界的教育梦想，郑炽钦校长以开阔的教育视界带领"省实"在素质教育和特色教育之路上昂首前进，书写篇章，铸造辉煌。

在每一次教育变革的契机来临时，校长总以先锋者的姿态和与时俱进的理念把握航向，"做正确的事"；在每一学年初的教工大会上，校长都以"天下大事必作于细"的姿态，充分地阐发学校的年度发展规划，赋予省实人前进的动力和未来的愿景；在每一次的开学典礼上，校长的发言都是妙语连珠、蕴含智慧，让师生回念；在每一次高考结束后的接受记者采访中，总能感受到校长既面向全体学生又充分关注个体的教育哲学智慧，总能看到校长"四两拨千斤"的智慧话语吹开层层教育迷雾、打开扇扇无限可能之门；在每一次偶遇他和学生的谈话中，你总能感受到如沐春风、仰沾时雨，鞭策、鼓励、激励融化于心田；在每一次遭遇挫折、困惑、迷惘时，他总能以宽广的胸襟和智者的心悟点化、浇灌我等年轻同志幼小的心灵……

愚以为，校长在广东实验中学立教 142 周年、立校 90 周年时所作词的《省实颂》是他所有梦想的集中体现，是他作为一名教育家的内涵集成。一个好校长就是一所好学校。诚如斯言！

——张培军（省实学生处主任、政治教师）

和蔼可亲的郑校长

在我眼中，郑校长是个和蔼可亲的人，他对待学生和老师总是和蔼可亲，慈眉善目；在我眼中，郑校长也是一个博学又智慧的人，博学是他的专业才识，智慧是他对待工作的思路和理念；在我眼中，郑校长还是一个普通又不平凡的人，普通是他也会和我们学生打成一片，一起聊天一起做活动；不平凡的是他创造了省实素质教育的奇迹，三大特色早已融入到每一个省实人的精神里。很荣幸在这 10 年里，与郑校长一起为省实付出，也是在这十年里郑校长把我从一个普通老师提拔为可为学校做更大贡献的中层管理者，也是在这个岗位上我努力成长为的是回报知人善用的郑校长。记得有一次为学校设计体育节奖牌时，由于我和设计制作公司之间的疏忽，导致奖牌上设计的时间出现了错误，运动会开始了，我才发现这个错误，我当时心里很慌张，不知道该怎么给郑校长解释，拿着即将颁发的奖牌愣在那里不知所措，只见郑校长从我手中接过奖牌看了看，和蔼可亲地说："一半清醒一半醉，一年更比一年强"。一句玩笑化解了我心中的罪恶感，提升了我以后要更加认真努力工作的决心，誓死捍卫省实荣誉！记得我第一次向郑校长申请社团节开幕式经费的时候，郑校长问得很细致，我一句一句认真回复，最后签完字说："学校里的每一分钱都不能乱花，要用到刀刃上，该花的花，不该花的不能花，如果不够我个人资助。"顿时，我心里有了底气，为了这个活动我和学生协商策划了很久，终于得到认可和校长的审批了，社团节那一晚我和所有学生干部久久不愿离开会场，一句一句地说着"感谢……"

> 创造，从来不是量的突破，而是质的追求，最要紧的是走出习惯规范定势的牢笼，对人类昨天的疵点与纰漏大胆摇头与强力否定。
>
> ——郑炽钦

> 急中生智，随机应变，灵活巧妙，是教师必备的一种智力品质，像绿叶必备光合作用，花儿必备授粉功能一样。
>
> ——郑炽钦

从此省实又多了一个深受学生喜爱的大型活动了，值得载入省实的历史了。最后我想说在我眼中无论是一个什么样的人，我和我的学生干部永远都记得他是我们的郑大大，和蔼可亲的郑大大！

——**王军**（省实体育与艺术教育处副主任、艺术教师）

为省实学子的创新梦想插上翅膀

他，照亮了省实学子的创新之路！

他，激励了省实教师的教育梦想！

他，成就了省实家长的成材期待！

他，带领省实科技教育团队冲出广东，走向全国，迈向世界。

他，就是原广东实验中学校长郑炽钦。

在郑炽钦校长的带领下，广东实验中学以鲜明的科技教育特色和丰硕的科技教育成果，走在中国中学科技教育的前列。郑校长提出了"科研兴教，科研兴校"的发展战略，构建了"全面发展，科学见长"的拔尖创新人才培养课程体系，创办了"广东省创新人才培养实验班""钟南山科学人才培养班"，培养了一支优秀的双师型科技教师队伍，锻造了科技创新、信息科学、机器人、发明创造、无线电、环境教育等享誉国内外的知名科技教育品牌，为国内外众多著名高等学府输送了一大批出类拔萃的科技创意、科技创新、科技创造发明预备人才。

在郑校长的努力下，广东实验中学已形成"教师团队—课程体系—教育基地—学生社团—科技创新"五位一体的立体式科技教育网络。其中，教师团队和学生社团是"人"的资源，教育基地是"物"的资源，课程体系和科技创新是在这两类资源基础上搭建出来的"学·研"大厦。科技教育网络的顶端，是学生科学素养、科技能力的发展，以及学校科技教育特色的形成。

——**胡正勇**（省实课程与教师发展中心副主任、信息技术教师）

给予我温暖的"老大"

我更愿意称呼郑校长为"老大"，因为他不像一位按部就班、小心谨慎给人威严距离感的领导。对于我来说，他更像一位敢想敢做，不按常理出牌、既高瞻远瞩又润物细无声，宠我惯我罩着我的"顽童"，"顽童"之所以没有"老"字，是因为，一般敢想敢做是青春的代言，而他"正当年"！他的敢想敢做他的创新与年轻不同的是，那不再是青春的莽撞勇气，而是一种态度和远见，一种胸怀和希望！

一、"老大"的创新。2005年，他招聘我为专职"舞蹈老师"，我的工作任务是创立省实舞蹈团及负责初一全体女生舞蹈必修课。而据我所知，就连现在广州市的中小学还没有专职的舞蹈老师，由于指标问题，学校负责舞蹈队的老师，同时要负责音乐课教学任务，也就是说在学历、专业方面一般是音乐教育方向。这样在团队的培养方面关系到一个长远问题，团队老师的专业不够精，每次训练或者团队提高都要依赖外聘专家指导，不说另外产生指导费用，就从方便性与团队目标规划性来说都是问题，大部分只能临时应付比赛任务，做不到团队长期规划，主要原因在于不够热爱自己的专业，所以没有更高热情，团队发展自然不顺畅。这就是老大的远见，在十年前是想不到的。初一女生的舞蹈必修课，既不计入中考分数，又没有对我有教材上的规定，纯纯的一种素质教育，没有压力没有负担地感受舞蹈，学习和舞蹈相关的知识，在初中年龄段孩子心中种下颗舞蹈的种子。每每看到校运会每班出场式的精心准备与高质量演出效果，每年"炫动舞台"上自信的舞动，"全民舞蹈"自由自信舞蹈的现象和态度，就是"老大"当年种下的种子，在生根发芽苗壮成长啊！

二、对我的"宠"，对我的"惯"。巧合的是我也不是个按常理出牌的人，但我当年的不按常理是包括年轻的不成熟。对于团队比赛方面，省实舞蹈团现在已经是支非常成熟、有常规训练、有短期计划及长远规划、经历过失败教训和辉煌战绩、如今有一定"江湖威望"的舞蹈团。而这个过程，除了我的、大家的努力，更重要的是"老大"对我的信任，对我的包容。记得第一次比赛，我选择了一支"爵士舞"，全国中小学生的赛场上都极少甚至没有出现过这个舞种，因为它比较难把握创作题材，难把握舞蹈风格的"度"，从区、市、省一路比赛，一直受争议，而那时的我还不知道"怕"字怎么写，因为有"老大"的"宠"。还好，那次拿了全国一等奖。但由于太顺利，没有总结选材方向的机会。第三届全国中小学生舞蹈比赛，我选择了一个政治敏感话题，期待"台湾"回归《靠岸》，又是个备受争议的题材，结果只获得全国赛二等奖，对我们来说低于预期，就是失败。"老大"看着孩子们在操场上偷偷地抱头痛哭心疼不已，发信息来安慰还在比赛场地的我。一句责怪的话也没有，他说，他不觉得题材有问题，我们的团队是最棒的！而这一次，让我真正思考比赛的创作方向。我在他的"宠爱"中成长。多次挫折，都是在老大第一时间的安慰、鼓励中度过的。他永远坚信，结果不是最重要的，在努力过程中，孩子们学习到的团队精神、了解到的文化、舞蹈素质艺术素质的提高、团队磨合中德行品质的培养才是最重要的！我们一定要把目光放长远！

三、"惯"出的"共舞省实情、同圆中国梦"广东实验中学舞蹈团十周年舞蹈专场。这个专场，又是我一个"任性"的念头，在全国极少中学可以搞出一个舞蹈专场。舞蹈作品的量、质、形式内容、演员的数，都是一连串问题。而有这个请求的时候，是我刚生完宝宝。谁能相信支持一个产妇的念头呢？而这个念头的实现一旦失败就需要学校来买单。而就是我们的"老大"，也只有我们的"老大"，在看完我的详尽计划后，一路"绿灯"，让我们更加干劲十足！2015年3月28日晚，友谊剧院里，一场舞蹈的盛宴，一片舞蹈的海洋！以德育教育为脉络，以团队十年成长为线索，贯穿爵士、现代、拉丁、国标、街舞的晚会，给在场所有领导嘉宾、学生家长留下"心"的印象！感动是共鸣！因为我们有经历，有心体会，与爱相伴，在感恩中前行！

在"老大"的庇佑下，我与团队逐渐成熟了，他才是真正的省实舞蹈团"创始人"，舞蹈"团长"！我们要在舞蹈中修行，他给我们道场；我们要经历失败坚强羽翼，他耐心等待与陪伴；我们要任性实现梦想，他让我们站在他的肩头触碰蓝天的美好！

此生有这样一位"老大",我的内心永远是温暖的,安全的、充满力量!感恩!

——**杨丹**(省实艺术老师)

郑校长的教育经

郑炽钦校长是一名具有非凡创造力的教育大师;他对教育事业的挚爱及品行高洁、沉着果断、幽默风趣等个人魅力激励了一代又一代省实人创造出很多的第一、唯一。

郑校长创造的省实教育,是社会期盼的深化教育改革、全面推进素质教育的教育;是解决实现教育公平化,提升社会责任感、培养创新能力的教育;是让学生寻找学习快乐,发现自我、提升自我的期盼;是教师发挥聪明才智、践行教育梦想的和谐家园。

郑校长创造的生态化环境教育模式引领了中国环境教育的改革方向。该模式已经成为中国环境教育的典范,省实环境教育所开创的三级课程可以满足不同层次学生的不同需求;所建设的环境教育基地能给学生开展课外实践研究提供土壤;所研发的特色项目则把学生带到大自然,在自然中体验,在自然中学习、在自然中成长。

郑炽钦校长不仅在工作上为学校创造了很多第一和唯一,同时也在情感上为师生创造了具有炽钦特色的省实情怀。2013年秋郑校长作为中国创新代表团团长,带领中国代表队赴德国纽伦堡参加第65届德国纽伦堡国际发明展的情景历历在目。郑校长带着已经行走不便的腿，乘坐 20 多个小时飞机后到达德国纽伦堡。到达后他选择直接提前到达发明展会场，参加慰问中国代表队的师生、与主办方洽谈等活动；为了不影响预定议程及争取更多的时间与主办方探讨如何为中国青少年提供更多参加国际发明展的机会，郑校长来回走动在会馆上，一走就是七八个小时，几次通过收紧绷带来缓解疼痛，但郑校长一直坚持到最后。

郑校长创造的炽钦教育模式不仅是省实的财富，也是中国乃至世界教育的财富；创造的炽钦情怀，不仅激励这一代省实人奋发图强，同时也将激励代代省实人为创造美好的教育梦想而奋斗。

——**王剑**（省实环境教育办公室主任、环境科学教师）

> 采玉者破石拔玉，选士者弃恶取善。物有长宽，位有左右，人有短长，大凡闻名遐迩的学校，都近乎成了拓展每一位教职工特长的强磁力大场。
> ——郑炽钦

> 作为一校之长，不会动之以情，则缺乏面的张力；不能感之以理，则缺乏质的魅力；不去束之以法，则缺乏权的威力。
> ——郑炽钦

四、学子慰心之语

一个会画圆的政治老师，一个要种花的中学校长

距离第一次见郑校长已经有 25 年了，那时他还是华附的政治老师，站在初一新生军训训练场的边上，身板挺得特别直，心里以为是教官的教官。直到晚上，要上爱国主义教育课，他站在讲台上自我介绍是"郑炽钦"时，我才把这个老师的名字与眼下的人对上了号。

遗憾的是，当时郑老师并不教初中，但丝毫不影响在校道相遇时，他远远就朝我们每一个学生点头微笑打招呼。有一次，我们冲锋似地跑去饭堂打午饭，有个同学作业本跑掉了，他从初中楼一直追了 200 多米，喘着气把作业本交到那个同学手上，"吃饭可别像跑去吃饭那么急"。我之所以一直记得这句话和这个情景，是因为这么一句充满哲理但又直白的话，被我后来用在一篇作文上，来形容"过程努力，享受结果"，还得到语文老师的"一条波浪线"。

郑老师对学生的好在华附是出了名的，我就受过其裨益。刚

进华附时年少气盛，几个女孩子仗着字写得不赖，又读过一些唐诗宋词新旧派小说，硬是借了学校文印室的宝地以及蜡纸、刻笔等，自写自画自编自印办起了一份报纸，每期100份，每份卖1毛钱，居然前两期都脱销。25年前，学生办报并不盛行，更不要说去经营了，对此，学校团委很快就喊停。事后，我听语文老师说，郑老师特地在其主持的团委工作会议上说，学生们办报是一种能力的锻炼，校方应该支持，引导他们派送或义卖就好。当大多数人都认为几个女娃娃特立独行赚学校的钱时，一个老师在工作会议上为毫不认识的她们说话，这件事无论什么时候想起，我都特别感动。

严格意义上，真正受教郑老师时我已经高一了，我们班的政治老师外出进修，他来代上几节课。

在理科竞赛特色班，政治课成绩基本无需作考量，要吸引理科学霸从数理化草稿中跳出来专注黑板，再把书本里的东南西北传授通透，这对政治老师的功力要求有多高大家可以想见。所幸郑老师口碑极好，他来代课，我们还是抬头凝神。我们最先接触到的是一手漂亮板书和引经据典的脱书授课，印象最深的是讲"辩证"，他在黑板上徒手就画了一个极标准的圆，然后跟我们说，学生读书就像这个圆，圆内是学到的东西，圆外是未知的世界。学到的东西越多，这个圆越大，能见识的未知的世界的边缘就越大，所以叫"学无止境"。话音刚落，整个班沉静了几秒，然后爆出有史以来最热烈的掌声。幸运的其实是我们，华附六年，没有错过这样一位文理贯通的思政老师。

鬼使神差，我这个理科生最终入了新闻的行当，当起一名记者，还是跑教育线的记者。早于我入行，郑老师已被调入广东实验中学任校长。由于省实隔三差五就有折桂各类奖台的佳绩传出，高考的、国内外学科竞赛的、上至天文下至地理的，尽显省实学生四肢发达头脑不简单的本事，所以，我因工作关系，这些年与郑校长常有接触，每回采访都能从中有所感悟。有人说，"郑校运气好"，但依我看，主要是他的"功夫"好，他所采取的就一招："以人为本"。这个东西说来容易做来难，只有心里真的装着学生，真正为学生做人做事向好发展，才能得以实践，并制胜。

最浅显的，郑老师亲自为省实校园选入栽种各种花花草草，看起来不务正业，而他的理由言之凿凿，引诗"半亩方塘一鉴开，天光月影共徘徊。问渠那得清如许，为有源头活水来"，希望孩子们既能够在美好的自然环境中保有愉悦的心境，也能够从中明白"书"是那"活水"，最终才有鸟语花香。

转眼又是一年春早，耕耘逾卅载的郑老师已经荣休，而他手种的樱树正满枝繁花。树下，回来看看的"校长"被学生们簇拥着要合照。人面樱花相映红中，我发觉泰戈尔所说的"不是我选择了最好的，而是最好的选择了我"，真切地诠释了我对恩师的感情和感激。

——**谢苗枫**（南方日报机动记者部副主任）

郑校长领导这 12 年，是母校翻天覆地大发展的历史阶段，是母校九十年来获最多国际国内奖状奖杯的辉煌时期，郑校长对省实的杰出贡献，将记入校史永存！郑校长领导下的省实所获无数荣誉，得到海内外的一致赞誉与喝彩，我永远以"省实校友"为荣！我给郑校长打 90 分，不敢打 100 分，为何？因为省实要新的校长发扬"炽钦宝宝"的人格感染力、领导亲和力、科学谋划力，带领省实母校继续前进，攀登更新更高的历史高峰！我谨代表香港的省实校友，祝福郑校长荣休后身体健康，笑口常开！

——**蓝瑞明**（省实 1967 届校友，蓝宝城有限公司董事长、香港国际商学院院长、陕西省政协委员、湛江市政协常委、香港男高音歌唱家）

郑校是我六年中学的校长，他说话幽默有一颗很年轻的心，总能跟我们打成一片。毕业两年多了还是以省实为荣。谢谢郑校这么多年的付出！

郑校的人格魅力也是杠杠的，网红没得说。

郑校为了我们做了这么多，在退休前还要站好最后一班岗，体育馆修空调、投资百万的省实大电影……

中山四路不是广州最繁华的地方，但充满了我们三年的灿烂。三年，郑校在省实任校长十二年的四分之一，当然也是最后四分之一。就这样，我们成了郑校麾下最后一届初中毕业生，幸而我们没有让郑校失望。我们毕业了，我们来到了高中，郑校退休了，全校长接任了，冥冥之中更像是一种缘分。现在的省实，真的又大又漂亮。祝福郑校！祝贺全校！祝愿省实更大更漂亮！

——摘自省实微信公众号

白云山高，珠江水长。三高四优，每人都有一枚金牌。省实，让我们优秀成为了习惯。省实，给予我们太多。

希望母校能够继续开展一些艺术、科技等方面的课程和活动，提高学生的人文素养，培养全面发展的学生。也希望每位在省实的、从省实走向社会的、即将进入省实的学生铭记一句话："今日我以省实为荣，明日省实以我为荣。"

——**陈锐军**（省实 1982 届校友、家庭期刊集团总编辑）

坚持特色，虽然可能因为一些特色，会对升学有一定的影响，但从人才培养的角度来讲，这是必要的。素质教育的方面要有所创新。实验中学嘛，应该还是让学生不仅有知识作为基础，更要打好素质的底子。

——**苏成**（省实 1986 届校友、华南理工大学土木与交通学院教授、博士生导师）

亦师亦友

绝大多数时候，他是威严的校长。记得每学期的开学典礼，郑校长的言语铿锵有力，睿智又果断地向同学们提出新学期的要求。

有时，他就像一位平常的、和蔼的长者。每次从他的办公室走出来，手里定是攒满了他给的各种糖果水果。尤其是毕业后几次回母校，走出校长办公室，摊开手掌，看着依然是满满一把的零食，不觉有些"无奈"地一笑。有些习惯多年未变。学生一届届地来，又一届届地各奔东西。郑校长给我们的关怀始终如一。

有时，他又像一位风趣的朋友。他不仅当面聊天时风趣幽默，就是偶尔的短信交流，语气甚至都带有一种活泼。是的，活泼，一种我们这些"年轻人"都有时自愧不如的轻快和热情。就算相隔两千公里，也似乎总能被他感染，一天的心情跟着明亮了起来。

果断利落的作风，亲切幽默的话语，鼓励宽容的笑意，让人总分不清他的身份——可以开玩笑的朋友、可以聊家常的长辈，还是可敬可佩的校长。然而，细细回想，每一个和郑校长相处的时刻，我总能从他身上学到一些东西。他的言传身教，春风化雨，又孜孜不倦。在这个时候，我才发现，他最初和最终的身份，一直是伴随我们成长的———一位好老师、好朋友。

——**江之韵**（省实 2011 届校友、曾任学生会主席，现为北京大学研究生）

最爱他的平易近人

在省实度过了六年青春，我对郑校长最深刻的印象莫过于他最灿烂的笑容与那颗平易近人的心。校长对学生从来没有架子，还经常用开玩笑的方式去调节学生的学习压力。在开大会时学生对老师在台上讲话经常会不耐烦，但这不会发生在郑校长的演讲上。他说普通话时可爱的广东口音、和蔼可亲的形象以及那非官方印象的粉红色 T 恤是我认为最能缩短他与学生距离的原因。

我与校长第一次近距离的接触，发生在我还读初二的时候（2009 年）。那时的我热爱踢足球，每天下午一到放学就会利用所有活动时间踢球。有一次我把球踢中了校长的车门，那时我吓坏了，害怕会被通报家长，结果校长并没有计较，而是像一个同龄的朋友一样把球利落地扔回给我，笑着说"别踢太晚哦"。从那时起我开始明白高年级的学长学姐对郑校长的热爱。我在高三时就读于省实的艺术预科中心，在毕业时我的发型没有依照学校的仪容仪表要求，但校长在毕业典礼上第一眼见到我时便说"哇，这发型够酷！"

在中国高压的教育环境下，他对我们个性发展的包容让很多学生都难以拒绝去热爱他、尊重他。

今时我已毕业约三年了，在英国即将完成我的大学旅途。出国后，只要有机会回广州，我都一定会回母校看望我的老师，当然还有郑校长。校长虽事务繁忙，但每次看见学生还是会抽出时间关心他们的学业与生活。有一年六月我回到学校看望校长，我们一起吃糖果喝茶谈论我在国外的生活、新学到的知识以及校长对我、众多省实学子和母校将来发展的寄望。

如今郑校长退休了，能受其邀请写下这篇短文是我的荣幸。过去与校长相处的每一个时刻都是欢乐的，郑校长于我并非只是一位良师，更是我的好朋友。

——**黄予信**（省实 2013 届校友，留学英国）

爱郑校，不解释

经常有朋友问起自己，回忆在校的三年岁月，觉得最必不可少的几个关键词是什么？我相信，在每一个省实人的心中，肯定有一个共同的答案——郑校。郑校绝对是省实的灵魂人物，毕业后和同学聚会会提起他，回校和老师闲聊会谈起他，与外校的朋友聊起省实时必提他。郑校是个极有亲和力的学校领导，无论在公众场合讲话或者是面对面的私聊，他总是带有一种父亲般的亲切，这种亲切常令咱们对郑校产生一种敬且欲近之的感觉。由于郑校这独有的"磁场"，同学们都特别喜欢和郑校接触交流，而且每次有同学和郑校聊完天，都一定会兴奋地在社交平台吐露一番心声。郑校是个十分有远见和充满正能量的教育家，在校期间郑校时常鼓励咱们做环保学生工作的一定要坚持到底，除了经常到环保社团的活动里给我们加油打气外，他私底下不知给予了咱们搞环保的几个人多少鼓励，只要是环保公益相关的活动，郑校都绝对会密切关注。郑校对咱们环保学生工作的关注从未间断，即使已经离校数年，郑校仍然一如既往地通过不同平台给我们传送鼓励。这些不可尽诉的动人情节，相信不管时间如何流逝都必将铭记心中。在这段感慨的最后，决定引用流行在省实的一句话："爱郑校，不解释！"

——**陈晓彬**（省实 2013 届校友，曾任环境理事会主席，留学美国哥伦比亚大学）

郑校在我心目中就是一位特别睿智且通情达理的长者，曾经担任学生会主席的我对于这点真是深有体会。

对于学生的培养，郑校不仅仅关注最基本的考试成绩，更关注学生综合素质的提升，特别注重提供平台供学生发展特长，提升素质。因此，许多在其他学校以"浪费时间精力，影响高考"为名被打击的活动，在省实，因为有郑校多年来的大力支持，都能在省实得以蓬勃发展。学生会就是一个很好的例子。在其他很多以高考为终极目标的中学，学生会并不为校方所重视，因此，其发展空间以及在学生发展中所起的作用非常有限，但省实却是个例外，这都要归功于郑校。郑校充分意识到 21 世纪已不是应试教育的时代，只有素质教育真正落到实处，培养出来的学生日后才能成为真正合格的公民，并进而成为引领社会的领袖精英，而学生会作为学生的组织，就是践行这一理念的一个很好的平台。

不仅仅是意识到，郑校还敢于顶住各方的压力，将其真正落到实处，只为真正为学生提供优质的教育。郑校不仅会充分尊重、支持学生会，更会及时地给予适当的指引，帮助学生会更好地履行学生组织的职责，带领同学们实现自我管理、自我服务和自我教育。因此，省实的学生会能够真正做一些事，不仅完成常规的管理服务，组织同学们喜闻乐见的活动，帮助同学们发展自己的特长，还能够在公民意识和校园民主的推广中不断努力，这些在很多其他中学里是不可想像的。郑校的睿智和通情达理由此可见一斑。

——**李琳**（省实 2014 届校友、原学生会主席，现就读于北京大学）

郑校应该是我遇见过最开明最风趣的校长了吧。借工作之故曾采访过郑校。采访间谈笑风生，总能用最幽默最简略的语言回答我们提出的问题。当郑校主动提及恋爱这个问题时，内心着实惊了一下。但郑校就十分淡定，侃侃而谈，结束时反问我们有没有谈恋爱也是让我们连连摆手。永远穿着粉色 Polo 衫的郑校早已与省实融在了一起。正如我在写采访稿中所言："这个与省实相互扶持了十几年的'大男孩'，怎么可能放得下省实这个'矫情'的小情人。"

——**罗心怡**（省实 2014 级 18 班学生）

"讲话不打稿"的郑校

5 年省实人，非常感谢省实给了我一个非常自由的学习生活成长氛围，而这种氛围的形成当然与郑校长的教育理念密不可分。

> 在我看来，开放性是研究性学习内容选择上的主要特点，自主性、探究性和创新性则是研究性学习的鲜明特点，问题性才是研究性学习内容呈现的主要方式。
>
> ——郑炽钦

> 车无轮不成车，图无规难出圆。抓校风须定标、立矩、强训、力导，加之有歌，有徽，有特色文化。
>
> ——郑炽钦

军训时，郑校的发言就给我留下了很深刻的印象。从小到大，所有领导发言无不拿着稿子，平平淡淡地念下去。而郑校长不带稿子，以很亲切、很和蔼、很风趣的话语发言——我想这是最有效的交流，是对刚刚踏进省实校园的学子们最真诚的欢迎。

这么多年来，我发现，郑校真的从不打稿，周会、XX典礼、XX开幕仪式、新年祝福，这些或大或小或长或短的发言，他什么也不带，走上台，侃侃而谈。最多，他会拿出手机，看看备忘录，甚至会吟诵一首诗，说"这是我在回学校的路上在公交车上写完的。"微翘的嘴角间流露出一份小小的自豪———如孩子的天真烂漫。

郑校在任的这12年，省实在德育、高考、科技、体育、艺术等各个方面都有着非凡的成绩，这是大家都会有目共睹的。

管中窥豹，可见一斑，成绩与荣誉自然明证，但就从郑校讲话不打稿，我们就足以看见他"腹有诗书气自华"的底蕴，以及关爱学生、平等相处的理念。

——**林郁东**（省实2014级3班学生）

我心中的郑校长

第一次知道郑校，是高一军训前夜的晚自习。贪玩如我，被省实录取后喜出望外，疯狂了一个暑假，也没好好静下心来了解这离家三百多公里、家乡学子梦寐以求的理想殿堂，更别提知道校长姓甚名谁了。所以，得知校长也是茂名人时，颇有两眼泪汪汪之感。

说实话，一开始省实宣传片中那个坐在黑色皮椅上一脸高傲地眯着双眼的老头儿没有博得我多大的好感，但似乎很多教师、来自省实初中部的同学都对他十分敬爱。听班主任说，每年郑校都会和高三毕业生合影留念，并十分可爱地配合学生，当年有一张郑校与学生共同嘟嘴的照片火爆了朋友圈。与省实相处时日渐长，愈发感觉郑校和蔼亲切。平时向他问好时总是可以得到笑眯眯的回应，丝毫不端领导架子。郑校有着"郑大大"的美称，而每次活动中有关郑校的校卡、T恤等总是被抢售一空，朋友圈里郑校的照片、有关公众号也是刷屏的主力军，郑校在师生中受欢迎程度可见一斑。在2015年新年音乐会上，郑校还偕同其他校领导身着汉服上台迎新引起轰动，"别人家的校长"羡慕得别校学生眼睛发绿，省实学子无不自豪。

省实的自由氛围、社团活动丰富的盛况，大部分都要归功于郑校。郑校很注重学生全面发展，要求我们至少有一技之长。省实合唱团在世界排名数一数二，而郑校每次都陪同合唱团出国征战，几乎没缺席过。同时郑校也很支持学生组织工作，曾在2015年社团节拨款租下昂贵的LED屏幕，最终取得很好的效果，广受好评。

我个人对郑校还有一个很深刻的印象，就是郑校发言很有效率，同时又很出彩。记忆中大多数领导讲话都有个通病——空泛又官方，听了和没听基本没什么区别，有时还又臭又长，引起听众埋怨。然而省实师生无一例外都满怀热情地期待郑校的每一次发言。郑校掺杂着粤语发音的不标准普通话，带着幽默及随和，偶尔捎上一两个小故事，"一生一世爱省实"就这么流传开来。2015 年艺术歌曲大赛接近尾声时，郑校被邀上台发言，出乎意料的是他把所有的曲名巧妙地串成一首诗，简洁而诗意地道出心中所感，令人不由得拍手叫绝。

如今郑校已经退休了，省实给了我最绚烂的高中生活，而唯一的遗憾就是没能和郑校毕业合影。希望郑校可以安享天伦，空闲时也要记得回来看看这些深深爱着他的孩子们。

——崔子盈（省实 2014 级 8 班学生）

最具魅力的郑校长

印象中和郑校有过两次直接的交流，一次是高一的时候回初中领奖，他给我颁奖的时候还跟我说他很喜欢我的演讲，让我觉得有点受宠若惊；第二次是在行政楼偶遇，他和几个领导老师走在一起，我跟他问好后他关切地问我在做什么，做什么学生工作之类的，当时就觉得郑校是一个特别有亲和力的人。实际上也确实是这样，拍《中学时代》的时候，有一场和高一同学一起拍的戏，郑校当场在台上整理起了头发，台下的同学都被"萌化了"。

要说郑校和其他学校的校长有什么不同，我想最明显的就是学校的学生都非常喜欢他，不仅是支持他的教学理念，还认同他的做事方式和人格，甚至会把他当作学校的"吉祥物"。从初中到现在，我已经记不清自己的朋友圈、微博被关于郑校的采访、照片、语录或是段子刷过多少次屏，而能让学生如此有热情地转

口才，对于教师来说，确实如车之两轮、鸟之双翼。若口才不好，教坛内外真会寸步难行，寸空难展，心虽灵而口拙，事虽倍而功半。

——郑炽钦

生活中的每条道路都是一篇急就章，人们的清醒生活，有相当大一部分是用来照看自己脚下的。

——威廉·戈尔丁

载关于他的消息的校长，想必是一个很有魅力的人。

　　我要把你深深地印在脑海里

　　为了闭上眼，就能随时看到

　　花丛中的你

　　　　　　——程可柔（省实 2014 级南山 1 班学生）

　　他，沿着省实路一路走来，一路盛开，如同那璀璨的夏日之花，在阳光下，将自己最美好的年华献给了广东实验中学。

　　他热爱学生，心中始终装着学生。

　　从 1995 届学生开始，每年的六月他都坚持为高三毕业生的高考送考。在毕业时，曾自掏腰包给每个班送上了一个蛋糕。他还致力于学生的健康快乐成长，让每个学生都能成为最好的自我。

　　他热爱教育，有着独特的教育理念。

　　随着实践的发展，他的办学理念也不断地与时俱进，跟得上时代的脚步，懂得学生身心发展规律、教师教育教学规律、社会发展规律，使教育面向现代化、面向世界、面向未来发展。"适应离职无位新常态，创造退休有为新生活。"这是他退休当天为自己写的座右铭。朴实的话语却让我们能从中感受到他想要继续为省实发展加力，继续为教育事业效力的决心。

　　他热爱学校，大力支持社团和学生组织的发展。

　　省实的学生社团数量庞大、种类齐全，课余活动精彩纷呈，学生组织职能明确，能有效地协助老师们开展工作。这些都是学校重视素质教育的体现。他希望学生们不要为了狭义上的学习而放弃自己的兴趣，主张在"学习"与"兴趣"之间平衡，相互促进，营造精气神之极，攀登德智体之峰。

自 2003 年来到省实，便与这个地方结下十二载的深情。他，是所有省实学子心中当之无愧的好校长！

——李雅诗（省实 2014 级 18 班学生）

他，一生一世爱省实

如果说一所学校是一棵大树，我想，一位优秀的校长一定是培育大树的肥沃土壤，而郑校长就是那培育出省实无数出类拔萃的莘莘学子的土壤。

学校门前的省实路是他努力争取并组织修建的，学校合唱团等艺术团队以及社团的成就离不开他的大力支持，学校三大特色也是他呕心沥血凝结而成的……他为省实，为每个省实学子，做了太多太多，每个省实学子对他的感激也是毋庸置疑的！正是因为有了他，我们的高中生活才如此丰富多彩，我们才能在高中繁重的学业之余，充分在艺术、科技、体育等领域展现自我，我们才成为三高四优的省实人！

"一生一世爱省实 一生一世爱炽钦！"这是发自每个省实人内心的"情话"，郑校长也当之无愧！

——李世中（省实 2014 级 3 班学生）

我心中的"炽钦大大"

幽默风趣、活泼开朗、可爱、"萌"、开放……

在初中时期，就已经从师兄师姐口中听说过许多郑校长的传闻。当时每每想到郑校，心中就总会出现那个有趣的校长的形象。如今在省实读高二年级，经过那么多次见面，心中的郑校，变得更加亲和，愈加学识渊博和独具慧眼。

提起郑校长，学生肯定会想到"幽默、亲和"。郑校长往往善于用口音、笑话让自己的演讲有趣而且生动，让人不会觉得疲倦。说话幽默的郑校还有一颗很年轻的心，总能跟我们打成一片。在朋友圈里不时可以看到同学分享的和校长的合影。平易近人的郑校还很放得开，在新年晚会上着汉服出场掀起高潮，校园里还常常可以看到郑校的"周边"。

经过了解发现，除了在师生中有极高的人气，郑校长的学识也很令人叹服。听过郑校对会玩也会学的理念的解释以后，相信每个人都会对他刮目相看。听过他说的"陈景润要是身体好，'1+1'早就解出来了；霍金如果身体好，人类或许早就穿越时空了"，相信多少挑灯追赶作业的人会由此释怀。郑校长是我们的朋友，更是一名良师。

在校友们的心中，"炽钦大大"与其说是 12 年的校长，更不如说是我们多年的老同学，给予我们理解与包容，陪伴我们奋斗和成长。

——**梁昊**（省实 2014 级 1 班学生）

我最亲爱的郑校长

我很幸运地称为省实的一名学生、一名学生干部和一名弦乐团成员，我在这片广阔的沃土上得到了最大程度的发展。郑校长，也一直陪伴了我们5年。虽然说省实的现状是全体师生、行政班子的努力，但郑校长全面发展、特色教育的理念，却是现在这一切美好的奠基石。郑校在去年退休，现在想起与他接触的点点滴滴，感觉全是快乐的回忆以及亲切的笑容。

作为一名学生和一名学生干部，我看到更多的是他的"萌"。一个剪刀手就可以将沉闷的学术讲座气氛推向高潮，一个嘟嘴就可以化解在社团节开幕式上倒数砸蛋砸不开的尴尬。

作为一名艺术团队成员，我更能了解到他的办校理念。我上初二年级时刚好是学校组建交响乐团的瓶颈时期，乐器、人员、指挥上遇到了不少阻力。郑校长得知，立即让学校拨款购买乐器，并且数次来到排练室为我们加油打气。对于特色领域的发展，郑校毫不吝啬他的支持。

郑校长陪伴我参加了5次新年音乐会。每每从台上偷偷望下来，总能看到郑校坐在第一排正中间，腰板笔直笔直的；也总能因为听到他在初高中致辞上故意的玩笑性说话而偷乐；也见证了他致辞时从纸质稿再到用手机备忘录提醒自己致辞的重点。在最冷、下雨最大的一次音乐会上，从露天的舞台上望下去，各色雨伞层层叠叠，只有郑校还有其他校领导笔直笔直的坐在那儿，淋着雨，他们那满意、亲切的笑容顿时为台上的我们充足了力量。

　　我的中学生活因为有了郑校的支持和参与而绚烂多彩。请允许我向我最亲爱的郑校长说一身：谢谢！今日我以省实为荣，明日省实以我为荣！

——姚凯恩（省实 2014 级 18 班学生）

　　第一次对郑校长有直接的认识，跟大部分人一样也是在工作的过程中。刚开学，在社团节片刻不停的筹备中，为了拍摄视频必须去采访郑校长。百闻不如一见。一行人准时来到了办公室门口，却开始不知所措地徘徊顾盼着。敲开半掩的门，阐明来意后，意外地被欢迎了进去。找位置，架设备，过稿子，开机，原本熟练的步骤在紧张之下变得生疏而滞慢，为了不影响最终效果还要多次调整。大家的动作也很不协调，想必也是生怕耽误校长太多时间。而校长只是不住地说着没关系，用夹杂着信任和随性的语气。不久后采访终了，整个过程中校长没有严肃的、一本正经的大话，从头到尾都是落到实处的对学生的关切，对学生发展的思考。任务完成后的鼓励，合影时的亲切，都传达着一种对于学生学习和工作的关切和信任。想到采访中他说的，要放开手让学生自由发展，我更加感受到了他多年治学的独特理念和实践。

——张宇轩（省实 2014 级 15 班学生）

　　郑校给我的第一印象是"可爱"。有人说，当你用"帅气""漂

335

亮"这些词来形容一个人的时候，你对他爱得还不够深，但用"可爱"这个词时，已经是爱得"无可救药"了。然而可爱这一个词形容到一个校长身上，就已经是囊括了平易近人、幽默风趣、谦和大度这些形容词。在台上，他并不是一个成日西装革履，板着面孔按千篇一律无聊乏味的形式说教的领导，而是用他那带着口音的普通话，隽永的语调给大家讲着大家所感兴趣的内容。凡是有他讲话的周会，我们都会情不自禁放下手中的书本听，事后不忘挑出最好玩的地方放上朋友圈："我们省 xi，是广东省负债率最高的学校！""我们今年将在体育馆装空调，把省 xi 路南端打通！"……一条条复制转发，笑声吐槽中，蕴含的是对这位校长的喜欢。在台下，他会嘟起嘴和学生一起自拍，亲身投入到学生的活动中……不得不说，省实有郑校是我们的荣幸，有他在，就是我们的骄傲。

——**梁韵彤**（省实 2014 级 19 班学生）

唯真唯实谋跨越　倾心倾智育栋梁
——广东实验中学创建"人民最满意学校"纪实

□　德育报社执行总编　晨　光

【关注视角】

●广东实验中学是直属广东省教育厅领导的省级重点中学、广东省首批国家级示范性高中。其前身为1872年清政府设立的"留美幼童先修班"，距今已逾140年，1987年定名为广东实验中学。建校以来，培养了包括邓锡铭、黄耀祥、范海福、蔡睿贤、姜伯驹、岑可法、钟南山等两院院士在内的万千优秀学子。

●励精图治、铸就辉煌的广东实验中学，先后获得全国文明单位、全国精神文明建设工作先进单位、全国教育系统先进集体、全国师德建设先进集体、全国创建"平安校园"示范学校、全国科技教育创新十佳学校、全国学校艺术教育先进单位、全国体育工作先进学校、全国教育科研先进学校、全国教育创新示范单位、全国百强特色学校之十佳示范学校、国际生态学校、全国水科技教育示范学校等百余项国家级、省级殊荣。

> 组织学生"三同"（同劳动、同吃住、同生活）的目的就是让课堂渗透挫折教育，让活动贯穿挫折教育，让空间营造挫折教育，让时光注入挫折教育……
>
> ——郑炽钦

> 海纳百川，有容乃大；壁立千仞，无欲则刚。吮吸着前人的营养、智慧的甘露，站在巨人的肩膀上持德登攀，路会走得坚坚实实，很远很远……
>
> ——郑炽钦

●广东实验中学始终秉承"以人为本,以德树人,以质立校"的办学理念,同时以科研为引领、以课程为平台、以社团为依托、以竞赛为磨炼,铸就了科技、艺术和体育三大品牌,是享誉海内外的著名中学。

●广东实验中学在历年的高考中,重点率、高分人数、各科平均分都稳居广州市、广东省前列。1999年以来,先后有40余人次成为广东省高考总分和单科"状元"。近三年,有3000多人次在全国各学科奥林匹克竞赛和艺术、体育比赛中摘金夺银。在最近几届青少年科技创新大赛中,该校一直都是全广东省获奖最多的学校。

引 言

泱泱华夏数千载,天地间充盈着惊心动魄、澎湃飞扬的豪情;珠江入海几绸缪,波澜中喷薄着永不干涸、不可遏止的生机。这里是中国的"南大门"——羊城。穿过城中悠长的甬道,一道亮丽独特的风景映入眼帘:

有一座圣园,跨越三个世纪的峥嵘岁月,沿着热爱祖国、关心政治、钻研科学、追求真理之路,踏出一串蜿蜒而铿锵的足迹;

有一种责任,贯穿百年恒基之热血丹心,持守每一份平凡真实,荡涤每一次壮怀激烈,用不断追求卓越的赤诚谱下教育的鸿篇;

有一抹情愫,濡染几代奋斗者的风霜雨雪,绵绵不绝,于辛勤耕耘和无悔奉献中铸就一座百年树人的辉煌丰碑……

她，就是广东实验中学（以下简称"省实"）。

深厚文化——让生命之树常青

云白山高，珠江水长，钟灵毓秀，人杰地灵。北朝毛泽东同志主办的广州农民运动讲习所旧址和广州图书馆，南倚广东省博物馆、中山图书馆和鲁迅纪念馆。革命的力量曾在这里汇聚，文化的江流仍在这里奔腾。

文化与教育息息相关。抛开文化，无法理解教育；抛开教育，文化也无由存在与发展。文化与教育这种密不可分的"亲缘"关系，使得文化的深刻嬗变会在一定程度上引发教育的振动与变革。

省实就是一个鲜活的案例。从时光中溯流而上，翻开历史的黄页，圣园的悠久往事历历在目——

跨越百年历程，斯文一脉相承。省实前身为1872年清政府设立的"留美幼童先修班"，清末为两广优级师范学堂附中，民国时期为中山大学附中。1952年，由岭南大学附中、中山大学附中、华南联合大学附中、广东文理学院附中合并成为华南师院附中。短短几年间，华南师院附中迅速发展为"一校两区"，这两区于1962年各立门户，逐渐发展成为广州地区两所赫赫有名的省属重点中学，一所是"华南师范大学附属中学"（以下简称"华附"），另一所即"广东实验中学"。50多年来，省实校名几度变更，最终于1987年定为现名。

这是一座具有光荣革命传统的红色圣园。

早在中大附中时期，由于同广东大学、中山大学的特殊关系，进步社团就在这里开展爱国学生运动，进步力量便在这里播下革命火种。众多师生成为广州地区爱国运动的中坚力量。中共广东地方组织中一些著名的政治活动家和青年运动领导人，如谭天度、周伯明、吴华、冼星海、林基路、曾生等，都曾在附中度过他们的青年时代，并相继从这块沃土走上革命道路，成为时代的骄子。

在熊锐、居励今、卢振英、张瑞矩、张文昌等老一辈校长的带领下，附中人始终发扬"热爱祖国，追求真理，德才修身，服务人民"的优良传统，肩负救国图强、振兴中华的使命。为了纪念伟大的革命先行者孙中山先生在 1924 年创办广东大学（后改名为"中山大学"），学校将该年定为建校元年。

在烽烟四起的岁月中，在坚强的中华大地上，这座饱经风雨的圣园见证了无数具有重大意义的历史事件：1925 年 8 月，毛泽东在这里演讲"农民运动和农工政策"；鲁迅也曾在这里畅谈"人格与学识""救人与救国"；大操场上聚集过参加五四运动和一二·九运动的游行队伍；解放战争时期，这里是"广东学生爱国联盟"的主要发源地，更是广州历次学生运动的集结所。

1925 年五卅运动后，中共旅欧总支成员熊锐回国，出任广东大学教授兼附中主任，在青少年中大力进行马克思主义的启蒙教育，影响深远。"新学生社"首先在校内建立支部小组，提出了"打倒帝国主义！打倒军阀！废除不平等条约！"的口号，继而成立了共青团支部。1936 年秋，附中共有学生 30 余人加入党的地下组织，成立了党支部，并编辑出版了不定期刊物《游击队》。1937 年 12 月，"中大附中青年抗日先锋队"成立，是全省成立最早的抗先队基层组织。

为了换取广大华夏儿女的安定与幸福，无数附中的仁人志士献出了宝贵的生命。他们的英名，将永远记载在省实的校史上并被后人铭记。他们是：熊锐、何鸿柱、温盛刚、凌伯、赖仿、郑挺秀、谭国标、林基路、陈柏昌、卫国、黎腾、洪佩兰、陈文宗、关汉芝、崔佳权、黄凡元……

新中国成立后，在梁嘉、张洁芬、李庆余、刘莲、王彭、方炳辉、蔡丽英等历代圣园之魂的带领下，省实秉承爱国传统，始终站在国家和历史的高度，在建设新中国急需人才的形势下，呕心沥血，躬耕树蕙，培养出了包括邓锡铭、黄耀祥、范海福、蔡睿贤、姜伯驹、岑可法、钟南山等两院院士在内的一批批优秀学子。七座熠熠闪光的院士铜像巍然兀立在省实校园，如同七颗耀眼的明珠镶嵌在省实的丹青长卷上，也镶嵌在共和国辉煌灿烂的史册上。

党的十一届三中全会后，改革开放的春风吹绿了中国基础教育的希望田野。教育伴随着社会文化由一元到多元，随着多元文化教育影响的不断深入，省实的价值取向也在发生着变化，传统的价值观念由统一、牢不可摧转型为弹性、复杂多变，从而深刻影响到学校文化的分解、重组，吸引新的文化元素，促进学校观念的变革。比如，"理想、平等、对话"的世界主题延伸到师生之间，传统的"师尊生卑"的格局被打破，学生要求真正获得教育的主体地位；网络时代的到来，启迪了学校开展"远程教学"，举办"虚拟学校"的设想，飞跃固有的现实办学围墙……

模式不是凝固的一池死塘，而是一方活水，只有蒸发特色的海水，模式之盐方能结晶而出；也只有结晶的盐，才显示出特色之水的底蕴。
——郑炽钦

万善德为本，百行孝为先，社会、家庭反映最好最强烈的正是孝心。别的学校怎么搞我不知道，但省实始终把"孝"与"忠"作为德育的基点。
——郑炽钦

刘莲、郑启植、冯思义、禤锦科等省实之魂，踩着令人振奋的鼓点，借着改革的东风，抒发了他们对教育的独特理解，践行着他们对学校的科学管理，铺展开他们对未来愿景的完美设计，书写了省实从小到大、从弱到强的发展史。他们博大的智慧、不懈的追求、优秀的品格影响着一代代省实人，留下值得后人继承和延续的文化和精神。

2003年7月，受广东省教育厅任命，时任华南师大附中党委书记兼副校长的郑炽钦，从德高望重的禤锦科老校长手中接下了百年省实的沉重帅印。

有人说，同对一座山，横看成岭，侧观成峰；远眺近察，低仰高俯，山的风姿又各不相同。

在华南师大附中与吴颖民校长搭档期间，郑炽钦是吴校长得力的膀臂，曾与之一起引领着"华附"在教育改革的大潮中搏击风浪、创造辉煌。虽然"华附"与"省实"这两所广州地区的省属重点中学，曾为一母所生的孪生兄弟，在传统和文化气质上有相通之处，但"华附"在教育资源方面占明显优势，而"省实"在政策资源上享有便利，承担着发挥广东省教育对外示范窗口作用的责任。"在'华附'积累的20多年的经验，到了'省实'能行得通吗？""省实高中部即将落成，'一校两部'的格局，能管得过来吗？"……面对旁人的种种疑虑，郑炽钦深感肩上担子的沉重。说实话，他心中也曾有过这样那样的顾虑。

大海，如果没有暗礁的阻挡，难以激起美丽的浪花。对于真正的勇者来说，压力不会束缚前进的脚步，而是开拓进取的动力。

真正的勇者，不在疑虑中消磨斗志，畏畏缩缩，而是在顾虑中思考，在顾虑中筹划，在顾虑中挑战自我。

郑炽钦就是这样一位勇者。到省实上任后，他将厚厚的省实校史放在案头，将光荣的传统一读再读；将现实和时势揉进大脑，将纵横的思路一捋再捋；将善于倾听的耳朵伸入师生，将真切的心声一听再听；将敏锐的触角伸向国际，将省实的蓝图一绘再绘……这其中，沉淀的是几十年从教治校的经验智慧，升华的是最前瞻、最切实、最宏远、最现代的办学思想，给这座百年圣园带来了一缕清新的空气、注入了源源不断的活水。

"行动上纳谏，管理上纳才，方法上纳新"的郑炽钦，带领着左春华、李夏萍、郭志坚、李子良、黄建伟、全汉炎、姚训琪等人组成的新一届省实领导班子，发扬"热爱祖国，追求真理，德才修身，服务人民"的优良传统，运用"以人为本，以德树人；实验创新，科研兴校；依法办学，管理强校；以身立教，以质立校"之治校韬略，在新的历史时期，在全面推行素质教育的漫长道路上，为让每一位学生在新课程改革实验中得到全面和谐的发展，做出了杰出的原创性探索实践。

早些年，流行两个术语：知识爆炸，信息爆炸。如今，又流传着一个口号：锐意改革，自主创新。这是当今世界白热化竞争大形势下应运而生的行动口号。

前者讲知识更新快，让人们迎接挑战。

后者讲创新要求急，让人们投身挑战。

然而，郑炽钦校长却说："教学活动岂可隔岸观火？课堂应该而且必须成为促使大脑不断产生智慧的创造场。在这个创造场里，生活里、现实中、网络间、科研上的问题纷纷被引入课堂、引入思维，学习变成了一种探索式的需求，一种身与心的享受。因此，我始终坚持创设一个开发大脑、优化大脑、有利于产生学科智慧的创造场，以实现学习的最高境界——享受学习。只有在这个创造场里，学生才能激情四射，思路八方，求知在体验里，发现在探索里，争辩在开拓里，想象在创新里。"

可是，学科的智慧和灵气终归离不开生活的泉源。

教师催醒着学生内心的智慧，巨人丝毫也离不开生活的演练场。

正因如此，郑校长要求教师们务必做到教、学、做三位一体，将扎实的"中国功夫"（指牢固的"双基"功底）和西方能力（指思维想象力和动手创造力）打成一片，使教室通向大自然、大社会、大改革的前沿，以此实现从学习生活到社会生活的顺利对接，完成对生活、对实际有的放矢的彩排。

在郑校长前瞻思想的引领下，在省实教师们的眼里，学校教育是"小学校"，社会则是终身受教育的"大学校"；校内课堂是"小课堂"，广阔的农村、社会才是"大课堂"；学生学习的课本是"小课本"，一定的生产实践与社会实践方是"大课本"。因此，有的数学老师把一串串日常生活中的问题引入教学，还把生活、生产和其他学科中的问题引入数学教学，引导学生通过数学建模（建立数学模型）设计出解决问题的过程。语文老师则为学生架起从"三小"到"三大"平稳过渡的桥。学生

满园风景手中画，再剪春光入卷来。这是何等高层次的追求，何等令人神往的事业！如果有来世，我愿始终剪春入卷……

——郑炽钦

人人都希望得到别人的尊重，尤其是饱读诗书的人师更是如此。可作为校长要清晰地认识到，自己不仅仅是管理者，更是服务者。

——郑炽钦

上学走路，可以学练观察；同人交谈，可以练达口才；看影视，可以文艺赏析；听广播，可以学朗读……

创新特色——让活力之水常流

"当我们带着学生穿越文学殿堂，遨游数学王国，探索宇宙奥秘时，千万不要忘记：学生的素质要全面发展，还要教给他们做人的道德底线、基本的智慧知识、基本的审美能力以及劳动能力和自我保护的能力。我们在培养学生的美好情感时，还要叫他懂得恨；我们在让他品尝喜的甘甜时，还要让他知道忧的必然；我们在培养他善良、同情、宽容之心时，还应培养他仇视与抗争的精神。只有敢爱敢恨，有喜有忧，懂得仇恨与抗争，具有忧患意识与奋起精神的学生，才是一个品性健康发展的健全的人。"

从这字字珠玑、句句恳切的话语中，记者真切地感受到郑校长发自内心与灵魂深处的教育之"根"。坚持"学校的根本任务是育人，育人的根本在育德"的郑校长在出任省实校长不久，省实就擎起了德育之道上的两面大旗：

——"四坚持"的红旗。红色，代表着生命与激情。它贯穿了省实德育工作的生命之线：坚持爱国教育，强化责任感和事业心、竞争意识和合作精神，继承学校的优良传统，使学子们"立志成才，报效祖国"；坚持养成教育，让学子们在学习现代文明和行为规范的过程中，形成良好的言行和举止习惯；坚持心理教育，让学子们形成否定自我的勇气和超越自我的信心；坚持自我教育，强化学子们的主人翁意识，锻炼他们自我管理的能力。

——"三注重"的彩旗。生命，往往以多姿多彩的面貌呈现。省实的德育活动异彩纷呈，但是多而不杂、繁而不乱，主要在于其紧紧围绕"三个注重"：一是内容的科学性，即根据中学生不同年龄层次的特点，有针对性地加强爱国主义、集体主义和社会主义教育，帮助他们树立正确的世界观、人生观和价值观；二是空间的开放性，即有意识地、主动地拓展德育空间，通过各种途径让学校、社会、家庭都营造良好的德育环境与氛围，并组织学生参与学军、学农和社会实践，参观爱国主义教育基地、参与社区服务，同时组织家长委员会，开办家长学校，加强学校与家庭的沟通；三是主体的参与性，即改变传统的"我讲，你听""我要求，你照做"的教育方式，最大限度地把众多的"不准"换成"提倡"和"期望"，让学生明白"为什么要做"和"怎样才能做好"，让他们在自觉参与和实践中亲身体验，使德育收到实效。

两面飞扬的旗帜，如同和暖的春风，瞬时驱散了育德者心头的阴霾；更化作甘甜的雨露，及时洒向了学子们焦渴的心田……

郑校长在学生社会实践和社区服务动员大会上说："生命的成长需要生命自身的体验，只有亲身体验到的东西，才是真正意义上的获得。学校、老师、家长不能越俎代庖，没有学生自己的体验，就无所谓人性的独立，特别是如果没有了心灵的感受，精神世界就会变得贫瘠乏味，精神家园就会荒芜。

或许倾力的付出并没有得到一个完善的结果，或许执着的追求并没有找到最终的答案，但他们经历了追求的过程，走过了寻找答案的路，一种认知、一种愿望、一种心情在心间流淌徜徉，体验本身就成功了。我们的教育不能总是让学生面对失败，一次成功的体验就是一次对自由的向往和追求。正是这种快乐和意义感，激励着他们投入到多彩的学习生活中，去创造更美的生命形式和追求无尽的快乐与意义感。"

正因如此，省实学子相信，每个人努力过，都不普通。所以，他们在各种实践和体验中，将汗水融化成满脸笑容。

省实学子还相信，每个人都能发光能发热。所以，他们都把自己当作是一颗颗小明星，点缀在茫茫的夜空中……

真可谓"无声润物三春雨，有意催花六月风"。

省实是广东乃至全国最早开展研究性学习的一所名校。学生人人有课题，有调查，有搜集，有分析，有论证。从中记者似乎听得到新一代创新的脉搏，走向未来的脚步……

人的智慧不是自发产生的，人的潜能不是也不会自动浮出水面。它们就像燧石，必须经过敲击才能冒出火花。省实学子在启发中思考，让一闪即逝的灵感融入各自智慧的内核，既是对各自思维敏感性的检验，亦是对各自意志力的检验。善于在启发中思考、在思考中成熟的省实学子让各自的智慧变得日益厚重与丰满，让各自的潜能得到最大限度的开发，让各自的青春散发出勃勃生机，因而时时闪烁着炫目的晨光。

省实人积极探索社团与素质教育的"同构"模式，寻找社团与德育的"契合点"。于是，"爱心社"在汶川大地震发生后及时发起募捐；"模拟联合国社"秉承"世界眼光"的传统，热情呼吁同学们关注智利、海地地震灾害；"演讲学社"结合"纪念五四运动九十周年"，组织了"德先生与赛先生是否与我们渐行渐远"的现场讨论会；在 2008 年北京奥运会火炬传递遭阻挠时，"模拟联合国社"还发起了"爱祖国、反藏独、要统一"的签名活动，"历史社"则邀请了相关专家作"西藏的过去、现在和未来"的专题讲座；"绿诺社"关心地球、爱护环境，开展"2012 年国际气候变化主题海报大赛"，组织志愿者赴西藏、登珠峰，开展"粤藏环保行动"……

　　一次次难忘的社会实践，远远胜过苦口婆心的教育。2011 年 5 月 4 日，省实的 300 余名初二学生在国旗下庄严宣誓后，齐刷刷地跪在了父母面前，从父母手中接下家书，完成了标志着他们远离青涩、步入成熟的"青年礼"。有人认为，"跪父母，接家书"这一举动，是省实在利用学生们作秀。事实上，举办"青年礼"，源于省实一名初二学生的建议。现场家长很激动，在他们看来，初二、高二、大四这几个阶段对于一个孩子来说，都是人生重要的转折点。这个让他们终生难忘的仪式，能让孩子们很好地迈出转折点的第一步。因此，郑校长坚定地说："以后每年都会举行青年礼，让学生懂得感恩父母，进而感恩社会。"

　　终身是漫长的，但对于生命来说，它又是短暂的；教育是有限的，但对于生命来说，它又是永恒的。三年的时间里，为了达到"让每一个学生都抬起头来走路！"的目标，省实在其积淀百年的厚重文化氛围中，用自尊自强、健康健全的一系列人格教育、励志教育、挫折教育、感恩教育，为无数学子缝做了鼓鼓的心灵行囊，为的是让他们多年后走向荆棘与鲜花并行铺就的社会之路时，伸手即是一碗心灵鸡汤——

当世人的隔阂让他们透不过气时，用一颗温暖的心拥抱生活，拥抱世界；

当失败的苦痛让他们遍体鳞伤时，用一颗坚强的心面对挫折，面对苦难；

当迷途的惆怅让他们寸步难行时，用一颗向往的心追求梦想，追求未来；

当横流的物欲让他们迷乱双眼时，用一颗超越的心拒绝平庸，拒绝狭隘；

当持续的努力让他们功成名就时，用一颗感恩的心回报祖国，回报社会。

……

天下之事，皆贵于新；世上之人，尽立于特。有突破才有新意，有创造才有特色。特色是学校发展的硬道理，是学校差异化竞争的核心力。中国基础教育界要改变"千校一面"的格局，核心就在于各所学校的特色化发展。

"首先，'特色化办学'不是学校和学生的'片面发展'，而是在全面发展基础上的突出特色、彰显个性。其次，'特色化办学'不是学校的'断裂式发展'，而是要基于传统、结合自身条件的可持续发展。最后，'特色化办学'绝不能只是以几个特长生、特长班装点门面，而应该是面向全体学生的有特色的办学模式。"

校长是学校的一面镜子，务必不断加强自身的修养，对工作高度负责，兢兢业业、严格要求自己，处处做教师的表率才行。
——郑炽钦

教育事业的个性化、终身化、国际化、大众化、现代化，正成为世界教育发展的共同趋向。因此，作为校长，强化自身的学习和重视对教师的培养应当是重中之重。
——郑炽钦

字字铿锵有力，句句掷地有声。教职工大会上，郑校长的发言如同一轮冉冉的红日，顿时驱散了所有的迷雾阴霾，一切都豁然开朗了。由于教师们认识一致，学生欢迎，家长认同，省实成功地构建起"以艺术教育、体育和科技教育为突破口培养和谐发展的人"的特色办学模式，大力培养"三有人才"——使每一位学生"有一门艺术特长，有一项体育爱好，有一种科技兴趣"。

"艺术，能陶冶性情、丰富生活；体育，能强健体魄、磨炼意志；科技，能繁荣社会、振兴祖国。"省实在推进"艺术、体育、科技"特色教育项目的道路上，做到了"六个兼顾"：

既重传统，又重拓展。基于传统，但是又有开放的胸怀，不为传统所限，勇于拓展，这就是省实的态度。早在20世纪50年代，省实就成立了以合唱团、管乐团为核心的学生艺术社团，而羽毛球、田径和游泳是省实的传统运动项目。因此，省实首先选择了艺术教育和体育作为最先确定下来的传统特色项目。近年来，随着一系列科技教育校本课程的开发，几大高水平科技教育基地的成立，若干学生科技教育社团的组建，多个国家级和省级科研课题的成功申报，多个特色科技教育项目的发展，多个省市、国家甚至国际性的科创大赛金奖的获得，省实及时地将科技教育作为第三项特色教育项目来发展。

既重硬件，又重软件。如果说特色化项目是一座正在建造中的大厦，那么物力就是坚硬的基石，人力资源则是支撑大厦的钢筋。省实在场地和设施建设方面投入甚多，目前已有综合版画室、绘画室、美术资料室、鉴赏室、工艺室、合唱室、民乐室、管乐室、舞蹈和戏剧室、陶艺室、弦乐团排练室（目前广东省内唯一的中学室内乐团专业排练厅）等十余间艺术教育专用室，田径运动场、室内羽毛球馆、室内乒乓球馆、室内游泳馆、健身房、网球场和篮球场等设备齐全的体育场地，环境教育公共实验室、科技创新实验室、天文实验室、机器人制作工作室等数十间实验室和专用室，其中天文实验室是目前国内最高水平的中学生天文探究实验室。

与此同时，省实从数量和内涵两方面壮大师资力量。数量上不断引进艺术、体育的优秀毕业生和骨干教师，引进有科技创新教育成果的外省骨干教师。为不断提高教师内涵与专业水平，省实为这些教师们创造了丰富的外出学习和培训机会。省实的艺术、体育和科技教师基本上每人每年都有一次以上出去研讨、培训的机会和一次以上带队参赛的机会。

既重课程，又重竞赛。课程是基础，竞赛是拓展。没有课程，竞赛是无源之水、无本之木，然而没有竞赛，课程难以造就高素质学生。省实一方面推进启发式教学、探究式教学在课堂教学中的切实普及，实现以课堂教学为主阵地提高学生的思维能力和创新能力的构想；另一方面还通过提供品种丰富的课程，来促进学生多方面兴趣爱好的发展。除了高质量开齐开好国家必修课、选修课外，省实陆续开发出了130余门校本选修课程：合唱、管乐、弦乐、民乐、戏剧、舞蹈、素描、国画、雕塑、扎染、摄影、书法等艺术类，羽毛球、网球、乒乓球、足球、篮球、武术、游泳、体育舞蹈等体育类，"环境小硕士"国际课程研修班（中瑞合作）、天文探究、水质探究、数字化图像设计、简易机器人制作等科创类……丰富的选修课程深受学生的欢迎。

省实鼎力支持师生参加各级各类的竞赛。在竞赛成果为学校树立品牌的同时，各种国内外的竞赛也为师生们提供了高平台的锻炼机会，开阔了师生的知识面和视域，带来了更多与国内外相关机构合作的机会。通过竞赛，不仅能挖掘创新型特色人才，还能在榜样示范中，以点带面地促进艺术、体育、科技教育在全校的普及。

既重精英，又重普及。 一枝独秀不是春，百花齐放春满园。省实的特色建设，不是定位在对个别或部分学生的培养上，更不是利用他们精心打造支撑学校特色"门面"的各种"奥赛班""实验班""特长班"等，而是要在普及的基础上为涌现出来的"尖子"进一步提供学习研究和创新的机会。

学校主要通过课程、社团和活动来达到普及的目的。除了丰富多彩的必修和选修课程外，学校从课程中生发出来的街舞社、定向越野队、舞蹈团、集邮社、水科技社、环境议事会、"猎狐"无线电测向队等 60 余个学生自主经营管理的艺术、体育和科技类学生社团，构成了学生日常活动的主阵地。省实每年举办的社团节、体育节、艺术节、科技节、读书节，成为五大传统校园文化活动。

既重分权，又重管理。 心有多大，舞台就有多大。为了充分调动全体教师的积极性和主动性，郑校长赋予教师们充分的校本课程、社团组织、校内活动、校外参赛和科研等多方面的自主开

失去的不该可惜，因原本是不应拥有的；得来的真好，是昨天未曾拥有过的。人生更多的是创造，而不是索取……
——郑炽钦

当一个人选择了正确的职业，并为之真诚地、全身心地投入与倾注时，他就不再为名缰所羁，为利索所缚，为得失、毁誉所动。
——郑炽钦

发权和参与权。赋权为教师们提供了自主创新的空间，激发了他们不断进取的动力。同时，放权不等于放任，学校领导层面通过"以目标为引导，以评价为杠杆"，不定期对各个项目从师资、课程、教学、设备、科研、竞赛等多方面进行检查评估，衡量项目的可发展性和教师的综合素质，通过诊断及时为各个项目确定下一步发展目标。

既重实践，又重科研。没有科研的引领，实践容易陷入低水平重复；没有实践为基础，科研容易走向闭门造车。"科研兴校"作为重要发展战略融汇于省实的特色教育之路，在领导、教师和学生一起参与科研的带动下，省实的特色化教育之路走得更踏实、更稳健。近几年来，"学校体育与健康课程对学生体质健康的影响""无线电测向运动发展课程的构建与实施研究""中学科技创新人才培养的策略"等十多个国家级、省市级课题得以成功开展，涌现出一大批科研成果。

"六个兼顾"如同六把利剑，在特色化办学之路上披荆斩棘，让省实勇往直前，在多年的发展中形成了"课程·社团·竞赛·科研"四位一体的特色项目教育机制——"以课程为平台，以社团为依托，以竞赛为磨炼，以科研为引领"。省实踏实而稳健地前进着，并一路高歌——

"陈景润如果有健康的身体，'1+1'早就证明了；霍金如果身体健康，人类可能就走进时光隧道了！"郑校长的这句名言在省实人尽皆知。在保证学生吃好吃饱、睡足睡好的基础上，省实将发展充足的体育运动列为素质教育的重点之一，提倡每位学生根据兴趣和能力，都要具备一项体育特长，如跑步、跳绳、仰卧起坐等等都可以，体质测试中，省实的学生身体合格率达 99%。

"不要小看艺术教育，它对人的一生有着深远的影响。"这是郑校长的教育箴言。他认为，艺术可以使情绪宁静，提高学习和工作的效率，还可以提升一个人的审美能力。"学习艺术的孩子情商也特别高，这些综合素质不能忽略不计。"只有飞扬的神采和幸福的笑容，才能培养出和谐的人。郑校长告诉记者，"每到艺术节，整个省实都在唱歌、跳舞、吹管、拉琴，台上台下，楼顶楼道，到处都是艺术舞台，多开心，多快乐！"高中开设的美术、音乐等兴趣课程，每个学生都要选修一门，力求让学生都有艺术的修养。

"创新是一个民族的灵魂，创新也是一个学校的灵魂。"创新，是省实师生使用频率极高的一个词语。重要的不光是"说"，从他们"做"中看，的的确确是体现了创新。

在省实，创新大赛是培养学生创新精神和实践能力的有效方式。以创新大赛为载体，从"四批"入手，省实开展了一系列创新教育活动。"四批"，即组建了一批教练队伍、制定了一批培训计划、审定了一批培训课程、聘请了一批指导专家。从而形成了学校有史以来最有利、最实用的创新大赛培训环境。

记者对省实独具特色的环境教育早有耳闻，但真正走进省实的环境教育与课程开发实验室还是首次。

"城市河涌污泥治理""太阳能小汽车模型"……这里不断涌出学生们无穷的创意，当中还有世界冠军级作品。环境教育办公室主任黄秀军说："省实的环境教育，立足生态，也体现了省实'以人为本'的理念，倡导人与自然和谐发展，培养学子的社会责任和环境意识，引导他们走可持续发展之路。就是这间实验室，创出了 18 枚竞赛金牌的辉煌。"省实的环境与可持续发展教育能源项目组还承担了联合国教科文组织中可持续发展的两项教育规划课题，以及一项广东省教育科学"十一五"规划课题。

"素质教育不是设几个琴棋书画班，或者搞几个体验生活的活动，更不是说不要分数、不考试、不留作业的机械，而是更多地扪心自问：这种教学能不能健全孩子的人格，能不能促进孩子的全面发展。如果不能从孩子的角度出发，叫什么名堂的'教育'都会变质。"

大道至简。郑炽钦校长坚定朴实的话语里，不仅充满了强烈的社会责任与使命感，而且充满真正贯彻"素质教育"的信念。实践也证明，莘莘学子的本真生命，在省实这片素质教育的沃土上不断地绽放，展现出无尽的魅力，产生了无限的可能：

2012 年 7 月 30 日，《羊城晚报》上刊登了一篇题为"广东实验中学合唱团再获世界冠军"的文章，这里摘取部分内容——

2012 美国辛辛那提第七届世界合唱比赛 7 月 13 日结束全部比赛，在锦标赛 22 个组别的比赛中，中国合唱团所获得的冠军（金奖总分第一名）数与东道主美国、合唱强国南非并列第一，均为 5 个。

多次参赛的广东实验中学合唱团（以下简称省实合唱团）再次丰收：获得同声组冠军，民谣、现代、宗教组金奖，混声组银奖第一名。至此，省实合唱团在世界业余合唱团的大赛排名上升至第二位。

......

和饱受争议的举国体制不同，合唱这样的民间艺术比赛并没有太多政府力量参与，像省实这样的普通中学是仅靠自己和家长的合力取得顶尖的成就。更加难能可贵的是，还要在高考和中考的夹缝中，在就业压力和社会价值取向的多重夹击下，趟一条素质教育的新路。

"学生最大的收获是终生都能够合理安排时间，不是只会过高考独木桥的书呆子。"谢明晶老师说。

目前在北京大学就读公共管理专业的前省实合唱团成员袁翊珊曾经被母亲要求退团，因为有一次数学考试没及格。"压力肯定很大，我们只能利用别人休息的时间排练，比如省实高中部在芳村，但训练要回到市中心的初中部，下午放学后赶到市区排练，再赶回高中部，晚自习都结束了，常常要10点半才开始写作业，"但袁翊珊坚决不愿退团，"我可以早起床，可以不午休，可以晚睡觉，但我不退团。第二次数学考试我考了全年级第三名，我妈就不说话了。"

虽然高三毕业生不再参加合唱团，但初三毕业生仍是合唱团的主力。令人惊讶的是，他们一直排练到中考前最后一星期，中考一结束，立刻又开始排练。

尽管如此，这些初三孩子仍然拿出了非常优秀的中考成绩。今年中考730分的林璧旋被省实高中部公费录取，她将此归功于自己一直坚持参加合唱团，"我妈也让我退团，但我觉得参加合唱可以限制自己，如果给自己太多空闲时间反而会拿来玩。"

"他们成功更重要的原因是，提高效率，更加专注。"省实体艺处主任戎振纲认为，这正是省实希望达到的目的。"发展特长的目的不是为了走捷径，也不是一定要走专业发展道路，而是提高学生的综合素质。你会看到，越是特长突出的学生，文化课成绩越棒，而且他们上大学都不学自己的特长专业。"

这的确和人们常见的情形不同，艺术体育特长生常常被认为普遍文化成绩不佳，而且日后大都会上专业院校，把专业特长向职业道路发展。

但省实与此相反的例子比比皆是。首先，进入综合性重点高校的多：今年毕业的羽毛球特长生廖戈进入北大，乒乓球特长生林子钏进入清华，合唱团特长生谢诗琪进入北大。第二，大学专业往往和特长无关：往届4个省实合唱团成员进入北大后，分别就读的专业是：中文、经济、文物保护和公共管理。他们中的很多人告诉记者，将来不会从事和特长有关的职业。

但他们可能会是一个很会唱歌的文保专家，或者很会打球的职业经理人。他们终生都不必在艺术体育界为出名拼搏，但却可以因为出众的特长在普通白领中获得别人难得的机遇。同时，他们在很多人手忙脚乱的工作生活中游刃有余，专注、高效、能够享受专长并从中获利，那真是一幅美好的景象。

……

硕果累累的科技教育，亮点纷呈的学科竞赛，璀璨夺目的艺术之花，铸就了三大享誉海内外的特色教育品牌。近几年来，省

> 健康成长的学生犹如企业的畅销产品，是学校成功育人的功绩和标志。因此，作为校长务必秉承"德治"和"法治"的有机结合。
> ——郑炽钦

> 学校的教育质量和办学效益，主要受制于管理者的管理水平。因此，在学校管理中，管理者一定要时时换位思考，只有这样，才能避免主观武断，才能得到教师的拥护。
> ——郑炽钦

实共有 3000 多人次夺得全国中学生数学、物理、化学、生物、地理、信息、天文奥林匹克竞赛和艺术、体育比赛大奖。

成立于 1952 年的省实合唱团，曾先后参加第一、第三和第五届国际奥林匹克合唱节并获多项金奖，是省实最亮丽的一张名片。在 2012 年的世界合唱比赛中，省实合唱团以优异的成绩，跻身世界合唱 500 强的第二名；2014 年，在拉脱维亚首都里加举行的第八届世界合唱比赛中，省实合唱团参加了青少年混声组、青少年同声组、室内女声组以及宗教音乐组 4 个组别的比赛，均获得金奖；于澳门举行的 2015 世界合唱比赛博览会"合唱节大奖赛"中，省实合唱团又再次力战群雄，于 80 余支队伍中脱颖而出，分别取得青少年同声组金奖冠军和混声组金奖冠军。与之同时，省实的管乐团、弦乐队、民乐队、戏剧团也多次在国家级比赛中荣获佳绩。其中的管乐团，曾于 2008 年和 2012 年两次参加"维也纳国际音乐节比赛"并摘取金奖，还获得过"首届广州国际管乐艺术节"团队比赛 A 组一等奖等诸多奖项。

省实羽毛球队，在广东省、全国和世界中学生羽毛球锦标赛中多次包揽高中、团体冠军和单项冠军，被誉为"不可战胜之师"。在 2012 伦敦奥运会赛场上，原省实羽毛球队队员李雪芮，在 8 月 4 日的羽毛球女单决赛中为中国羽毛球队连续第 4 次夺得奥运会女单金牌。而早在 2008 年，她作为省实羽毛球队主力队员参加"第三届世界中学生羽毛球锦标赛"时，就为省实夺得全部 4 项中的 3 项世界冠军立下了汗马功劳。2015 年 9 月，著名体育品牌尤尼克斯在广州与省实羽毛球队签约，宣布将为其提供赞助，并将享有"羽坛天王"美誉的著名羽毛球运动员林丹亲笔签名的球拍赠送给这支成绩卓著的球队，以此来激励这群敢于拼搏的学子们。此外，省实的网球队、乒乓球队、篮球队、田径队、游泳队、武术队、健美操队等也不逊于后，在各类比赛中为省实夺得多项荣誉。

近几年来，省实在国内外青少年科技创新竞赛中获得一等奖或金牌数超过200个，是全国中学中参加省市、国家级和国际级科技创新大赛项目最多、表现最突出、获奖成绩最好的学校，并有30多个学生因为科技创新发明类比赛获奖而被保送到国内外著名高校。伴着天文竞赛中的屡创佳绩，机器人大赛中的创意无限，环境教育形成品牌，无线电测走向国际……"中国青少年太阳能研究基地""百佳创新型学校奖""全国中学生水科技发明比赛"首批项目试点学校等荣誉称号也随之而来。

"真教育"必定是充满爱的教育。在省实教师眼里，每一个孩子都是他们挚爱的"宝贝"。因为他们知道——

每扇门后都有一个宇宙，因为每一扇门的开启都是一个无法预测的未来；

每种色彩都应徐徐盛开，因为每一种颜色都能在天空中画出美丽的轨迹；

每一朵浪花都一样澎湃，因为每一朵浪花都能汇聚成溪流奔向浩瀚大海。

……

他们循循善诱，正确引导，用平等的尊重和真诚的爱心，打开每一个孩子的心门，浇灌每一个纯洁的梦想；他们在无私奉献中享受着生命，和学生一起成长，采撷一路的幸福体验，实现自己的终身价值。让精神不振的学生振作；让过度兴奋的学生平静；给茫无头绪的学生启迪；给自卑自弃的学生自信。从学生的眼睛里读出愿望，从学生的争论中看到火花……

全方育人——让学生如虎添翼

"在自然规律面前摇旗呐喊'人定胜天'唇焦舌燥震天响的人，不仅无法无力胜天，还被'天'撞得头破血流，只好乖乖地与大自然彼此和谐相处，相安无事。

同样，在若干教育规律面前也由不得哪一级长官的性子胡来。胡来者只能输光教育，让事业重来！

学校本是教书育人之所。

教师本是引领民族智慧与人格的导师。

你不可无视其生命的尊严和创造的活力，甚至无视其生存及发展的底线需求，用所订忤逆规律的'目标'之门将其锁进磨道，让其不得喘息地拉磨不止，挥起随时起落的淘汰之剑让其心灵惴惴地难以松弛，有的地方竟让本不应成问题的薪金之虞也令其眉头难舒。

学生本是明天社会之栋梁，国家之中坚。

今日他们当在知识与能力、体魄与心魂、智慧与人格诸方面抓紧磨练，以得明天的腾飞。

无论作为教师还是校长都不可视其全人化的发展和民族复兴的大业于不顾，硬将其引向单追知识片面应考的既窄且死的小胡同里，好为你地方主管争高考的一时光彩，结果是抽空了教育的育人内核，扑灭了生命的个性火焰，把教育异化成教学，教学异化为考学，考学异化为做题，酿成春光黯然，年华付水，一代生命惨遭窒息的悲剧……"

郑炽钦校长的这番肺腑之言，展现的无疑是一个教育大家的独特之视野，这正是一位睿智校长的教育之箴言。

是啊！像自然界没有相同的泉溪江河，没有相同的红花绿叶，广东的一江一水，省实的一枝一叶都在叙说着郑校长的独特创新。

又像人世间没有一模一样的成才之路，没有一模一样的成功之厦，省实的每一条路、每一间屋都蕴含着郑校长的独运匠心。

你看，省实操场边的那棵古榕愈加茂盛了，它努力伸展枝叶，欲为欢声笑语的学子们把碧空擎得更高，把绿阴播撒得更浓。矗立于广场中央的"天池"、造型别致的"花坛"、遒劲俊逸的书法、挥洒淋漓的国画、别致优雅的壁挂、创意独特的板报、美轮美奂的楼宇……古朴静穆而不乏现代气息的省实校园，无处不散发出浓郁的文化气息，令人神清气爽、满目生辉。

行走在扑面而来的勃勃生机里，浸润在书香弥漫的韶华时光里，记者不禁好奇，究竟是怎样的科学管理，才生发出如此和谐的校园？记者寻求寻思，终于在郑校长那里找到了答案。

正如那成就弓箭的弓——精于整合之术的他，汇聚一切力量。厚积薄发，让箭群射出最亮丽的弧线，到达没有最远只有更远、没有最高只有更高的目标；

也如那无形天空的空——超凡旷达的情怀中，放开手中权力。

> 作为一校之长，要看事业重如山，视名利淡如水，笃信"松间明月长如此，身外浮云何足论"：做到争雄常逐鹿，弃利不趋蝇。
> ——郑炽钦

> 人生旅程中有许多次美丽的许诺，每每完成，总伴着心灵的对歌，精神的漫舞……
> ——郑炽钦

行云流水，让雁群飞出最合理的队形，达到在"不管"之中管、于"无为"中作为的境界。

坚信"质量是立校之本"的郑校长，追求现代化教育管理的综合效应，将目标管理、项目管理、层次管理、程序管理融为一体，发展出"全目标、全过程、全局、全员"的"四全管理"模式。由此，省实奏响了以"以人为本"为主旋律的民主和谐教育的华美乐章——"干"与"群"紧紧凝聚，全心全意"以德树人，以质立校"；"教"与"学"和谐共振，"学生以教师为尊，教师以学生为友，学校以师生发展为使命"。

有一种孕育叫守望，如雨云守望田的葱绿，春苗守望秋的金黄。郑校长便是这样的守望者。他给自己的定位始终是："我首先是一个教师，一个政治教师，然后才是一位校长。"言辞间透着谦逊恭谨，却又斩钉截铁。这位曾经带过9届毕业班，培养出9名高考总分第一名和2名单科第一名，并且所教班级学科连续9年在广东省高考中名列平均分第一、高分人数第一的好教师，尽管角色早已变化，担任校长业已多年，但至今都始终把教育教学放在一切工作的核心位置，这是从未改变的根本。

想当初，省实也曾经历过教学质量下滑的低谷和难以突破的窘境，郑校长和学校领导班子费尽心力想办法、找根源，不断到一线去听课、做笔记、查资料。每天坚持深入课堂听课的郑校长，甚至创造了一整天穿插听课10多节的记录。最后他终于找到了"病灶"之所在："课堂呈现的总体状况仍然是教师讲、学生听、一言堂、满堂灌""一切问题的症结都在于束缚了孩子"。

几经磨砺，思维的活力骤然迸发出闪耀的火花，照明了出路，照亮了人心——课堂教学就是突破口！课堂必须改革，省实必须改革！在全校教职工大会上，郑校长掷地有声的话语，沉重地敲击着全体教师的大脑和心扉：

"面对'深、难、重'的学业负担，对于学生来说，恐怕没有比在学校读书更苦的事了。'学生的任务就是学习，让他们上课规规矩矩听讲，把知识学到手，考出个好成绩是最重要的。'这是我们办学的最终目标吗？鸦雀无声的课堂无助于学生自主学习能力的培养，更不可能有学生的主动参与、主动探索、合作互动、充分发挥；几年如一日地在课堂上端端正正地听老师讲课，那不是学生学习的需求和生命的渴望。"

随后，郑校长率领全体教师，依据新课程的实施方案和课程标准，在省实展开了一场革新教学模式的攻坚战。

事实上，任何一条改革之路，都不会是平坦的大道。新课程改革更是如此。传统课程观念的惯性不易冲破，教学行为难以符合课程新理念，教师职业倦怠缺乏改革动力，特别是素质教育与应试需求的冲突有增无减——省实当初面临的困境是一种普遍现象。面对课改推进的矛盾与困难，相当一部分学校没有实现观念的转变，表现在不完全执行国家课程计划，随便增减课时，随意拔高教学要求等。一些校长不同程度地脱离教学一线，不熟悉教学业务，不上课，不听课，不研究课堂教学。

然而，步伐坚定的省实人知道，对付"癌病"的唯一办法，就是切除病灶。长痛不如短痛。郑炽钦带领省实人迎难而上，形成了"一把手指挥教学，分管校长坐镇教学，党委书记保证教学，其他校长务必服务教学"的教学方针。全体省实教师在郑校长的带动下，认真钻研学科教学理论和教材教法，不断学习现代教育理念，跟踪学科教学的发展，积极参加各种进修和学习。从理念、原则、内容、实践多方面入手，省实将新课程改革落到了实处。

在理念上，"以学生发展为本"。这是郑校长始终坚持的教学理念。围绕这一根本，省实在教学中倡导"五性"观念：思想性——教书育人，学会读书，学会做人，使学生具有学科思想；基础性——以基本知识结构为知识的增长点，紧紧抓住"双基"不放松；范例性——举一反三，触类旁通，精心设计例题，使训练有利于理解、掌握、巩固和深化；启发性——以启发式教学促进学生的主动学习，促进"双基"的掌握和智力的发展；发展性——注重发展学生的创造力、实践能力和特长，为学生的未来发展提供机会和创造条件。

在方向上，为教学模式实验与创新制定了6条基本原则。各学科组紧紧依据"主体性原则、探究性原则、平等性原则、生成性原则、合作性原则、情境性原则"这6条基本原则，有序开展教学设计、教学实施和教学评价等各项工作。

在内容上，拒绝一味加难、加深或单纯教授课本知识。省实追求的是整体达标，因此要求教师将知识点讲透，使学生全面打好基础，从而为进一步的个性发展提供良好平台。对此，省实建立起一个"年级备课长例会制度"，每个单元教学结束后，

如果说，白云奉献给蓝天的是一片洁白，江河倾吐于大地的是一腔澎湃，那么，省实的同仁们捧给事业的是一片睿智而崇高的创新。

——郑炽钦

在我看来，创新教育是以求新为灵魂的，它具有超前性。这种超前是从每所学校现实出发，实事求是的超前。

——郑炽钦

都会组织备课长进行教学质量分析，针对问题提出改进措施。有时是针对某一堂课提前备课、集体研讨，有时则是对教师进行评价，评价的标准有一部分来自学生。

在实施上，省实生发了十余种成熟而有效的新课程教学模式。在探究式、问题引导式、主题活动式、小组合作式、分层教学式等多种多样的新课程教学模式中，教师不再是知识的统治者和灌输者，而是学习的引路人和协助者；学生也不再是盲目的、被动的"接收器"，而是充满自主性、探索性、创造性的学习主体。

在内部结构和制度上，进行了全面的修订和系统化的改革。在课程制度方面，制订了新课程背景下的初、高中课程实施方案；在评价制度方面，建立了发展性评价制度和学生综合素质评价体系；在教育科研方面，建立了全员科研制度和配套的科研管理制度；在教师专业发展方面，建立了多途径、多平台的校本培训制度等。2010年，省实又在省内率先建立了绩效工资制度和岗位聘用制度。

课堂教学翻天覆地的变化，彻底革除了传统教学的弊端，最大化地利用了课堂，学生课堂内对知识的吸收率和掌握程度明显提高，省实形成了"今天比昨天好，明天比今天好"的"发展率"。学生们课后不用再去补课，反而为更丰富、深层次的素质教育提供了时间和精力上的保障，有利于实现个人多元化的发展。

不得不说，省实的新课堂本身，就是一个多元化发展的平台。在这里，学生们感受发现的惊喜和创造的快乐，教师们看到了更多的闪光点和思维火花。教育者和被教育者，如星光互映，你照耀我，我辉映你；似甘泉互润，你滋润我，我润泽你，无处不体现着和谐与美的律动。

这不正是郑校长心中的美好愿景吗？他一直坚信：教育的过程，是生命与生命的交流过程，也是生命自由、能动发展的过程。在其中，天赋潜力得以发掘，自主意识得到保护，创造个性得到展现，完美人格得以塑造。

记得一位教育家说过，教师只有走上教学科研的道路才能实现真正的发展。而一所学校也只有通过教育科研，才能不断突破自身，取得新的进步，使教育之一方沃土更加肥美厚润。为了巩固和深化课堂教学改革，省实一直探索着、实践着，也收获着。

群雁高飞头雁领，火车全凭车头带。在郑校长办公室的书柜里，各种教育科研类的获奖证书可谓琳琅满目，它们是郑校长多年坚持从事教育科学研究的结晶。他是全国唯一一位既参加新课标研制，又参加教材编写，还直接参与课程教材教法实践的思想政治教师，连续17年参加高三思想政治课全国统编教材编写工作。多年来，他在国内外重要学术刊物上发表关于课程、教材、教法、学法、德育之类的论文数十篇并多次获奖。其创新观点和科学的教学方法被同行广泛采用，推动了基础教育科研工作和教学改革的深入开展。

先后荣获全国首届十大明星校长、中国改革优秀人物、全国校园文化建设先进个人、全国教育系统先进工作者、全国"五一"劳动奖章等殊荣，享受国务院特殊津贴，同时被评为"全国'十一五'教育科研先进工作者"的郑炽钦校长,不但自己长期致力于教育科学研究,还在省实制定了"科研工作规程",建立了以年级备课组长为主、以学科组为主、以校本教研为主的教育教学科研机制,积极开展国家及省市校等各级课题的研究,着重开展以提高教育教学质量和学生综合素质的研究,突出开展课堂教学有效性的研究。在他的直接带动下,省实的教育科研工作持续发展,教育科研成果层出不穷。"以艺术教育为特色实施素质教育""普通高中新课程实验样本学校建设研究""新课程背景下校本课程开发与研究""新课程背景下教学评价与考试研究""新课程背景下课堂教学策略研究""区域科普资源共享平台建设"等一批批科研项目在省实全面展开。

栽下梧桐树,引得凤凰来。如今的省实,已成为羊城学子心之所往的学习圣地。为充分体现名校的区域带动作用、示范效应和广泛辐射功能,省实从仅有的一个老校区,逐步在国内发展壮大,形成了"一校两区四分校"的格局:

2004年,省实高中校区在芳村的落成,为省实的长足发展,又打下了一根重要的基柱。同年,以省实校名命名的"省实路"正式挂牌,这是全国第一条以学校名称命名的城市道路,充分显示了省实的影响力和重要地位。

在充分利用资源的基础上,省实与优质企业集团进行强强联合,于2005年建成广东实验中学附属天河学校,现已成为全省办学质量最好的民办学校之一;2008年建成广东实验中学顺德学校,也即将跨进全省办学质量最好的民办学校的行列;2010

年建成的广东实验中学南海学校，正在向全省办学质量最好的民办学校挺进。这三所优质民办中学的建立，将省实的办学资源辐射得更加广泛。

岁月的风骨沧桑了重峰叠岭，却浓重了省实的清馨之香；

圣园的心魂殚悴了一树芳华，却丰润了省实的满园桃李；

珠江的潮涌流尽了百年深沉，却傲立起省实的浩然风帆……

细数跨越三个世纪的点点滴滴，这里饱含着沧桑，更具一种荣耀，因为只有时间的长河才能冲刷出精神的纯粹，才能沉淀出文化的厚重，才能奔腾出未来的宏阔。一代代圣园之魂在这块圣土上不断谱写出教书育人的华章，一颗颗璀璨之星从这里冉冉升起。

自推行素质教育以来，省实不仅初中会考成绩稳居广州市前三位，高考重点率、高分人数、各科平均分也连年稳居广州市、广东省前列，并先后有 40 余人次成为广东省高考总分和单科"状元"。尤其是 2005 年高考，在郑炽钦校长引领下的省实，创造了广东省高考历史上辉煌的三个记录：

被媒体喻为广东高考的"第一人"——黄仲强一人夺得广东省两个总分"状元"和一个单科"状元"；被媒体喻为广东高考的"第一班"——首届"创新人才培养实验班"，49 人 100% 考上重点大学，22 人次取得总分 800 分以上的好成绩；被媒体喻为广东高考的"第一校"——总分 800 分以上的人数达 41 人 44 人次，单科 800 分以上 79 人次，700 分以上 182 人次，重点率为 82.92%，夺得两个总分状元和两个单科状元，是广东省高考高分人数最多、比例最高的学校。

> 创新教育，就像著书立卷一样，既有规律又没有规律可循。但有一点可以肯定，创新能力既是学校提升竞争力的突破口，也是师生提升个人素质的最好路径。
>
> ——郑炽钦

随后的十年来，省实的高考成绩更是连年再创新高，本科录取率及升学率连年攀升。2012 年至 2015 年，学校学子高考的文理重本率由 65.09%，发展至 70.37%，后又至 78.9%，直至 88.11%，而本科率则年年均接近 100%。与之同时，学校每年还约有 300 多名学子（占考生总数的 30%）在国内外的高校自主招生中因不同的特长和优秀的综合素质，获得加分资格；另有 100 多位同学被斯坦福大学、康奈尔大学、加州大学伯克利分校、南加州大学、香港大学、新加坡南洋理工大学等国际名校录取。

学校每年所产生的高分学子则更为耀眼。2014 年高考，储岸均、李琳两位同学进入广东省理科总分前 10 名（我校成为广州地区唯一有学生进入全省前 10 名的学校），其中储岸均同学还分获广州市理科总分第一名及语文单科第一名。2015 年高考，肖静、梅邑凯同学进入广东省理科总分前 10 名（我校成为广州地区进入全省前 10 名人数最多的学校），有 13 位同学文理总分进入广东省前 100 名，更有学子勇夺广州市语文单科、广州市理科综合、广州市文科数学单科第一名的成绩。

年年奏响的高考号角，展现着省实人的风采，更鼓舞着省实人的士气。省实人不断地创造着精彩和奇迹，令世人惊艳，而这奇迹仍将继续。

尾 声

有播种方见萌芽；

有耕耘方有收获。

当办人民满意教育在我国基础教育尤其是高中阶段进展迟缓，宛如蓝蓝天空上飘着几朵美丽的白云，应试教育涛声依旧，大多数学校还在重复着"课堂中心、书本中心、教师中心"之昨天的故事时，省实却如东风化雨，老树逢春，径直驶向人民满意学校的快车道，且一程程越走越快，越行越远。并告诉人们：

大漠绿洲，并非神话；

满意教育，并不遥远；

学教双赢，并非说梦；

众星捧月，并非杜撰；

精神砥柱，并非包装……

她以丰富的原创性实践，不仅破译出办人民满意学校——前提在理念，核心在人本，改革在课堂，运行在机制，生命在质量，关键在校长——的奥秘，而且坚定地多方面证明着办人民满意学校的力与美，光与热，现实与未来，希望与梦想……

（本文原载于大型系列丛书《典范——人民最满意学校创建纪实》，红旗出版社）

附件二

教师共同体：交流合作，共促发展
——广东实验中学教师专业发展新路径

□ 郑炽钦

【摘 要】

　　与国际基础教育领域中的教师专业发展趋势不谋而合，近年来，教师共同体在广东实验中学蓬勃发展、作用显著。广东实验中学教师共同体具有科层制与非科层制相结合，校内与校外相结合的特点，学校通过平台支撑与文化引领，大力推动教师共同体的发展。借助多样化的教师共同体，学校实现了教师的多样化发展和个性化发展，培养了一批名师、骨干教师和青年教师新秀。

【关键词】

　　教师共同体　　教师专业发展　　教师文化　　广东实验中学

　　扩建后学校面临教师专业发展新任务。广东实验中学于2004年扩建为初中部和高中部两个校区，班级规模成倍增长。从2004学年起，学校每年招聘数十名新教师。至今，高中部教师约有三分之二为近十年内招聘的教师，其中又以高校应届毕业生为主。因此，青年教师培养成为学校重要而紧迫的任务。同时，如何使招聘和引进的新教师与原有教师团队有机融合，形成团结互助的队伍；如何在培育新的教师团队的过程中，同步更新教师文化，都成为我校教师培养和教师管理方面要解决的问题。

素质教育和课程改革要求教师转换教育观念和行为。素质教育和课程改革都要求教师形成新的人才观、课程观、教学观和评价观，改变以"讲、练、考"为主的教学方式，确立"以学生为主体"的观念，促进学生课内外主动学习、探究互动、实践创新，以培养具有较强社会责任感、实践能力、创新精神、德智体美全面发展的青少年。因此，转变教师教育观念与行为，成为学校进入新世纪以来要着力解决的问题。

为了有效解决学校教师队伍发展中出现的上述问题，近年来，广东实验中学大力推进"教师共同体"，借助交流、合作与团队的力量，引导教师们实现观念更新和知识、技能的发展。

当代教育研究者在论及教师专业发展时，常提到"学习共同体"和"实践共同体"。实际上，在教师的活动中，需要"教研结合"，学习和实践是不可分的，教师共同体一般既包含学习，也包含实践，所以我们简称"教师共同体"。

下面将简要介绍我校教师共同体的主要特点、发展成果和存在问题。

一、我校教师共同体的主要特点

教师共同体在学校中并非全新的事物，传统中的备课组、学科组等也具有共同体的性质。与之前不同的是，新时期我校的教师共同体具有一些新的特点。

（一）科层制与非科层制相结合

科层制共同体，在学校属于规范性组织，带官方性质，在学校的规章典制下形成，包括处室、年级组、科组等每个学校都有的正式组织。它们在教师职业行为和专业发展中起着规范性的作用，规定着教师的日常教学行为和教研活动，保证着教师的教育教学达到常规要求。在科层制组织下所开展的活动，有科组、备课组教研，有全校性的教师继续教育学习、青蓝工程、名师工程、教学开放日、学生评教、同行评教等常规性的教师专业发展项目，它们对全体教师的专业成长均起着重要的促进作用。对于教师个人而言，这类组织及其所开展的活动是既定的、威权的、必须参与的。

而非科层制共同体，则是由教师自发、自愿形成的组织，带有民间性质，由教师个人之间协商约定而成。近年来，这类共同体在我校呈现蓬勃发展之势，数量和类型都越来越多。

1.务实严谨，科层制共同体覆盖全员

在学校，科层制共同体的最高层面是校级，中间层面是处室，再细分下去，是年级和科组、备课组。学校所组织的教师专业发展活动，大多分别在这三个层级的共同体中实行。

即使是在强调创新的今天，我们学校依然充分重视科层制共同体在教师专业发展中的基础性保障作用，用脚踏实地、务实严谨的态度，扎扎实实地完成每项工作。

例如，备课组、科组教研常抓不懈，有制度、有任务、有检查、有总结。看似平凡，但却是提高日常教学质量的必要措施。青蓝工程、名师工程，每学年的师徒结对、名师讲座、培训、竞赛、评优、"三课（上岗课、研讨课、示范课）"，一项不落，有条不紊。每学年初的全校教师继续教育，学校邀请高校和教育研究机构的教授、专家前来开讲，内容涵盖德育知识、课程开发、教材编写、教学策略、科研方法、评价工具等多个方面，全方位开阔教师视野、丰富教师知识。

2. 自主发展，非科层制共同体欣欣向荣

如果说在科层制共同体中，教师主要处于常规性生存，那么，在非科层制共同体中，教师则实现着创新性生存。因为，非科层制共同体本身就产生于教师的自主创新。

在我校，非科层制共同体是指教师个人之间为实现某一共同目标而自愿结成的分工合作的非官方组织。它具有民间性，教师自由进出，以完成学校教育、教学、竞赛、科研项目为目的，优胜劣汰等本质特征。目前，我校非科层制共同体主要包括课程开发与实施共同体、竞赛辅导共同体、科研共同体、心理健康教育共同体、社团辅导共同体等类型。

以课程开发与实施共同体为例，在学校校本课程领导和管理机制下，教师个人自由组合、滚动发展，已孕育出了科技创新、天文探究、环境教育、信息与工程、无线电测向五大品牌课程共同体，均成为了享誉全国的品牌课程项目。除了这几个跨学科的课程共同体外，还有语文、英语、数学、政治、历史、地理、生物、化学、物理、体育、艺术等多个单学科的课程共同体。数量可观的课程共同体，保证了我校校本课程的常态化实施和

读书是一种诗意的栖息，何况是教人读书？在书的世界里栖息着，做一个快乐的读书者、教书者，当是人生之至境。
——郑炽钦

在大学里，我感到学生每届都是新的，心灵每天都是新的，文章里的感受每天也都是新的，就像一本本新书。
——郑炽钦

精品化发展。

与科层制共同体相比，非科层制共同体能够充分激发教师专业发展的内驱力，使教师找到最合适自己的专业发展方向。教师可以根据工作项目和任务的需要，自主"招兵买马"、组建团队，也可以根据自己的兴趣爱好选择加入他人组建的团队。教师能够根据自己在团队中的胜任程度，及时调整自己在团队中的角色或选择退出、转换团队。这种自由选择性和自主决定性，能够唤起教师更强的专业发展内驱性动机，从"要我发展"转变为"我要发展"。而由于项目和任务的不断更新，又能够使教师克服职业倦怠和高原现象，找到新的发展兴奋点，迸发出新的活力。

在这种共同体中，教师个人在团队中的角色，由他在团队中所发挥的功能来决定。从系统论的角度来看，这样的组织更具内在合理性和生命力。尽管如此，它和传统中一直存在的学校科层组织，是一种相互补充的关系，并不是否定后者。两种教师共同体同步发展，使得学校这个生态环境更具多样性，而多样性恰恰是自然界和人类文化可持续发展的重要条件。

（二）校内与校外相结合

校内教师共同体是我校教师专业发展的主要存在方式，但如果仅限于此，教师们就会成为井底之蛙，妄自菲薄；只有走出校门，海纳百川，才有可能将教师培养为省级、国家级名师，才有可能将学校建设成国内一流水平的中学。为此，学校不遗余力、广搭桥梁，将教师们带入更大、更广阔的专业发展共同体，与国内外同行交流，向国内外专家学习，及时更新知识血液，不断改进实践方法。

1. 借助省级、国家级培训班，培养教学名师

省内的"百千万工程""骨干教师培训班""名教师工作室""名班主任工作室"，是我校将骨干教师进一步培养为名师的优良平台。近年来，我校先后有 100 多人次参加这些省级培训班，其中，还有些是作为培训导师参与的。2011 年以来，又有 28 位教师参加教育部组织的"国培计划"，成为学员或导师。

2. 参与国家级科研课题，培养科研、教学骨干

学校积极创造条件，让老师们有机会参与到大学教授或科研院所专家们所主持的国家级教育科研课题，在科研经验丰富的教授专家们的指导下，与国内兄弟学校同行们一道学习、实验、研讨、交流，在参与科研课题、开展教学实验的过程中，不断提高自身的研究能力和教学水平，开创高效课堂教学和高效德育。例如，"十一五"期间，我校部分教师参与了全国教育科学"十一五"教育部重点课题"提高课堂教学实效性的教学策略研究"、全国教育科学"十一五"规划 2010 年度教育部重点课题"提高学生体质健康水平管理模式的研究"、中国教育学会"十一五"规划课题"中小学体育与健康新课程资源开发与推广研究"、中国教育学会外语教学专业委员会"十一五"规划重点课题"电子词典在英语课堂教学中的应用"；我校还是"中国科协'科教合作'共建中学教师专业发展支持系统"项目实验学校，数十位教师在这个项目中获得了培训和参加"聚焦课堂·同课异构"活动的机会。"十二五"期间，我校又成为了华东师大霍益萍教授主持的教育部"十二五"规划重点课题"普通高中拔尖创新人才培养研

究"和重点课题"普通高中学生发展指导研究"的实验校,以及教育部"十二五"规划重点课题"非物质文化遗产校园传承研究"的核心成员校。

在这些课题的带领下,我们的教师有机会加入到由高校教师领衔、有中学同行相伴的跨省性教师发展共同体,实现突破,快速成长。

3. 加强国际交流,培养有国际视野的教师

"国际化"是我校"十二五"发展目标中的重要一项。要培养具有国际视野的学生,要使培养出的学生能够像西方发达国家的青少年一样具有创新能力,学校首先得培养出具有国际视野、知识广博、掌握国际先进教育教学理念和方法的老师。为此,学校广搭桥梁,通过各种渠道为老师提供接触、了解西方发达国家教育理念与经验的机会。其中,主要包括以下几种途径:

(1)学校与英美等发达国家的中学、大学结成友好学校、姊妹学校,不定期地来我校开展交流与研讨。我校先后与英国大西洋学院、牛津圣克莱尔学院、加拿大伦敦国际学院、新加坡女子中学、香港金文泰中学、澳门镜平学校、英国布鲁克中学等多所学校建立紧密合作关系;与新加坡的海星中学、丹绒加东中学、圣婴中学、新科技中学和圣公会中学结为姐妹学校。

(2)教师带领学生前往英、美、法、德、澳大利亚、新加坡等国游学,去当地的中学、大学观摩、交流(如学生领袖训练营,学生冬令营、夏令营),教师与学生一起成长。

(3)教师带领学生前往西方发达国家参加学科、科技、体育、艺术等方面的竞赛,期间前往当地学校观摩、交流。如我校合唱团、

管乐团等艺术团体每学年至少参加一次国际性的艺术比赛或汇演；我校水科学项目指导老师每年带领学生前往瑞典、德国、英国等地参赛、参观、交流；我校天文、信息、机器人、羽毛球、无线电测向等项目的指导教师也多次带领学生出国参赛、学习。

（4）在教育部和广东省教育厅的项目安排下，部分教师前往英美等国参加为期半年或一年的培训或对外汉语教学工作。英语科组已有多位老师分别赴英国或美国的中学从事一年的对外汉语教学；初中部教学处黄涛主任参加了由教育部组织的"2010 年中小学教师高级研修项目"，赴美国纽约 Scarsdale 学区进行为期半年的研修。

（5）2011 年以来，学校成立了"广东实验中学艺术与设计国际预科中心"以及"广东实验中学国际课程"，通过"走出去、请进来"，为我校教师提供了更为便捷的国际交流机会。例如在"广东实验中学艺术与设计国际预科中心"，我校艺术科组的老师们多次出国考察，并与来自荷兰的艺术老师们合作开发课程、实施教学，深入了解了荷兰等西方发达国家艺术教育的理念、课程和教学。这种学习与提升的成果不仅体现在艺术国际预科中心的课程与教学中，而且也从整体上促进我校艺术教育与国际接轨。

（6）接待前来我校交流的国外师生团队。

以上这些国际交流项目，都在不同程度上开阔了教师们的视野，使教师们有机会接触、了解西方发达国家的历史文化背景、教育教学理念，以及课程设置、教学设计、考试评估、学校管理等多方面的情况。进而在对比反思后取长补短，更新自身的教育观念和方法。同时，我们还发现，国际交流特别有助于教师们跳出国内应试教育的束缚，从"以人为本"、学生的终身发展需要、国家的长远发展需要，来思考教育、开展教育。

（三）平台支撑与文化引领相结合

为了鼓励教师共同体的良性发展，我校实施了平台支撑与文化引领相结合的发展策略。

1. 平台支撑

学校从政策鼓励、提供资源、智力支持、评价筛选等多个方面着手，为教师共同体的发展提供强有力的平台。

政策鼓励：在科层制共同体之外，学校允许、鼓励教师们"自立山头""招兵买马"，开创课程、社团，开展科研、竞赛，自由组建学科内或跨学科的非科层制教师合作团体；允许、鼓励教师自由加入已有的教师合作团体。目前在我校即使是教辅工作人员，也有相当一部分人加入了"课程·社团·科研·竞赛"四位一体的教师共同体，利用校本课程和综合实践活动课程的时间以及业余时间，在指导学生的同时，拓展自身知识专长。

提供资源：学校尽可能地为教师共同体的活动提供场地、设备、资金、专家指导等方面的支持。例如，学校为近年来新成立的航天航海模型教师共同体（由物理老师、通用技术老师和图书馆员等人自由组建）购买了大量的器材，为他们开设的校本课程安排时间和校内教学场所，为老师们聘请的校外专家支付课酬，为师生外出参赛提供经费。学校专门为"美味寻源"校本课程团队新建了可烹饪中、西美食的厨房。对于已经全国闻名的品牌项目科技创新、天文探究、环境教育等教师共同体，学校更是为他们开辟了多间专用室。对于共同体在校内外开展的大型活动，学

书籍是一面湖光山色的镜子，更是陆离斑驳的水中的美丽倩影，在我们的纯粹的心底蔓延。
——郑炽钦

天子重英豪，文章教尔曹。万般皆下品，唯有读书高。
——宋代·汪洙

校还会通过召开处室协调会，安排各处室完成相关的组织工作予以支持。

智力支持：学校校级领导和中层行政通过定期或不定期的会议、会谈，了解各类教师共同体的发展状况、成绩和问题，及时与他们开展研讨，拟定问题解决方案和近期发展目标。国内外有关研究表明，这种民主参与式的发展方式，最易于调动教师的积极性，激发教师的创新思维。

评价整改：通过课程评价、教师评价、教育教学成果评优、课题成果评优等方式，学校对各类教师共同体进行评价、表彰或整改。对于科层制共同体，学校的管理和指导会更加日常化、高标准、严要求。对于非科层制共同体，学校会借助各种评价数据，筛选出不符合学生和学校发展需求的团队，进行整改或解散，尤其会在校本课程设置和课题研究质量这两个环节进行把关。

2. 文化引领

美国学者沙因区分了文化的三个层次。最表层的是行为和各种具有象征意义的符号，包括器物、仪式等，中间一层是人的观点、看法与态度，这些都源自最深层次的信仰与基本价值立场。我国现代哲学家张岱年也指出："文化的核心是价值观。"为了推进全体教师积极开展校内外合作、交流，我校确定了以"合作""创新""发展"为核心价值的教师文化。通过领导的语言和行动、管理制度、评价制度、人事制度、宣传和榜样示范等方式，使"合作""创新""发展"成为教师文化的核心，深入人心、改变观念、形成信仰、引导行为、成为传统。其中，校级领导的立场一致、领衔示范、民主管理、宣传推动，是非常关键的因素，甚至可以说是教师文化之形塑的决定性因素。

二、我校教师共同体的发展成果

有多位研究者将教师个体生存方式现状描述为"规范的、狭隘的、重复的、孤独的"的状态，在实践中，我们发现，教师共同体有助于打破这种状态，使教师的生存方式呈现出"创新的、广阔的、多样的、合作的"的状态。华东师大霍益萍教授曾撰文总结"中国科协'科教合作'共建中学教师专业发展支持系统"项目，她提出，"通常有三样东西能打破高中教师的优越感，使之愿意在较深层面上接受变革、改变自己"，这三样东西分别是"外来文化""伙伴关系""学生的变化"。"伙伴关系"——"通过小组合作和任务完成，教师和同行之间慢慢建立起一种信任关系。教师受自尊心和责任感的驱使，会很在意同行对自己的态度及自己与同行之间的差距。"（参见：霍益萍，"聚焦课堂"：追求有效的高中教师培训，教育发展研究，2008（20））我校以"合作""创新""发展"为主旨的教师共同体，就是让教师与校内外同行、专家结成这样一种"伙伴关系"。借助这种"伙伴关系"，教师们还接触、融入了"外来文化"。最终教师的实验与创新所带来的"学生的变化"，又反过来成为教师进一步追求卓越的动力。

（一）实现了教师的多样化发展和个性化发展

高中特色化发展，最核心的体现，应该是课程的特色化，以及支撑课程发展的教师发展个性化和学校场所设备特色化。学校的特色化、多样化发展，需以教师的个性化、多样化发展为前提。

无论是学校的特色化发展，还是教师的个性化发展，最适合的路径是"文化进化"。文化进化区别于纯然的自发、自然，也区别于割裂式的革命和塑造。"文化进化"是在学校和教师的固有基础和条件基础上，进行有意识的、主动性的有机发展。我校"科层制与非科层制相结合""校内与校外相结合"的教师共同体，就是这样一种有利于促进教师专业发展的"文化进化"方式。通过这种方式，我们培养出了德育专家、课程专家、教学能手、科研能手、竞赛主教练等多样化发展的师资队伍，促进了学校德育、新课改、教学、科研和竞赛的齐头并进。学校被评为全国文明单位、全国师德建设先进集体、广东省中小学德育示范校、省和国家新课改和素质教育的典范、省和国家的"十一五"科研先进单位、全国科技教育创新十佳学校等。

（二）培养了一批名师、骨干教师和青年教师新秀

2001年以来，我校教师队伍中有20多人次获得国家级荣誉，60多人次获得省级荣誉，其中，3人次被评为全国名优校长，4人被评为全国优秀班主任，1人被评为全国师德先进个人，2人被评为省师德先进个人，8人被评为南粤优秀教育工作者或优秀教师，10人被聘为省中小学教师工作室主持人，20余人成为省"百千万工程"培养对象，3人成为省名班主任培养对象。2001年以来，我校还有40多位教师被评为全省或全国优秀科技指导教师或学科竞赛优秀指导教师，20多位教师被评为全国体育或艺术比赛的优秀指导教师，2位教师被评为全国科研积极分子，10多位教师被评为广州市或广东省的青年教师新秀，青年教师中有一百余人次在市或省的教育教学论文、教学设计、

管理之魂在管人，管人之魂在管心。以人为本，抚心为上，柔性服务，动态凝聚，奉献真爱。如此这般，岂能不赢？
——郑炽钦

每一个中学生都好比一条小船，理解教育就是小船的牵引器；师爱是小船的顺水河流，心理教育是小船的保护器。
——郑炽钦

课件制作、说课等评比活动中荣获一等奖或特等奖。教师队伍中，还有 8 人被评为广东省中学特级教师，2 人被评为广东省中学正高级教师。

三、我校教师共同体存在的不足

（一）仍有部分教师局限在科层制共同体中，没有加入到非科层制共同体，仍处于一种被动的专业发展状态。

（二）参与国际交流的教师仍然偏少，大部分教师还没有机会出国培训或交流。此外，即使是曾经出国交流的教师，也缺乏持续性、系统性的学习机会。除了艺术预科中心和 AP 国际课程外，"请进来"的国际交流还处于浅表阶段，没有在课程、教学、评价、管理等方面开展更为深入、持久的合作。

（三）科层制共同体在学习、研究、创新等方面的自主程度、活跃程度还不够，还没有形成在全国范围内特点显著、成果突出、声名卓著的学科组。

后 记

时空无头，事业无尾。

人总得在无头无尾之间留下脚印和人影，哪怕浅浅的、淡淡的。

有些人，自我感觉看透了世间云雾，把握了进退沉浮，以为生命短暂，事业长久；能力有限，时空无边。用短暂、有限对长久、无边，岂不若以勺舀海般自寻烦恼？最佳抉择是谋事在人、成事在天，静观以待事，明哲而保身。

然而，我信奉的却是孜孜矻矻的奋斗，追寻的是集真、善、美于一身的崇高。尽管有时崇高蒙难受辱，承受着"勇敢者也往往是最不幸者"的结局，但我仍坚信的是蒲松龄赶考屡屡落第后自勉的座右铭——

有志者，事竟成，百二秦关终属楚；

苦心人，天不负，三千越甲可吞吴。

木秀于林，卓尔不群。潮涌于先，思之宏远。在近四十年的教育人生里，我总是以其长年累月默默无闻地教书、育人、管理的范例，具体地擎起创新的旗帜，鲜明地竖起人本的坐标，形象地点燃智慧的火把，尽显师者魅力的汩汩清泉。什么钱啊，物哇，名呀，誉哟，对我已构不成奋进路上的封锁线。为让精神乐园不受物欲的诱惑，我安于清贫，坚守清贫，两袖清风心自富，满园桃李不忧贫。

有人问，你们这种大自由从哪里来？我说，来源于灵魂深处的一种精神。苦乐不较，得失不计，宠辱不惊，祸福尽忘，人一旦进入此种痴迷的地步，就会在他运营的领域里创造奇迹：眼睛百倍地明亮了，大脑百倍地清醒了，精力百倍地凝聚了，思维百倍地加速了，成果百倍地硕大了……

文如川流，过满必溢。但言有尽而意无穷，却是大多数作者永远无法熨平抹光的心态。当这部融入了我近两年心血、跳荡着我燃烧的生命的 20 万言之作终即收笔之时，我依然有那种"天风浪浪，海山苍苍，真力弥满，万象在旁"的感觉。在心功、笔力不及而留下隐隐缺憾之余，亟盼读者们不吝赐教！

令我特别感动的是，我国著名教育家、北师大资深教授、中国教育学会原会长顾明远先生在百忙之中为本书撰写了情感邃远、意蕴十足的序文。还有，我的老朋友——《德育报》社执行总编晨光先生和他的同仁于娅菲女士，是他们的竭力支持，消除了我的后顾之忧。此外，我的同仁——广东实验中学的教师们给予我的关心和鼓励，在此一并躬谢！

最后，我想表达的是：感谢我的兄弟姐妹、夫人颜海燕以及爱子郑宇翔，是他们为我奉献了无私的爱；感谢所有在我人生路上给予关爱和帮助的人们！

二〇一五年十一月二十日

附　录

广东实验中学简介

广东实验中学是直属广东省教育厅领导的省级重点中学，广东省首批国家级示范性高中。

跨越百年历程，斯文一脉相承。省实前身始于 1872 年清政府设立的"留美幼童英语先修班"，距今已有 140 多年历史。历代省实人秉承"爱国、团结、求实、创新"的校训及"以人为本，以德树人，以质立校"的办学理念，形成了"实验性，创新性，示范性"的办学特色。目前学校形成了"一校六区"的发展格局：初中校区、高中校区、天河分校、顺德分校、南海分校、珠海分校。

师资力量雄厚，教育条件优越。学校拥有一支师德高尚、爱生乐教、业务精湛、勇于创新的高水平、高学历教师队伍。一批教学骨干常年活跃在国家、省、市各学科的专业学术团体中，成为颇具影响的名师、专家。

全面素质教育，铸就特色品牌。以科研为引领，以课程为平台，以社团为依托，以竞赛为磨炼，学校铸就了科技教育、体育和艺术教育这三大成绩辉煌、蜚声中外的特色教育品牌。

高考成绩辉煌，拔尖人才辈出。学校历年高考重点率、高分人数、各科平均分，稳居广州市、广东省前列，每年均有百人左右获北京大学、清华大学、香港大学等多所重点大学自主招生学校推荐资格，另有百余位学子被加州大学伯克利分校、哥伦比亚大学、斯坦福大学、康奈尔大学等海外名校录取。